이유 없이 행복하라

HAPPY FOR NO REASON

7 Steps to Being Happy from the Inside Out
by Marci Shimoff with Carol Kline

Copyright ⓒ 2008 by Marci Shimoff
All rights reserved.

Korean Translation Copyright ⓒ 2009 by Goldenbough

Korean translation rights arranged with
Free Press, A Division of Simon & Schuster, Inc., New York through
Korea Copyright Center(KCC).

이 책의 한국어판 저작권은 KCC를 통해
Free Press와 독점 계약한 ㈜ 황금가지에 있습니다.

저작권법에 의해 한국 내에서 보호를 받는 저작물이므로
무단 전재와 무단 복제를 금합니다.

HAPPY FOR NO REASON

지구상에서
가장 행복한 사람들이 들려주는
21가지 행복 습관

이유 없이 행복하라

마시 시모프 · 캐럴 클라인 | 안진환 옮김

민음인

잭 캔필드의 서문 17

 행복은 이미 이곳에 머문다

| 들어가며 | 행복한 삶으로의 초대 13
| 1장 | 이유 없이 행복할 수 있을까? 26
| 2장 | 행복해지는 습관 49

 행복의 집 짓는 법

| 3장 | 토대-행복의 주인이 돼라 78
— 해결책에 집중하라
— 교훈과 고마운 점을 찾아라
— 자기 자신과 화해하라

| 4장 | 정신의 기둥-생각하는 것을 전부 믿지는 마라 125
— 생각에 의문을 품어라
— 놓아주는 법을 배워라
— 정신이 기쁨을 향하게 하라

| 5장 | 마음의 기둥- 사랑이 이끌게 하라 175
— 늘 감사하려고 노력하라
— 용서를 실천하라
— 자애를 펼쳐라

HAPPY FOR

| 6장 | 육체의 기둥-세포를 행복하게 하라 220
— 육체에 영양을 공급하라
— 육체에 에너지를 불어넣어라
— 몸의 지혜에 귀를 기울여라

| 7장 | 영혼의 기둥-영성과 연결을 강화하라 271
— 내면의 고귀한 영성과 교감하라
— 내면의 목소리에 귀 기울여라
— 당신 앞에 펼쳐지는 삶을 신뢰하라

| 8장 | 지붕-목적에 맞는 삶을 선택하라 319
— 열정을 발견하라
— 순간의 영감을 따르라
— 자신보다 더 큰 무언가에 기여하라

| 9장 | 정원-자양분을 주는 인간관계를 가꿔라 359
— 관계를 정성 들여 가꿔라
— 당신을 지원하는 사람들을 주위에 둬라
— 세상을 당신의 가족으로 여겨라

 3부 언제까지나 이유 없이 행복하라

| 10장 | 이유 없는 행복을 위한 인생 계획 409

NO REASON

잭 캔필드의 서문

행복은 돈으로 살 수 없는 걸까? 그렇지 않다. 당신도 방금 이 책에 소비한 돈으로 행복을 사지 않았는가! 혹은 적어도 지금 내 절친한 친구인 마시 시모프가 말하는 '이유 없는 행복Happy for No Reason'을 향해 가장 중요한 첫걸음을 떼어 놓은 셈이다.

지금이야말로 이런 책이 필요한 때이다. 생존에 필요한 기본적인 욕구나 물질적 풍요는 충족된 시대이기에 우리는 삶에서 그 이상을 갈구하고 있다. 근사한 자동차를 사거나 꿈에 그리던 휴가를 떠나거나 돈을 많이 벌거나 어린이 야구단을 지도하거나 하는 행위를 통해 얻고자 하는 것은 보다 깊이 있는 행복이다. 하지만 대개는 그런 수준에 미치지 못한다. 이 시대에 진정한 행복을 찾는 것보다 보편적인 요구를 떠올리긴 어려운 듯하다.

저자 마시 시모프는 이 책에서 행복에 이르는 획기적인 접근법을 제시한다. 대부분의 책들은 외부에서 행복을 도출하는 데 초점을 맞추지만, 이 책은 내부에서 행복을 창출하는 방법을 다룬다. 내면이야말로 행복이 진정한 의미를 갖는 곳이 아니던가. 당신은 이 책에서 외부 환경에 관계없이 심오하고 영속적인 행복에 이르는 간단하고 실용적인 방법을 터득할 것이다.

다큐멘터리 영화「시크릿」을 봤다면 마시와 내가 '끌어당김의 법칙Law of Attraction'의 신봉자임을 알 것이다. 끌어당김의 법칙이란, 사람에게는 가장 절실히 원하는 것을 자신의 삶 속으로 끌어당기는 힘이 존재한다는 개념이다. 마시는 이 법칙을 가장 효과적으로 실행하는 중대한 토대를 제시하는데, 바로 내면의 핵심부에서 기쁨과 행복의 진동 상태를 유지하는 것이다.

이십 년 전에 내가 개설한 자긍심 훈련 강좌에서 마시를 처음 만났을 때, 모든 것을 '지금 당장' 배우려고 하는 그녀의 열정과 열망에 깊은 감명을 받았다. 그 후 마시는 내가 진행하는 프로그램에 어시스턴트로 참여했으며, 얼마 후 성공과 자긍심에 관한 자신만의 인생 전환 세미나를 개발하기 시작했다. 그러던 어느 날, 이 열정의 화신이 전화해 아주 멋진 출판 아이디어가 있다고 말했다.『여성의 영혼을 위한 닭고기 수프』를 공동 집필하자는 얘기였다.(당시는 해당 시리즈의 오리지널 판인『영혼을 위한 닭고기 수프』만 출간된 상태였다.)

"훌륭한 아이디어군. 그런데 내가 왜 그 일을 자네들과 함께해야 하지?"

마시와 그녀의 비즈니스 파트너인 제니퍼 호손은 당황하거나 놀라는 기색 없이 대답했다.

"우리 둘 다 글쓰는 사람이니까요. 또 둘 다 여성을 대상으로 강연하고, 둘 다 여자이기 때문이지요."

"마지막 이유가 마음에 드는군." 나는 그 제안을 받아들였다.

그녀들과의 공동 작업은 대단히 멋진 경험이었다. 이후 마시와 나는 줄곧 밀접한 관계를 유지하며 함께 일해 왔다. 전 세계 상위 100인의 변혁적 리더들이 모인 '변혁적 리더십 협회Transformational Leadership Council'를 결성하기로 결심했을 때도 마시에게 창립 멤버이자 집행 위원회 위원으로 참여해 달라고 했다.

마시 시모프는 이 책의 저자로 적임자이다. 지난 이십 년간 그녀는 영적 성장과 행복의 가장 심오한 가치를 추구해 왔다. 그녀야말로 무리의 선두에 서서 현장을 먼저 답사하여 유용한 로드맵을 들고 돌아오는 첨병이다. 마시가 무언가를 검토해 달라고 말하면 나는 이미 뭔가 좋은 일이 생기리라는 걸 알 수 있다.

마시는 심오한 영적 개념을 쉽게 이해시키는 데 독특한 재능을 보여 왔다. 특히 이 책으로 홈런을 날린 셈이다. 이 책은 진정한 행복에 이르는 명확하고 폭넓은 접근법을 제시한다. 그 접근법은 탁월한 영적 깊이와 최고 수준의 연구 그리고 심리학적 실용성에 토대를 두고 있다. 또한 이 책은 읽는 재미가 쏠쏠하다. 우리는 '닭고기 수프'의 경험을 통해 책이 진정한 영향력을 발휘하려면 책의 메시지와 우리의 기억 사이에서 접착제 역할을 하는 '이야기'가 있어야 한다는 점을 배웠다. 인류는 동굴 안에서 불가에 둘러앉기 시작한 이후부터 이야기에 열광해 왔고, 그것은 우리가 세상을 이해하는 방식이 되었다. 마시와 공동 저자인 캐럴 클라인은 이러한 원칙을 삶에 적용하여 심오하고 영속적인 행복을 찾은 사람들의 감동적이고 놀라운 이야기들을 책에 소개한다.

나는 행복이 충만한 삶에 이르는 비결을 추구하는 '여동생' 마시를 '궁극적인 마법의 구현자'라고 부른다. 그녀의 이 빛나는 책 속에 담긴 경험들을 따라가다 보면 당신 역시 평생의 행복을 구현할 것임을 확신한다.

1부
행복은 이미 이곳에 머문다

내가 누리는 이 기쁨은 세상이 준 게 아니므로 세상이 빼앗아 갈 수도 없다.
- 설리 시저(복음성가 가수)

들어가며

행복한 삶으로의 초대

　서양인 서른 명으로 가득 찬 구닥다리 트럭의 짐칸에 간신히 끼어 있었다. 트럭은 히말라야 산기슭을 향해 자갈투성이 흙길을 덜컹거리며 달렸고, 우리 일행은 먼지에 질식당하지 않으려고 손수건으로 코와 입을 가렸다. 작고 외진 산간 마을로 가는 중이었는데, 마을 주민들에게 교육과 의료, 주택 등을 지원하기 위해서였다. 나는 내내 지치고 짜증 나고 온몸이 쑤시는 기분이었다. 그러기를 여섯 시간, 운전사는 트럭을 멈추고 내려서더니 갑자기 먼지가 풀풀 나는 땅바닥에 우리의 짐들을 몽땅 내려놓았다.
　"여기서부터는 걸어가야 합니다. 한 1.5킬로미터만 더 가면 됩니다. 길이 너무 가파르고 좁아서 트럭으로는 갈 수 없거든요."
　트럭이 덜거덕거리며 떠나 버리자, 나는 사십 킬로그램이 넘는 짐 가방을 불안하게 쳐다보았다. 뭐하러 온갖 불필요한 물건들로 가방을 꽉꽉 채웠을까? 어리석기 짝이 없었다. 울퉁불퉁한 산길을 따라 몇 미터 정도 가방을 끌어 봤지만, 더 이상은 가망이 없었다. 그만큼 힘이 남아 있지 않았으니 말이다. 어스름이 깔리고 있었다. 어떻게 해야 한단 말인가? 일행은 자신들의 가방을 옮기기에도 벅찬 상태라 나를 도와줄 사람은 아무도 없었다. 게다가 모두들 그럭저럭 가방을 끌고 언덕을 오르더니 금세 시야에서 사라져 버렸다. 나는 잠시 주저앉아 솟구치는 당혹감을 억누르려고 애썼다. 호랑이라도 나오면 어떡하지?

바로 그때, 자그마한 할머니가 숲 속에서 나오더니 내 쪽으로 다가왔다. 할머니는 맨발에다 주름살이 가득한 얼굴로 따스한 미소를 지으며 다가와서는 가방을 집더니 마치 과일 광주리를 이듯이 머리에 사뿐히 들어올렸다. 그러고는 나에게 따라오라는 몸짓을 하며 비탈길을 오르기 시작했다.

위태로운 비탈길을 함께 오르는 동안 서로 말은 통하지 않았지만 나는 할머니의 눈빛에 감도는 생기와 할머니가 발산하는 순수한 행복감에 깊은 감명을 받았다. 마침내 산꼭대기에 다다르자 마을 주민들이 커다란 미소와 마음에서 우러나오는 인사로 나를 맞아주었다.

다음 이 주일 동안 아이들을 돌보고 음식을 준비하고 의료 활동을 도우며 마을 주민과 함께 지냈다. 나도 그들처럼 땅바닥에서 자고 강에서 씻었으며 젖소에서 갓 짜낸 생우유를 마셨다. 이런 군더

더기 없는 생활 방식은 내게 잘 맞았다. 맑고 편안하며 활력이 솟았다.

마을에 머무는 동안 많은 시간을 산간 주민들을 관찰하는 데 보내기도 했다. 그들은 전기나 수도, 인공적인 편의품 없이 최소한의 생필품만으로 살아가지만 맑은 영혼과 유머 감각, 남다른 친절이 넘쳐 났다. 진정으로 내면에서 순수한 행복이 흘러나오는 사람들이었다.

물론 그들의 행복이 가난에서 나오는 건 아니었다. 나는 세상 구석구석에서 정말 비참하도록 가난한 사람들도 보았고, 휘황찬란한 사치품을 누리며 사는 행운에 도취한 사람들도 만났으며, "돈으로 행복을 살 수는 없다."는 격언을 입증하며 사는 엄청난 부자들도 만나 보았다.

이러한 경험을 통해 행복이란 꿈꿔 오던 모든 걸 갖는 것도 아닐뿐더러 물질적 만족을 단순하게 부정하는 것도 아니라는 믿음을 굳힐 수 있었다. 행복은 그보다 더 심오한 것이다. 우리가 진정으로 찾는 것은 외부 환경에 좌우되지 않고 내면에서 우러나오는 행복이다. 바로 '이유 없는 행복'이다.

히말라야 산골 주민들과 함께한 시간 덕분에 나의 목표를 구체화할 수 있었다. '어디서 무엇을 하든 일상을 포기하지 않고 행복을 향유하는 방법을 찾는 것'이다.

✻

당신도 같은 이유로 이 책을 집어들었을 것이다. 누구나 어디서 무엇을 하든 행복해지고 싶어 한다. 어쩌면 당신은 이미 꽤 행복하고, 단지 지금보다 행복의 수위를 한두 단계 높이고 싶은 건지도 모른다. 아니면 너무나 불행해서 주변 사람들은 도대체 어떻게 삶에서 기쁨을 찾으며 살아가는지 궁금해하는지도 모른다. 혹은 나름대로 꿈을 이뤘지만 외부의 조건으로는 채울 수 없는 내면의 공허를 느끼는 것일 수도 있다.

하지만 고민할 필요 없다. 당신이 어디에서 시작하든 상관없다. 현재 어떤 상태이든 이 책은 더 행복해질 방법을 알려 줄 것이다. 당신은 행복 유전자를 지닐 필요도, 복권에 당첨될 필요도, 성인군자가 될 필요도 없다. 이 책을 다 읽을 때쯤이면 평생 진정한 행복을 누리는 비법을 터득하게 될 것이다.

마음속 탐구

이 책은 나 자신이 행복해지고 싶은 갈망에서 비롯되었다. 나는 견고하고 진실하며 존재에 뿌리박힌 행복, 외부 환경에 흔들리지 않는 충만감과 기쁨, 내면의 평화를 느끼는 행복을 갈망해 왔다. 분명 그렇게 사는 사람들이 있기에 그러한 행복이 가능하다고 믿었다. 하지만 오랜 세월 노력을 거듭해도 그러한 행복은 나를 피해 가는 것 같았다.

1장에서 이야기하겠지만, 사실 나는 처음부터 불행했다. 십 대 초반부터 (나중에는 전문적인 탐구가 된) 개인적인 탐구를 시작했는데, 이는 삼십오 년이 넘도록 지속되어 이 책에 소개할 굉장한 발견으로 나를 이끌어 주었다. 그동안 지구상에서 행해지는 인생 변혁 세미나는 거의 다 참가했다. 수년 동안 성공의 원리를 연구하고 가르쳤으며 그런 원리들을 나의 삶에 직접 적용해 상당한 성공을 거두기도 했다. 나는 행복할 수 있는 조건이 아주 많았다. 《뉴욕 타임스》 베스트셀러 1위에 오른 작품의 저자이자 동기 부여 강연가로 명성을 얻었으며, 수백만 명의 인생에 영향을 미치기도 했다. 실제로 '무엇무엇 때문에 행복하다.'는 것의 의미에 정통하게 되었다. 문제는 그럼에도 내가 원하는 행복을 얻지는 못했다는 것이다.

주변을 둘러보고서야 비로소 내가 아는 가장 행복한 사람들은 큰 성공을 거둔 것도, 대단히 유명해진 것도 아님을 알 수 있었다. 결혼한 사람도 있고 혼자 사는 사람도 있었다. 어떤 사람은 돈이 많았고, 또 어떤 사람은 한 푼도 없었다. 그중 몇몇은 건강에 심각한 문제까지 있었다. 사람이 행복해지는 조건에는 아무런 공통점도 까닭도 없는 듯 보였다. 마침내 나는 명백한 질문을 떠올릴 수 있었다.

"사람이 과연 아무 이유 없이 행복할 수 있을까?"

그 해답을 알아내야 했다.

행복 연구

당장 행복을 연구하기 시작했다. 수십 명의 전문가들을 인터뷰하고, 이제 막 성장하기 시작한 긍정 심리학positive psychology 분야부터 파고들었다. 긍정 심리학은 의미 있고 충만하며 행복한 삶을 위한 인간의 긍정적 특성을 연구하는 학문 분야다. 나는 긍정 심리학을 스펀지처럼 흡수했고, 그 안에서 수많은 보석을 발견했다. 내 삶이 달라진 것처럼 당신의 삶도 바꾸어 줄 흥미롭고 놀랍고 유익한 정보였다.

첫 번째 발견은 과학자들이 알아낸 사실인데, 우리 모두 자기만의 '행복 세트포인트happiness set-point'를 지닌다는 것이다. 행복 세트포인트란 난방 기구의 온도 조절 장치에 일정한 온도를 설정해 놓는 것과 마찬가지로 일정 수준의 행복에 머물고자 하는 유전적 경향과 학습된 경향을 말한다. 좋은 환경에서 태어나지 못한 사람들도 행복 세트포인트는 얼마든지 변경할 수 있다는 사실이 증명되었다. 이 부분은 다음 장에서 좀 더 살펴볼 텐데, 이 책 전반에 걸쳐 행복 세트포인트를 높이는 구체적인 실행 방안을 제시할 것이다.

나는 또한 행복의 가장 큰 장애물인 두려움과 불안이 인간의 생존을 보장하기 위해 수천 년 동안 우리 내면에 각인된 것이라는 사실도 알게 되었다. 그런데 그 오래된 각인은 도움을 주기보다 해로울 때가 더 많다. 우리는 이 내면의 경고 체계와 접속을 끊고 보다 행복한 삶을 영위하는 방법들을 이 책에서 살펴볼 것이다.

이 정도의 연구 결과만 놓고도 흥분이 일었지만, 나는 여전히 그 이상을 원했다. 수년 동안 성공을 연구하면서 '성공은 실마리를 남긴다.'는 사실을 발견했다. 성공한 사람들의 삶을 통해 당신도 성공에 이르는 방법을 배울 수 있다는 얘기다. 나는 행복해지는 방법도 같을 거라는 확신이 들었고, 진정으로 행복한 100인을 인터뷰하기로 마음먹었다.

행복한 100인

진정으로 행복한 100인을 찾는 것은 그리 쉬운 일이 아니었다. 무려 2억 8000만 명이 사는 미국에서조차 말이다. 불행이라는 전염병이 만연한다는 기사가 떠올랐다. 미국 여성 다섯 중 한 사람은 항우울제를 복용하고, 매년 600만 명의 남성이 항우울제를 복용하기 시작한다는 것이다. 하지만 현실을 직접 체험하면서 더 큰 충격을 받지 않을 수 없었다. 나는 만나는 사람마다 "당신이 아는 가장 행복한 사람은 누구입니까?"라고 물었다. 사람들은 대개 하던 일을 멈추고 한참을 생각한 끝에 엄청나게 성공한 누군가의 이름을 첫 번째로 거명하고는 "하지만 잠깐, 그 사람도 진정으로 행복하지는 않을 것 같은데요."라고 덧붙였다. 진정으로 행복하다고 여기는 사람을 단 한 명도 생각해 내지 못하는 경우가 대부분이었다. 하지만 포기하지 않았고, 마침내 인터뷰 대상으로 삼을 만한 100여 명을 가려낼 수 있었다. 나는 그들을 '행복한 100인'이라고 부른다. 배경도 다르고 연령대도 다르며 살아온 길도 다른 사회 각계각층 100인의 이야기는 놀랍고 의미심장하다. 그들은 전혀 새로운 생활 방식을 실천함으로써 내 눈을 트이게 해 주었다.

인터뷰와는 별도로 단 한 가지만 묻는 간단한 설문을 나의 웹사이트에 게재했다.

"당신은 이유 없이 행복한 느낌을 경험하는 데 가장 필요한 것이 무엇이라고 생각하십니까?"

이에 대한 답변에서도 많은 것을 얻었다.

내 생각이 옳았다. 성공처럼 행복도 실마리를 남긴다. 인터뷰와 웹사이트 설문을 실시한 결과 행복한 사람은 불행한 사람과 삶을 영위하는 방식이 다르다는 증거를 얻었다. 행복한 사람들이 공유하는 21가지 습관을 발견한 것이다. 나는 '행복 습관happiness habits'이라고 이름 붙였는데, 이는 누구나 쉽게 실천할 수 있으며 깊이 있으면서 영속적인 행복으로 이끌어 준다.

그 후 나의 가장 중요한 발견, 이 책을 다른 책과 확실히 차별화해 주는 발견에 이르렀다. '이유 없는 행복'이라는 개념을 찾은 것이다. 행복 전문가들은 일상에서 행복의 조건들을 찾아내 다른 사람들에게도 실천하라고 권한다. 잘못된 방법은 아니지만, 진정한 행복을 지속적으로 얻는 방법도 아니다. '이유 없는 행복'은 차원이 다른 접근 방식을 취하며, 당신의 핵심부에 있는 심오한 내면의 행복을 시종일관 체험하는 획기적인 방법을 보여 준다. 바로 이유를 뛰어넘는 행복이며 이미 이곳에 머물고 있는 행복이다.

나는 행복 연구와 개인적 경험을 통해 '이유 없는 행복'이 완벽하게 가능하다는 확신을 갖게 되었다. 우리는 세상의 모든 분야에서 예전보다 훨씬 많은 지식을 쌓으며 살아간다. 기술의 발달로 인간 신체에서 은하계에 이르기까지 삶의 많은 부분을 탐구해 왔고, 마침내 행복도 과학적으로 탐구하고 있다. 지난 이십 년 동안 긍정 심리학 분야의 학자들은 괄목할 만한 진보를 이루며 행복 세트 포인트와 행복의 신경 전달 물질을 파악했고, 심지어 두뇌에서 행복감이 위치하는 자리까지 알아냈다. 역사상 처음으로 행복이 추상적인 감정이 아니라는 사실을 알았고, 행복은 측정할 수 있을 뿐 아니라 일상 생활에서 지속적으로 느낄 수 있는 생리 상태라는 사실을 발견한 것이다.

나는 이 놀라운 사실을 가능한 한 많은 사람들과 공유하고 싶어서 이 책을 쓰기로 결심했다. 그리고 이 주제에 대해 나만큼 열의를 가진 작가이자 이십오 년 지기인 캐럴 클라인에게 전화해서 공동 작업을 하자고 제안했다. 캐럴은 내가 진행한 연구들을 전부 지켜본 터라 이 여정을 함께하기에 완벽한 동지였다. 우리는 함께 연구하고 전문가들과 대화하고 행복한 사람들의 이야기를 들으며 보낸 수천 시간을 축복이라고 여긴다. 그 결과물인 『이유 없이 행복하라』는 행복에 관한 최고의 지식과 최근의 연구, 행복한 사람들에게 직접 들은 노하우 그리고 영감을 주는 실제 이야기를 엮은 것이다.

이 책에서 무엇을 얻을 것인가

『이유 없이 행복하라』는 크게 세 부분으로 나뉘었다. 제1부에서는 내가 '이유 없는 행복'이라고 부르는 진정한 행복의 패러다임을 탐구할 것이다. 이 아이디어를 이해하는 것만으로도 삶에서 행복을 경험하는 방식이 달라질 것이다. 또한 현재의 행복 수준을 평가하고 이해하는 '이유 없는 행복' 설문 조사표를 접할 것이다. 행복한 삶을 막는 흔한 장애물을 넘고 진전의 속도를 높이는 세 가지 길잡이 원칙도 배울 것이다. 끝으로 좀 더 행복해지기 위해 '끌어당김의 법칙'을 내 삶에 어떻게 적용했는지 설명할 것이다. 나는 이 법칙에 초점을 맞춘, 전 세계에서 성공한 다큐멘터리 영화 「시크릿」에 출연한 것을 영광으로 생각한다. 나는 이 법칙이 얼마나 강력하게 우리 삶을 바꾸는지 직접 체험하고 목격했다.

제2부는 행복 수준을 높이는 방법을 단계별로 보여 준다. 연구 과정에서 이유 없이 행복해지는 데는 일곱 단계가 있음을 발견했다. 이 일곱 단계를 기억하기 쉽도록 '행복의 집 짓는 법'이라는 간단하고 쉬운 유추를 통해 설명했다. 행복의 집을 짓는 일곱 단계는 삶의 일곱 가지 분야, 즉 개인의 힘과 정신(이성), 마음(감성), 육체, 영혼, 목적, 사람들과 부합한다.

이 총체적인 접근 방식은 매우 중요하다. 행복을 다룬 책들이 많지만 하나같이 정신에만 초점을 맞추는 경향이 있다. 그러나 다른 영역의 습관적인 행동 방식도 살피지 않으면 결코 진정한 행복을 경험할 수 없다. 각 단계의 개요를 소개한다.

1. 토대 - 행복의 주인이 돼라

2. 정신의 기둥 - 생각하는 것을 전부 믿지는 마라

3. 마음의 기둥 - 사랑이 이끌게 하라

4. 육체의 기둥 - 세포를 행복하게 하라

5. 영혼의 기둥 - 영성과 연결을 강화하라

6. 지붕 - 목적에 맞는 삶을 선택하라

7. 정원 - 자양분을 주는 인간관계를 가꿔라

각 단계는 세 가지 '행복 습관'과 행복 세트포인트를 높이는 방법에 관한 최신 연구를 토대로 한 실행 방안 그리고 영감을 주는 이야기들을 포함한다.

나는 『영혼을 위한 닭고기 수프』 시리즈를 위해 모은 2만여 편의 이야기를 읽으면서 깊은 감명을 받았다. 또한 수백만 독자들의 폭발적인 반응을 보며 이 이야기들이 사람들의 마음을 열고 심오한 영향을 미쳤음을 확인했다. 그래서 이 책에 '행복한 100인'의 인생 변혁 이야기를 싣기로 결정했다. 조건 없이 행복한 100인 중에서도 '이유 없는 행복'의 의미를 명확하게 밝혀 주는 21인의 이야기를 골라 담았다.

당신은 마약상 출신 성직자, 영화 제작자, 망명자, '가족의 저주'를 피한 여배우 등 각계각층의 사람들 이야기와 의사, 간호사, 어머니, 교사, 경영자 들의 이야기를 만날 것이다. 또한 사담 후세인의 통치 아래에서 자신의 기억과 행복을 내면 깊숙이 숨은 상자에 넣고 자물쇠를 채워 버린 자이나브, 장래성 없는 일을 하며 따분하게 살다가 날마다 행복해지는 단순하고 심오한 방법을 발견한 재닛, 체중을 사십 킬로그램이나 감량하고 진정으로 내면을 살찌우는 비결을 찾아 꿈에 그리던 삶을 얻은 게이도 만날 것이다. 이들의 이야기는 '이유 없는 행복'에 이르는 길은 아주 다양하며, 여정을 어디에서 시작하든 우리 모두 목적지에 도달할 수 있음을 보여 줄 것이다.

제3부에서는 '영원히' 이유 없이 행복해지는 방법을 다룬다. 이제 얼마나 더 행복할 수 있을지 걱정하며 불안해할 필요 없다. '행복 습관'을 일상에서 실천하는 방법과, 평생 '이유 없는 행복'을 지속시키는 조건을 찾는 법을 알게 될 것이다.

*

'이유 없이 행복해지는 것'은 하룻밤 사이에 이뤄지는 일이 아닐 수도 있다. 하지만 '이유 없는 행복'이 존재한다는 믿음을 갖고 성취해 나가는 단계를 알면 삶의 완전한 변혁에 이르는 궤도에 오를 것이다. 나는 굳게 믿는다. 나를 비롯한 수천 명에게 일어난 일이기 때문이다. 이 책에 제시한 도구와 기법을 나 자신과 고객들에게 직접 적용해 온 결과 오랜 세월 행복을 모르고 살아온 나조차 행복 눈금이 D+에서 A-로 상승하는 체험을 했다. 이제 삶의 파도가 내 배를 흔들어 놓을지라도 예전보다 훨씬 쉽게 평형을 되찾을 수 있다. 나는 이제 전복되지 않는다. 여전히 여정을 마치지 못했으며, 가르치는 사람이자 또 배우는 사람이지만 어느 단계에서 시작하는 사람이든 이내 올바른 방향으로 옮겨 갈 수 있음을 입증하는 살아 있는 증거다. 내가 할 수 있다면 당신도 할 수 있다.

  이 책이 당신의 내면에 부동의 행복을 위한 집을 짓도록 인도해주기를, 그 강력하고 평화로운 기반을 토대로 당신 역시 세상에 더 많은 행복을 창출하기를 진심으로 바란다.

이유 없이 행복할 수 있을까?

행복은 삶의 의미이자 목적이며, 인간 존재의 완전한 목표이자 지향해야 할 지점이다.
- 아리스토텔레스

　수년 전 성공 세미나를 진행하면서 참석자들에게 '되고 싶고, 하고 싶고, 갖고 싶은 100가지'를 적어 보라고 했다. 그들은 하얀 종이를 세 칸으로 나누고 꿈을 적어 내려가기 시작했다. 그리고 자기가 적은 꿈과 목표를 이야기하면서 하나같이 잔뜩 상기된 표정을 지었다. 그들은 호주 그레이트 배리어 리프에서 스쿠버다이빙을 하고 싶어 했고, 크림색에 티타늄 합금 바퀴가 달린 메르세데스 SL600 로드스터를 갖기 원했고, 백악관에서 춤추고 싶어 했고, 작은 비행기를 타고 전 세계를 여행하고 싶어 했다. 또한 자기 분야에서 최고의 위치에 오르기 원했고, 전 세계에서 기아를 없애고 싶어 했으며, 세계 평화를 기원하는가 하면, 《타임》지 표지에 오르고 싶어 했다.

몇몇 사람들은 "행복해지고 싶다."라고 적었지만, 놀랍게도 대부분의 사람들은 그에 별로 주의를 기울이지 않았다. 그런데 그 커다란 종이에 적은 내용들은 결국 '행복'을 위한 게 아닌가? 무언가가 되고 싶고 무언가를 하거나 갖고 싶다는 것이 결국은 행복해지고 싶다는 말 아닌가?

시간이 흐른 후 리스트에 적은 내용들이야말로 행복을 찾아 먼 길을 돌아가는 방법이라는 사실을 깨달았다. 아무리 거창하고 멋있는 내용이라 해도 궁극적으로 원하는 것은 아니다. 단도직입적으로 말해 우리가 진정으로 원하는 것은 '행복'이다.

행복은 저항할 수 없을 정도로 강력하고 매력적인 것이어서 깨닫든 깨닫지 못하든, 당신이 하는 모든 일은 결국 행복해지기 위한 것이다. 행복은 인간 존재의 성배(聖杯)이며 삶의 궁극적인 목표다. 아리스토텔레스는 행복을 '목표 중의 목표'라고 말했다.

사람들은 삶의 우선순위를 정할 때 행복해지고 싶은 욕망을 첫 번째로 꼽는다. 행복을 부나 사회적 지위, 훌륭한 직업, 명예, 이성 관계보다도 더 중요하게 생각하는 것이다. 문화, 인종, 종교, 연령, 라이프스타일과 상관없이 모든 사람들에게 나타나는 공통점이다. 행복한 사람은 더 오래 살고, 더 건강하며, 더 훌륭한 인간관계를 맺는다. 실제로 행복은 삶의 모든 영역에서 더 큰 성공을 거두도록 이끌어 준다.

그러나 불행하게도 많은 사람들이 지속적이고 진정한 의미의 행복을 경험하지 못한다. 다음 통계는 이런 슬픈 현실을 보여 준다.

- 매우 행복하다고 말하는 사람은 30퍼센트도 안 된다.
- 미국인 25퍼센트와 유럽인 27퍼센트는 우울하다고 말한다.
- 세계보건기구는 2020년이 되면 전 세계적으로 우울증이 심장 질환 다음으로 심각한 질병이 될 거라고 예측한다.

삶의 질은 그 어느 때보다 높아졌지만 우리는 그 어느 때보다도 불행하게 살고 있다. 갈수록 더 훌륭하고 멋진 상품과 도구들이 넘쳐 나지만 행복은 점점 멀어지는 듯하다.

이 책은 돈을 더 많이 버는 방법, 더 커다란 성공을 거두는 방법, 더 나은 인간관계를 맺는 방법을 설명하지 않는다. 그런 것들은 나보다 더 훌륭하게 가르쳐 줄 전문가들이 얼마든지 있다. 이 책에서 말하려는 내용은 과거에 내가 절실하게 알고 싶어 한 것이기도 하다. 이 책은 지난 삼십오 년간 끊임없이 탐구하고 파고든 질문에 대한 답이다. 나에게 무엇보다 중요한 질문이자 당신에게도 중요한 질문인 '어떻게 하면 진정으로 행복해질까?'에 대한.

삶의 대부분을 이 질문과 씨름했으나 처음 수년간은 정확한 답을 찾지 못했다. 고백하건대 나는 엉뚱한 곳에서 답을 찾느라 많은 시간을 허비했다.

불행한 방랑자

나는 어릴 때부터 이런 상상을 했다.

'나중에 어른이 되어서 근사한 남편과 아름다운 집에 살고 멋진

직업을 가질 거야. 몸매도 완벽할 거고 사회 생활은 즐겁고 의욕에 넘칠 거야. 나는 정말 행복할 거야!'

그러한 꿈을 실현하기 위해서는 미리 준비하고 열심히 노력해야 한다는 것도 알았다. 다만 내가 무엇을 원하는지는 아는데 그것을 이루는 방법은 정확히 알 수 없었다. 분명한 사실은 내가 행복하지 않다는 것이었다. 나는 엄마의 자궁에서 나올 때부터 실존의 고뇌를 가득 안고 있었다. 다른 아이들이 깔깔대며 만화 영화를 볼 때도 유달리 생각이 많은 다섯 살짜리 꼬마는 세상을 걱정했다. 일곱 살 때는 신과 영적 세계에 대해 귀찮을 정도로 질문을 던졌지만 부모님이 대답해 주지 못한다는 사실을 알고 실망했다. 지금도 가족 사진을 들춰 보면 오빠나 언니는 카메라를 향해 환하게 웃고 있지만 나는 마치 가장 친한 친구를 잃은 아이처럼 우울한 얼굴로 서 있다.

나는 천성적으로 밝고 행복한 아이는 아니었지만, 그러한 상태를 그냥 받아들일 필요는 없음을 어렴풋이나마 느끼고 있었다. 나는 뭐든 배워야 한다는 마음으로 안테나를 세우고 사는 아이 같았다. 열한 살 때는 일광욕하면서 읽을 책을 슬쩍하기 위해 선탠오일을 잔뜩 바른 채 언니 방에 몰래 들어갔다. 나는 책을 빨리 읽는 편이 아니었기 때문에 가장 얇은 책을 골라서 들고 나왔다. 헤르만 헤세의 『싯다르타』였다. 책을 반쯤 읽었을 무렵, 수천 년 전에 깨달음을 얻고자 탐구와 수행의 길에 오른 인도 젊은이를 보며 눈물을 흘렸다. 나는 혼자가 아니라는 사실을 깨달았다. 지구상의 다른 누군가가 나의 탐구를 이해하고 있었고, 나와 똑같이 연결감과 행복에 대한 갈망을 갖고 있었다. 그 책은 나를 인생의 의미를 탐구하는 길로 인도해 주었다.

다른 여학생들이 치어리더 시험을 위해 동작을 연습하고 있을 때, 나는 자기 계발 강의를 들었다. 그리고 열세 살 때 인생에서 처음 만난 동기 부여 강연가인 지그 지글러의 강의를 들었다. 연단을 오가며 성공의 비밀과 전율이 느껴지는 이야기를 들려주는 그를 보면서, 전문 강연가가 되는 것이 나의 길이라는 사실을 깨달았다. 1970년대 초반 십 대 소녀가 갖기에는 다소 특이한 목표였지만, 전 세계의 청중 앞에서 강연을 하며 사람들이 더 나은 삶을 살도록 이끄는 나의 모습을 그려 보았다. 치과의사였던 아버지는 내가 치위생사가 되기를 원하셨지만, 부모님은 결국 나를 지원해 주셨다. 어머니는 "너는 분명히 말재주가 있어. 그걸로 돈을 버는 게 낫겠구나."라고 말씀하셨다.

나는 낸시 드루의 추리소설이 있던 자리에 심리학 관련 서적을 쌓아 두고 게걸스럽게 탐독하기 시작했다. 열여섯의 나이에 매일 명상을 했고, 스무 살 무렵에는 명상 지도자가 되었다. 명상은 내 인생에 심오한 영향을 미쳤지만 나는 여전히 무언가를 계속 찾았다.

시간이 지났지만 전문 강연가가 되겠다는 목표를 잊지는 않았다. 성공의 원칙을 연구하는 데 푹 빠져들었고 최선을 다해 실천했다. 수입의 10분의 1을 내 목표를 구체화하는 데 사용했다. 비전 보드를 만들어 목표를 뚜렷하게 그려 보았으며, 원하는 것을 명확히 표현하는 재능이 있다는 사실을 발견했다. 예를 들어 MBA를 딴 후 늘 열망해 온 대로 많은 자질을 계발해 나갈 수 있는 멋진 직업을 얻었다. 오스트리아산 크리스털을 판매하는 회사의 마케팅 부사장으로 일하면서 직원들을 교육하는 역할도 맡았다. 얼마나 즐거운 일이었는지 모른다! 나는 살아오면서 탐구하고 배운 모든 것들을 가르쳤다. 끌어당김의 법칙, 원하는 것을 명확하게 인식하는 방법, 직관을 이용하는 법, 장애물을 극복하고 목표를 성취하는 방법 등을 말이다.

이후에는《포천》500대 기업의 기업 트레이너로 활동하며 성공 원칙을 가르쳤고, 전국의 여성을 대상으로 강연하는 세미나 전문 회사의 강연가로 일했다. 새로운 자리에서 새로운 일을 맡을 때마다 보수도 올라가고 명성도 높아졌다. 하지만 나는 행복하지 않았다. 뭔가가 빠져 있는 느낌을 지울 수가 없었다. 그게 무엇인지 꼭 집어 말할 수 없었지만 말이다.

이는 어쩌면 강연의 주제 때문일 거라는 생각이 들었다. 그래서 성공 원칙 세미나 대신 여성들을 위한 자긍심 세미나를 지도하기 시작했다. 최고의 자긍심 전문가인 잭 캔필드가 훌륭한 멘토가 되어 주었으며(그의 베스트셀러 『영혼을 위한 닭고기 수프』가 나오기 수년 전이다.), 이후 자긍심을 주제로 하루에 이삼백 명의 여성들 앞에서 연설했다. 나는 하이힐을 신고 아침 7시부터 저녁까지 열심히 강연을 했고, 강연이 끝나자마자 차를 타고 세 시간을 달려 다음 도시로 이동하는 날들이 이어졌다. 몸은 피곤했지만 보람 있고 에너지 넘치는 일이었다. 나는 청중 앞에 서는 일을 사랑했다. 그들의 얼굴이 변화하는 모습을 보면 참으로 뿌듯했다. 하지만 내면에서는 계속 채워지지 않는 느낌이 들었다. 나는 아직도 더 많은 사람들에게 다가가고 싶었다.

그러다가 커다란 기회가 찾아왔다. 바쁜 스케줄로 녹초가 된 나는 심신을 돌보는 시간을 가져야겠다는 생각에, 일주일간의 침묵 수양 프로그램에 등록했다. 말로 먹고 사는 사람이라 입이 근질근질했지만 말이다. 그런데 나흘째 되는 날 명상을 하는 중에 갑자기 머릿속에서 전구가 반짝했다. 『여성의 영혼을 위한 닭고기 수프』라는 표제가 떠오른 것이다. 해당 시리즈의 오리지널 판인 『영혼을 위한 닭고기 수프』가 출간된 상태였다. 성공 예감이 드는 멋진 아이디어임에 틀림없었다. 가슴이 설레었다. 내 커리어에서 최고의 순간이 오리라는 직감이 들었다. 휴가가 끝나자마자 잭에게 전화를 걸었다. 일 년 반 후 『여성의 영혼을 위한 닭고기 수프』는 《뉴욕 타임스》 베스트셀러 1위에 올랐고, 나는 해당 시리즈를 다섯 권 더 썼으며, 이들 책은 1300만 부가 넘는 높은 판매 부수를 기록했다.

나는 텔레비전과 라디오 프로그램에 출연하면서 수많은 청중을 상대로 강연을 계속했고, 마치 여왕처럼 대접받으며 성공이 가져다주는 화려함을 누렸다. 8,000명이 모인 컨퍼런스에 연사로 초청받았을 때는 하얀색 리무진을 제공받았으며, 컨벤션 센터 앞에 길게 줄 서서 책을 들고 기다리는 수천 명의 여성들에게 사인을 해 주었다. 사인을 하도 많이 해서 마사지 전문가가 한 시간마다 내 손을 주물러 줘야 했다. 내 자필 사인을 원하는 독자들이 전국에서 책을 보내왔다. 많은 여성들이 내 책이 자신의 삶을 변화시키고 구원했다고 고백했다. 나는 그들의 이야기에 깊이 감동받았고 뭔가 중요한 일을 했다는 보람도 느꼈다. 하지만 매일 밤 침대에 쓰러질 때면 뭔가 빠진 듯한 허전한 기분이 몰려왔다.

당신은 내가 최고의 자리에 올랐다고 생각할 것이다. 하지만 나는 그렇지 않았다. 분명히 많은 것을 이루었고 세속의 '몸값'도 올라갔지만, 내 안에는 여전히 불안과 긴장과 불평이 존재했으며 슬픈 날도 있었다. 각 단계를 밟아 올라가면서 이룬 것들을 보면 뿌듯했지만 그 기분이 오래 지속되지 않는다는 사실을 깨달았다. 나는 삶에서 얻은 것들로 인해 행복했지만, 진정 행복하지는 않았다.

이런 말이 어떻게 들릴지 잘 안다. '배부른 소리 하고 있네!' 하고 생각할 것이다. 나 역시 '할리우드 스타의 뒷모습' 따위의 이야깃거리를 수없이 들었고, 그들의 명성과 부가 오직 눈물만 안겨 준다는 사연을 들으며 따분한 표정을 짓곤 했다. 나도 같은 생각이었다. '말도 안 돼. 내가 저들이라면 너무 행복해서 날뛰는 통에 기둥에다 묶어 놔야 할걸.' 하고 말이다. 하지만 부와 명예를 맛보고 난 후에도 그토록 열망하던 내면의 깊은 행복은 찾아오지 않았다. 유명 인사들을 만나 봤지만 그들 역시 행복하지 않았다.

직업이 문제가 아니라 애정 생활에서 해답을 찾아야 한다는 생각이 들었다. '멋진 파트너를 만나면 행복해질 거야.' 나는 사회적 성공을 추구할 때와 마찬가지로 열정과 힘을 다해 짝을 찾았다. 많은 남자와 데이트를 하고, 몇몇과는 가까운 사이로 발전했지만 내가 찾는 '그 사람'은 아니었다. 그러던 어느 날 뉴욕 북쪽에 있는 큰 휴양지에서 열리는 세미나에 참석했다. 그리고 자갈밭 주차장에서 친구들의 소개로 남편을 만났다. 그는 정식으로 인사를 나누기도 전에 나를 두 팔로 안은 뒤 왈츠 춤을 리드하며 유럽인 특유의 세련된 태도로 나를 완전히 사로잡았다. 나의 이탈리아 왕자님 세르지오가 나타난 것이다. 보통 연인들처럼 우리 관계에도 밝은 날과 어두운 날이 있었지만, 마침내 결혼에 이르렀고 예쁜 집도 장만했다.

마침내 내가 꿈꾸던 모든 것이 이루어졌다. 아름다운 집, 멋진 남편, 훌륭한 직업 그리고 근사한 사회생활까지.(물론 할리우드 여배우 같은 몸매는 갖지 못했다. 하지만 다섯 가지 목표 중 네 개를 이뤘으니 그만하면 괜찮지 않은가.) 하지만 여전히 마음속에 불쑥불쑥 떠오르는 '행복하지 않다.'는 허전함은 없어지지 않았고 마음속에 느껴지는 슬픔도 어찌할 수 없었다.

문제가 심각했다. 나를 행복하게 해 줄 것들을 더 이상 생각해 낼 수가 없었다. 그때까지의 내 삶이 그러한 접근 방식이 잘못되었음을 증명해 줄 뿐이었다. 나는 막다른 골목에 서고 말았다. 변화가 필요했다.

인정하기 싫은 진실을 인정해야만 했다. 여전히 뭔가 비어 있다는 사실을. 나는 행복할 만한 '모든' 조건을 갖추었지만 행복하지 않았다.

지금 와서 생각해 보니 무언가를 소유하고 성취하고 경험함으로써 행복해질 수 있다고 믿었던 것이다. 너무나 오랜 세월을 말이다. 행복은 내가 상상했던 이유나 조건들로 얻을 수 있는 것이 아니었다. 어떤 이유가 있어야만 행복해진다는 것은 나의 착각일지 모른다는 생각이 들기 시작했다.

*

바로 그때부터 '이유 없는 행복'이라는 개념에 집중하기 시작했다. 그리고 연구와 인터뷰를 통해 발견한 원칙들을 실제 생활에 적용하기 시작했다. 그 결과 행복 수준이 크게 올라갔다. 내면 깊은 곳에서 우러나오는 훨씬 큰 평화와 안정감이 느껴졌다. 온종일 콧노래를 흥얼거리기도 했고 주변에 있는 사람들에게 더 많이 감사했다. 오 년 전쯤 친구들이 '행복한 토끼'라고 부르기 시작했을 때, 내가 진정으로 발전했다는 사실을 실감했다. 노벨상이라도 탄 것처럼 날아갈 듯한 기분이었다.

내가 발견한 것들 가운데 아주 중요한 것이 있다. 그것은 행복에 대한 나의 접근법을 완전히 변화시켰으며, 그토록 오랜 시간 동안 행복이 내가 잡을 수 없는 먼 곳에만 존재한 이유를 설명해 주었다.

왜 어떤 사람은 다른 사람보다 더 행복한가

당신과 내가 카페에 앉아서 차를 마신다고 상상해 보자. 내가 "당신은 행복하십니까?"라고 묻는다면 뭐라고 대답하겠는가?

몇 사람은 이렇게 대답할지도 모른다.

"물론이죠. 지금보다 어떻게 더 행복합니까?"

물론 이렇게 대답하는 사람은 극소수이고, 많은 사람들이 덤덤하게 대답할 것이다. "때로는 그렇겠죠."

하지만 나는 최소한 절반은 이렇게 대답할 거라고 확신한다.

"아뇨, 행복하지 않아요."

자신에게 무슨 일이 일어나든 상관없이 인생을 즐기는 사람이 있는 반면, 열심히 노력해도 행복을 느끼지 못하는 사람이 있다. 우리는 대개 그 중간쯤에 해당한다.

이러한 차이가 생기는 이유는 앞에서 언급한 행복 세트포인트 때문이다. 전문가들은 '개인의 인생에서 무슨 일이 일어나든' 고정된 행복의 수준으로 돌아가는, 즉 항상 특정한 정도의 행복을 느끼는 경향이 있다는 사실을 발견했다. 체중 조절을 시도할 때 늘 특정한 몸무게로 돌아가기 쉬운 것처럼, 행복 세트포인트 역시 스스로 바꾸려고 부단히 노력을 기울이지 않는 한 언제나 같은 수치로 복귀한다.

실제로 복권에 당첨된 사람들의 삶을 추적한 유명한 연구가 있다. 대부분의 사람들은 복권 당첨을 행복의 왕국으로 가는 티켓이라고 여긴다. 하지만 복권에 당첨된 이 행운아들이 행복을 느끼는 정도는 일 년도 안 되어 당첨되기 전의 수준으로 되돌아갔다. 놀랍게도 사고를 당해 하반신이 마비된 사람들도 유사한 현상을 보였다. 그들은 장애인이 된 지 일 년도 안 되어 사고를 당하기 전의 행복한 상태로 돌아갔다.

긍정적인 경험을 한 후든 부정적인 경험을 한 후든, 사람들은 자신의 행복 세트포인트로 되돌아간다. 좀 더 심층적인 연구 결과에 따르면 여기에는 단 세 가지 예외가 존재한다. 배우자를 잃은 경우(회복하는 데 아주 많은 시간이 걸린다.), 장기간의 실직 상태, 그리고 극도의 빈곤이다.

당신은 이렇게 물을지도 모른다. "좋아, 내 행복 세트포인트가 정해져 있다면, 그게 왜 그렇게 정해진 거지?" 미네소타 대학의 과학 교수인 데이비드 리켄 박사 역시 이와 동일한 의문을 품었다. 리켄 박사 팀은 개인의 행복에서 선천적 요인과 후천적 요인이 어느 정도 영향을 미치는지 알아보기 위하여 1980년대 후반 수천 쌍의 쌍둥이를 연구했다. 이 중에는 서로 다른 환경에서 자란 일란성 쌍둥이도 다수 포함되어 있었다. 광범위한 테스트를 실시한 결과, 연구 팀은 행복 세트포인트의 오십 퍼센트가 유전된 것이고 나머지 오십 퍼센트는 후천적으로 형성된 것임을 발견했다. 당신이 늘 명랑하게 생활하거나, 반대로 항상 우울하게 다닌다면 그 이유의 절반은 천성적으로 타고났기 때문이고 나머지 절반은 여러 가지 경험 속에서 형성된 생각, 감정, 신념 때문이라는 얘기다.

행복에 관한 최근 문헌과 연구 보고서에서 긍정 심리학 전문가인 소냐 류보미르스키, 케넌 셸던, 데이비드 샤드는 행복의 오십 퍼센트가 유전 요인에서 기인한다는 리켄의 발견이 옳다는 사실을 다시 한번 확인했다. 하지만 나머지 오십 퍼센트에 대해 흥미로운 사실을 새로 발견했다. 물질적 부, 결혼, 직업 같은 외부 조건은 행복 세트포인트의 불과 십 퍼센트만을 결정한다는 것이다. 나머지 사십 퍼센트를 결정하는 요인은 습관적인 생각, 감정, 말, 행동이다. 따라서 행복 세트포인트를 끌어올리는 것은 얼마든지 가능하다. 날씨가 추운 날 보일러 설정 온도를 높이는 것과 마찬가지로, 행복 세트포인트를 재조정함으로써 좀 더 높은 평화와 안정감을 누릴 수 있는 것이다.

행복 세트포인트가 존재한다는 사실, 그것을 바꿀 수 있다는 사실을 알고 나면 행복에 대한 시각과 관점이 '완전히' 달라진다. 우리는 평생 행복을 찾고 갈망하며, 자신을 행복하게 만들어 주리라 확신하는 것들을 얻기 위해 노력한다. 부, 아름다움, 인간관계, 직업 등……. 하지만 정말로 행복해지기 위해서 필요한 것은 단 하나, 즉 행복 세트포인트를 올리는 일이다.

나는 행복해지는 조건과 이유들을 쫓아다니느라 그토록 많은 시간과 에너지를 낭비하기 전에 행복 세트포인트가 낮을 뿐이라는 사실을 알았다면 얼마나 좋았을까 하고 생각한다. 행복한 100인과 인터뷰를 진행하면서 비로소 진정으로 행복한 사람은 '아무 이유 없이' 행복하다는 사실을 알게 되었던 것이다.

좀 더 자세히 살펴보자.

행복의 연속체

이유가 있는 행복은 또 다른 형태의 비극일 뿐이다.
- 우파니샤드

어느 날 책상 앞에 앉아 연구 조사 서류를 정리하다가 한 가지 사실을 깨달았다. 단순하지만 심오한 깨달음이었는데, 바로 행복의 연속체가 존재한다는 사실이다.

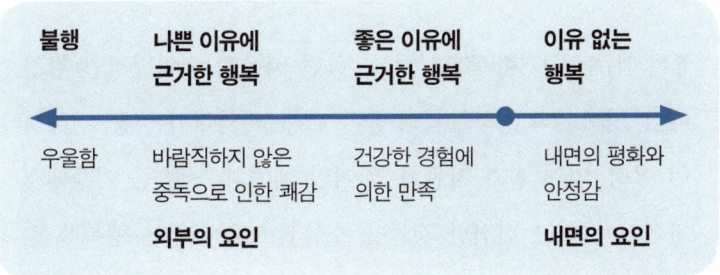

불행: 누구나 불행한 감정을 알고 있다. 한마디로 사는 게 괴로운 상태. 불행을 나타내는 몇 가지 징후는 불안, 근심, 피로, 우울함, 가라앉은 기분 등이다. 불행한 사람은 이러한 것들을 종종 느낀다. 병리학적인 우울증과는 다른 감정이다. 우울증은 깊은 절망감과 무력감을 동반하여 정상적인 삶을 영위하는 능력을 심각하게 손상시키는데, 이 경우 전문가의 도움이 반드시 필요하다.

나쁜 이유에 근거한 행복: 우리는 불행하다 싶으면 순간적인 기분 전환에는 도움이 될지 모르나 궁극적으로는 해로울 뿐인 중독이나 특정한 행동 방식에 빠지려 한다. 마약, 알코올, 과도한 섹스, 쇼핑 요법, 강박적인 도박, 과식, 과도한 텔레비전 시청 등에서 쾌감을 찾는 것이다. 이런 행복은 진정한 행복이 아니다. 순간적으로 경험하는 쾌락을 통해 불행의 감정을 마비시키거나 잠시 피할 뿐 임시방편이다.

좋은 이유에 근거한 행복: '행복' 하면 떠올리는 일반적인 감정이다. 가족이나 친구들과의 좋은 관계, 직업적인 성공, 경제적인 안정, 멋진 집과 자동차, 뛰어난 재능과 능력 등 인생에서 자신이 원하는 건전한 것들을 소유함으로써 얻는 행복을 말한다.

하지만 내 말을 오해하지 않기 바란다. 이런 종류의 행복은 좋은 것이지만, 그것이 전부가 아니다. 좋은 이유에 근거한 행복은 우리 삶의 '외부' 요인에 달려 있다. 이들 요인이 바뀌거나 없어지면 행복 역시 사라진다.

인생의 목적은 그럭저럭 살아가거나, 고통을 억누르고 감추거나, 모든 것을 '통제하는' 것이 아님을 잘 알 것이다. 단순히 행복한 경험들을 모아 놓는다고 해서 진정한 행복이 찾아오지는 않는다. 곰곰이 생각해 보면 진정한 행복을 위해서는 그 이상의 무언가가 필요함을 느낄 것이다.

행복의 연속체에는 그 다음 단계가 존재한다. 바로 이유 없는 행복이다.

이유 없는 행복: 그야말로 진정한 행복이다. 외부 환경에 의존하지 않고 평화와 안정감으로 가득한 신경생리학적인 상태다.

이유 없는 행복은 순간적인 기분 좋음, 도취감, 흥분, 신비로운 체험이 아니다. 또 바보처럼 하루 종일 웃고 다니는 일도 아니며 피상적인 쾌감을 경험하는 일도 아니다. 이유 없는 행복은 특정한 감정 상태가 아니다. 사실 이유 없이 행복할 때 슬픔이나 두려움, 분노, 고통 등 특정한 감정을 느끼는 상태일 수도 있다. 하지만 마음 밑바탕에 평온과 안정감이 깔려 있는 것이다.

이유 없이 행복할 때 당신은 외부 경험에서 행복을 추출하는 것이 아니라 그 경험에 행복을 불어넣는다. 행복해지기 위해 주변 세상을 조정할 필요가 없다. 행복을 '위해서' 사는 게 아니라 행복으로 '인해' 사는 것이기 때문이다.

이는 혁신적인 개념이다. 우리 대부분은 좋은 이유로 행복해지는 데 초점을 맞춘다. 목걸이에 구슬을 꿰듯이 행복한 삶을 만들어 내기 위해 행복한 경험을 가능한 한 많이 모으는 것이다. '행복의 목걸이'를 만들려면 거기에 적합한 구슬들을 찾기 위해 많은 시간과 에너지를 쏟아야 한다.

목걸이의 비유를 사용하자면 이유 없이 행복해지는 것은 행복의 줄을 가지는 것과 같다. 어떤 구슬(좋은, 나쁜, 혹은 평범한)을 꿰든, 그것들을 하나로 잇는 줄인 내면의 상태는 행복이며, 그로써 행복한 삶이 만들어진다.

이유 없이 행복할 때 당신은 외부의 조건과 상관없이 행복하다. 당신의 삶이 완벽해 보인다는 뜻이 아니다. 삶이 어떠하든 여전히 행복할 것이란 뜻이다.

13세기의 시인 루미는 이렇게 묘사했다. "행복하다. 일어난 일 때문이 아니라./ 따뜻하다. 난로와 뜨거운 목욕 때문이 아니라./ 가볍다. 저울이 0을 가리킬 정도로." 행복한 100인에게 이유 없는 행복의 특징을 묘사해 달라고 요청할 때마다 그들은 공통된 대답을 했다.

- 가볍고 자유롭게 흐르는 느낌
- 살아 있고 생기가 넘치는 기분
- 자유롭고 개방적인 마음
- 자신과 타인에 대해 사랑과 동정을 느낌
- 자신의 삶과 목표에 대해 열정을 가짐
- 감사와 용서의 감정을 느낌
- 평화로운 삶의 느낌
- 현재에 충실함

마티유 리카르는 삼십여 년 전 과학자에서 불교 승려로 변신한 독특한 인생 경력을 지닌 프랑스인이다. 명상 중일 때와 명상 후의 뇌 움직임을 측정한 전문가들은 그를 '세상에서 가장 행복한 사람'이라고 부른다(승려들에 대해서는 7장에서 좀 더 살펴볼 예정이다). 그의 저서 『행복론Happiness: A Guide to Developing Life's Most Important Skill』은 이유 없는 행복에 대해 명쾌하게 설명하고 있다.

"내가 말하는 행복이란 건강한 정신에서 기인하는 깊고 풍요로운 감정 상태다. 이는 단순히 즐거운 느낌, 잠시 머물다 지나가는 감정이 아니라 최상의 존재감을 말한다."

이유 없는 행복을 얼마나 느끼는가?

다음에 소개하는 설문지는 당신이 현재 삶에서 이유 없는 행복을 얼마나 경험하는지 알려 준다. 예전에도 행복과 관련된 설문지를 작성해 본 적이 있을 것이다. 하지만 대개는 상황 의존적이라는 사실을 알아채지 못했을 것이다. 다시 말해 당신의 삶에서 일어나는 상황(직업, 경력, 인간관계 등)에 따라, 그리고 삶의 조건에 대한 당신의 만족도에 따라 행복을 평가했을 것이란 얘기다. 그러한 설문지는 좋은 이유에 근거한 행복을 측정하는 도구다. 하지만 아래에 소개하는 설문지는 이유 없는 행복을 측정하기 위한 것이다.

이 설문지는 미네소타 대학의 심리학 교수인 오크 텔리전이 행복 세트포인트 측정을 돕기 위해 개발한 다차원 성격 검사의 일부분인 만족도 측정 도구를 모델로 만들었다. 각 질문에 답하면서 당신의 행복 상태를 점검해 보라.

이유 없는 행복 설문지

아래 제시한 각각의 문장에 대해 1~5점까지 점수를 매겨 보라.

1 = 전혀 그렇지 않다

2 = 약간 그렇다

3 = 대체로 그렇다

4 = 거의 그렇다

5 = 매우 그렇다

1. 때때로 특별한 이유 없이 행복과 만족감을 느낀다.

   1　　　2　　　3　　　4　　　5

2. 나는 현재에 충실하며 산다.

   1　　　2　　　3　　　4　　　5

3. 살아 있는 기분, 생동감, 에너지를 느낀다.

   1　　　2　　　3　　　4　　　5

4. 내면 깊은 곳의 평화와 안정감을 느낀다.

   1　　　2　　　3　　　4　　　5

5. 내게 삶은 커다란 모험과 같다.

   1　　　2　　　3　　　4　　　5

6. 나쁜 일이 일어나도 좌절하지 않는다.

    1   2   3   4   5

7. 내가 하는 일에 열정을 갖고 임한다.

    1   2   3   4   5

8. 거의 매일 즐거움이나 기쁨을 경험한다.

    1   2   3   4   5

9. 우주가 내게 우호적이라고 믿는다.

    1   2   3   4   5

10. 내게 일어나는 모든 일에서 교훈이나 축복을 찾는다.

    1   2   3   4   5

11. 놓아주고 용서할 줄 안다.

    1   2   3   4   5

12. 나 자신을 사랑한다.

    1   2   3   4   5

13. 만나는 모든 사람에게서 좋은 면을 찾는다.

    1   2   3   4   5

14. 바꿀 수 있는 것은 바꾸고, 바꿀 수 없는 것은 받아들인다.

    1   2   3   4   5

15. 주변이 나를 도와주는 이들로 가득하다.

    1   2   3   4   5

16. 다른 사람을 탓하거나 불평하지 않는다.

    1   2   3   4   5

17. 부정적인 생각 때문에 우울해지지 않는다.

    1   2   3   4   5

18. 늘 감사하는 마음을 갖는다.

    1   2   3   4   5

19. 나보다 더 큰 무언가와 연결된 느낌이다.

    1   2   3   4   5

20. 내 인생의 목표에 자극받는다.

    1   2   3   4   5

점수 평가하기

80~100점: 당신은 상당한 수준의 이유 없는 행복을 경험하고 있다.

60~79점: 이유 없는 행복을 웬만큼 경험하고 있다.

40~59점: 이유 없는 행복을 약간 경험하고 있다.

40점 이하: 이유 없는 행복을 거의 경험하지 못하고 있다.

점수 결과에 상관없이 당신은 '언제나' 이유 없는 행복을 향해

한 걸음 더 다가갈 수 있다. 앞에서도 말했듯이 당신이 어디서 시작하느냐는 중요하지 않다. '시작'했다는 사실이 중요하다. 이 책을 다 읽고 본문에서 소개하는 7단계의 행복 습관을 실천하기 시작한 후 이 설문지를 다시 작성해 보라. 정기적으로 '이유 없는 행복' 점수를 매겨 보면 발전 상태를 점검해 볼 수 있을 것이다.

이유 없는 행복: 존재 본연의 상태

이유 없는 행복은 단순히 멋진 개념이 아니다. 앞으로 설명하겠지만 '특별한 두뇌 활동과 심장의 리듬, 신체의 화학 작용에 의해 특징이 부여되는 구체적이고 측정 가능한 생리학 상태'를 말한다.

과학자들은 우리의 개인적 경험이 그에 상응하는 신체 작용과 상태를 만들어 낸다고 말한다. 이유 없이 행복한 사람들은 평범한 사람보다 전전두엽 피질의 활동이 활발하고 규칙적인 심박 패턴을 갖는 경향이 있다. 또한 옥시토신, 세로토닌, 도파민, 엔도르핀 등 행복이나 만족감과 관련된 특정한 신경 전달 물질이 더 많이 분비된다.

현대 과학이 이유 없는 행복의 생리학적 측면에 대해 많은 정보를 밝혀 낸 것이 사실이지만, 역사적으로 보면 영적, 종교적 전통 속에서 이미 논의되어 온 정신 상태이기도 하다. 이유 없는 행복이라는 개념은 어디서나 보편적으로 나타난다. 불교에서는 '이유 없는 기쁨'이라 부르고, 기독교에서는 '내면의 천국'이라 부르며, 유대교에서는 내적 성스러움과 건강이라는 뜻인 '아시레이ashrei'라고 부른다. 또한 이슬람에서는 행복과 번영을 뜻하는 '팔라falah'라고 부르고, 힌두교에서는 순수한 기쁨을 뜻하는 '아난다ananda'라고 부른다. 일부 문화권에서는 '깨어 있는 상태'라고 부르기도 한다.

  나는 전 세계 곳곳에 이유 없는 행복의 개념이 존재한다는 사실을 알았다. 그래서 어느 곳에 있는 사람이든 '이유 없는 행복'이라는 표현에 깊은 공감을 느끼는 것이다. 우리는 모두 내면 가장 깊은 곳에 있는 스스로의 본질이 행복이라는 사실을 직관으로 알고 있다. 이유 없는 행복은 만들어 내야 하는 것이 아니다. 당신 존재의 본질 자체가 이미 행복이기 때문이다. 지금부터 그 존재 본연의 상태로 돌아가는 방법을 얘기하려고 한다.

행복해지는 습관

세상은 변하지 않는다. 우리가 변할 뿐이다.
- 헨리 데이비드 소로

당신이 아는 사람 가운데 아무 이유 없이 행복한 사람을 떠올려 보라. 그들은 마치 작은 태양처럼 자신의 영향력 범위에 들어오는 모든 이들에게 따뜻함과 긍정의 에너지를 발산한다. 낙천주의자인 그들은 컵이 반이나 채워져 있다고 생각할 뿐만 아니라, 다른 사람의 컵까지 가득 채워 줄 수 있는 물병을 항상 가지고 다닌다. 물론 항상 요란한 치어리더처럼 행동하는 것은 아니다. 때로는 내적인 평화와 만족감으로 충만한 조용한 존재감을 지니며, 우리가 사는 혼란스러운 세상에서 평온함의 중심이 된다. 그런 사람과는 누구나 함께 시간을 보내고 싶어 한다. 울적한 날에도 그들과 함께 있으면 기분이 좋아지기 때문이다.

나는 이유 없이 행복한 사람의 손에서 자라는 행운을 누렸다. 아버지는 행복 세트포인트의 잭팟을 터뜨린 사람이다. 무슨 일을 하건 어디에 있건 아버지한테서는 끊임없이 생기가 퍼져나왔다. 그러나 아버지의 행복은 외부 환경에서 비롯된 것이 아니었다. 대공황 시기에 대단히 어렵게 자랐고, 학비를 벌기 위해 온갖 고생을 다 했으며, 개인적인 실패를 여러 번 겪었고, 키는 170센티미터도 안 되었다. 그러나 아버지에게는 전혀 문제 되지 않았다. 아버지는 '모든 것'을 사랑했다.

고학으로 치과대학을 다니느라 일 년간 초콜릿 공장에서 일했으며(이때 미래의 고객들을 미리 확보했을지도 모른다.), 졸업 후에는 육군 치과의사로 제2차 세계대전에 참전해 사 년간 남태평양에서 복무했다. 물론 전장 한가운데 있는 것을 즐기지는 않았지만, 아버지는 전쟁 중에도 내면의 행복감을 잃지 않았다. 어머니께 대단히 헌신적이어서 외국에 있는 동안 매일 편지를 썼는데, 모두 858통에 달하는 편지 중 일부는 아직까지도 남아 있다. 아버지는 군 복무 기간 동안 포커에서 딴 돈을 모아 두었다가 고향에 돌아온 후 치과 병원을 개업하는 데 보탰다. 아버지는 치과의사라는 직업을 사랑했고 은퇴 후에는 놀라운 일을 하셨다.(그 내용은 나중에 소개하겠다.)

전쟁 후에도 아버지는 여러 가지 문제에 부딪혔다. 돈에 쪼들릴 때도 있었고, 아이들은 노먼 록웰(미국인의 삶을 화폭에 담은 현대 일러스트레이터. 주로 일상의 풍경, 화목한 가족, 인생에 대한 사랑을 표현했다.—옮긴이)의 그림에서 튀어나온 것처럼 이상적이지는 않았으며, 노년에는 건강에 문제가 생기기도 했다. 그러나 아버지는 항상 행복했다. 아흔 살 생일에 골프를 즐겼고, 아흔한 살에 평화롭게 삶을 마감했다.

아버지는 삶이라는 모험의 여정에 오른다는 사실에 감사하며 매일 아침 설레는 마음으로 자리에서 일어났다. 내게는 이유 없이 행복한 사람의 첫 번째 역할 모델이자 이 책을 쓰도록 영감을 주신 분이다. 열아홉 살 때였는데 어느 날 인생에 대해 조언해 달라고 부탁하자, 아버지는 한마디로 대답했다. "행복해라!"

"멋지네요. 하지만 어떻게 하면 행복해지죠?"

아버지는 대답하지 않았다. 아버지에게 행복하다는 것은 너무나 자연스럽고 당연한 일이었다. 그래서 왜 모든 사람이 행복해 하지 못하는지, 왜 그토록 행복을 추구하느라 바쁜지 이해하지 못했다.

토머스 제퍼슨이 진정으로 말하고자 했던 것

행복에 대해 얘기하다 보면 사람들은 종종 독립선언서에 있는 토머스 제퍼슨의 말을 인용한다.

"당연히 행복하길 바라죠. 어쨌든 우리 모두에게는 생명과 자유에 대한 권리 그리고 행복을 추구할 권리가 있잖아요."

우리는 행복이 '추구해야' 할 무엇이라고 믿게끔 길들여졌고, 강아지가 막대기를 쫓아가듯이 우리는 끊임없이 행복을 좇고, 행복을 가져다줄 거라고 믿는 것들을 손에 넣으려고 애쓴다.

그러던 어느 날, 토머스 제퍼슨이 진정으로 의미한 게 무엇인지 깨달았다.

컨퍼런스에 참가하기 위해 비행기에 몸을 싣고 있었다. 잠재 능력 계발 운동 분야의 선구자이자 친구들인 스튜어트 에머리와 조앤 에머리 부부와 함께였다. 우리는 내 전문 분야랄 수 있는 행복의 개념에 대해 얘기하고 있었다.

그때 스튜어트가 특유의 매력적인 오스트레일리아 억양으로 말했다. "마시, '행복을 추구하다pursue'라는 말에서 토머스 제퍼슨이 진정으로 의미한 게 뭔지 아세요?"

『성공하는 사람들의 열정 포트폴리오』의 공동 저자인 스튜어트는 흥미롭지만 잘 알려지지 않은 사실에 대해 많은 지식을 갖고 있다. 그는 제퍼슨이 살던 시대에는 'pursue'라는 단어가 '뒤쫓다, 추구하다'라는 뜻으로 쓰이지 않았다고 설명했다. 1776년 당시 'pursue'는 '어떤 활동을 실천하다, 규칙적으로 하다, 습관적으로 하다'라는 의미였다.

단어의 정의가 얼마나 큰 차이를 만드는가! 현명한 건국의 아버지 토머스 제퍼슨은 우리 모두가 행복을 '실천할' 권리를 가진다고 말하고 싶었던 것이다. 행복을 뒤쫓는 것이 아니라 말이다. 행복을 뒤쫓는 것은 생산적인 방법이 아니다.

그러니 이제 행복을 추구하는 일은 멈추고 행복을 실천해 보자. 새로운 습관을 실천하면 곧 행복을 실천하는 게 가능해진다.

행복한 사람의 습관

높은 행복 세트포인트를 지닌 사람도 우리와 똑같은 인간이다.

그들이라고 해서 특별한 능력이나 여분의 심장을 가진 것도, 엑스레이를 찍으면 체내 사진이 다르게 나오는 것도 아니다. 그저 우리와 다른 습관을 가지고 있을 뿐이다. 따지고 보면 퍽 간단하다. 심리학자들은 모든 행동의 구십 퍼센트 이상이 습관이라고 말한다. 따라서 더 행복해지려면 자신의 습관을 돌아보아야 한다.

그저 행복해지겠다고 결심만 하면 된다고 말하는 책이나 프로그램도 있다. 행복하기로 마음먹으면 실제로 행복해진다는 것이다. 하지만 나는 그 말에 동의할 수 없다.

단순히 행복해지려고 결심한다고 해서 행복해지지 않는다. 날씬한 몸매를 갖겠다거나 위대한 피아니스트가 되겠다는 결심만으로 그렇게 될 수 없듯이 말이다. 그러나 운동을 하거나 피아노 레슨을 받는 것처럼 필요한 단계를 밟기로 결심할 수는 있다. 연습하고 기술을 연마함으로써 비로소 날씬한 몸매를 갖거나 공연을 하는 것이다. 마찬가지로 행복한 사람들의 습관을 배우고 연습하면 이유 없이 행복해질 수 있다.

과거에 당신이 가졌던 습관적인 생각과 행동은 당신 뇌의 배선 구조 안에 특정한 신경 전달 통로를 만들어 놓는다. 마치 레코드판에 있는 홈처럼 말이다. 발길이 잦아지면 길이 생기는 것처럼, 어떠한 방식에 따라 반복해서 생각하거나 행동하면 그 신경 전달 통로가 강화되고 홈은 점점 깊어진다. 행복하지 못한 사람은 부정적인 신경 전달 통로를 갖는 경향이 있다. 자신의 두뇌 배선도 상태를 무시하고 행복해지겠다는 결심을 할 수는 없다. 행복 세트포인트를 올리기 위해서는 새로운 홈을 만들어야 하는 것이다.

과거 과학자들은 성인이 되면 두뇌가 돌처럼 아주 단단해져서 변화 자체가 불가능하다고 생각했다. 그러나 새로운 연구가 진행되면서 두뇌 신경계의 유연성에 대한 흥미로운 정보들이 나오고 있다. 다른 방식으로 생각하고 느끼고 행동하면 두뇌가 변화를 일으키고 배선을 다시 꾸민다는 것이다. 평생 부정적인 신경 전달 통로를 지니고 살아야 하는 것이 아니라는 얘기다.

위스콘신 대학의 리처드 데이비슨 박사는 다음과 같이 말한다. "행복이나 동정심도 악기 연주법이나 테니스를 배우는 것과 마찬가지로 기술이라고 생각할 수 있다. 행복을 느끼도록 두뇌를 훈련하는 것이 가능하다."

내가 인터뷰한 행복한 100인 중에는 천성적으로 행복해할 줄 아는 사람도 있지만, 대부분은 행복을 유지하는 습관을 실천함으로써 행복해지는 법을 '배운' 사람들이다.

내가 행복의 영웅이라고 생각하는 달라이 라마는(그를 생각하면 절로 미소가 흐른다.) 어떤 습관이 행복을 만들고 어떤 습관이 불행을 만드는지 알아야 한다고 말한다. 『달라이 라마의 행복론』을 보자.

먼저 행복에 이르는 요소와 고통에 이르는 요소를 인식해야 한다. 그 다음엔 점차 고통에 이르는 요소를 제거하고 행복에 이르는 요소를 개발하기 시작한다. 이것이 행복해지는 길이다.

나는 이 책에서 행복에 이르는 요소들을 밝혀낼 것이다. 그렇다면 '고통에 이르는 요소'는 무엇이며 우리의 행복을 가로막는 것은 무엇일까? 행복의 방해물 중 '많을수록 좋다.'라는 통념과 '…라면 행복할 텐데.'라는 통념은 너무 널리 퍼져 있기 때문에 거의 모든 사람들이 현혹되고 말았다.

'많을수록 좋다.'는 통념

누가 부유한 사람인가? 자기 몫에 만족하는 사람이다.
- 탈무드

우리는 '많을수록 좋다.'는 통념의 포로가 되어 버렸다. 더 많이 가질수록 더 만족한다는 것이다. 점점 더 많은 것(스튜어트의 표현을 빌자면 '밝고 빛나는 물건')을 원하는 우리 사회의 집단 최면은 더 많은 장난감, 더 많은 성공, 더 많은 돈이 더 많은 행복을 의미한다는 잘못된 무의식에서 비롯된 것이다. 그러나 통계는 이것이 사실과 다르다는 것을 보여 준다.

- 미국인의 개인 소득은 지난 50년간 2.5배 이상 늘어났지만 그들이 행복을 느끼는 정도에는 변함이 없다.
- 《포브스》가 발표한 미국 최고의 부자 리스트 중 40퍼센트는 평균적인 미국인에 비해 덜 행복하다.
- 연간 개인 소득이 1만 2000달러를 넘어가면 돈이 더 많아진다고

해서 행복을 증대시키지는 못한다.

좋은 것을 모조리 가졌다고 해서 가장 행복한 사람이 아닌 것은 확실하다.(만약 그렇다면 행복한 사람이 가장 많은 곳은 할리우드가 아니겠는가.) 그러나 우리는 돈으로 행복을 살 수 있다는 뿌리 깊은 믿음에 빠져 버렸다. 적어도 자신은 돈이 많으면 행복해질 거라고 생각한다. 많은 사람들이 소득 수준에 상관없이 돈이 더 많아지면 더 행복해질 거라고 믿고 있다.

게티 오일의 창립자이자 미국 최초의 억만장자인 J. 폴 게티를 인터뷰하는 자리에서 기자가 물었다.

"당신은 세계에서 가장 부자입니다. 충분히 가졌다는 생각이 드는 때는 언제입니까?"

그는 잠시 생각하더니 대답했다. "아직까지는 그런 생각을 해 본 일이 없습니다."

이 일화는 '소유욕'이 진정한 기쁨을 가져다주지 않는다는 사실을 보여 준다. 그렇다면 더 많은 것을 원하는 욕구를 버리는 게 왜 그토록 어려울까?

매디슨 애비뉴(일류 광고 회사와 방송국이 몰린 광고 거리)가 우리를 내버려두지 않기 때문이다. 광고는 '많을수록 좋다'는 통념을 영속시키기 위해 존재하며, 우리의 경제를 움직이는 엔진이기도 하다. 지금 상태로 살아서는 안 되고 행복해지려면 '무언가'가, 그것도 아주 많이 필요하다는 확신을 심어 주기 위해서 매년 수십억 달러를 퍼붓는 것이다.

　어느 날 밤 텔레비전을 보면서 그러한 메시지를 얼마나 많이 듣는지 세어 보다가 충격을 받았다. 불과 세 시간 동안 어떤 회사가 판매하는 물건을 사지 않으면 비참한 상황에 빠질 것이라는 메시지가 무려 예순여덟 개나 쏟아졌다. 광고주들은 가장 재미있고, 매력적이고, 창의적인 방식으로 내게 적당한 차(다섯 개의 자동차 회사들이 저마다 자기네 차가 최적이라고 주장했다.), 가장 섹시한 브래지어(다이아몬드로 장식한 200만 달러짜리 브래지어, 가슴 하나에 100만 달러라니!), 마법의 약(이에 대해서는 나중에 다룰 것이다.), 최고의 화장품(자기 나이로 보이면 큰일 나는 모양이다.)이 필요하다는 것을 확신시키려고 애쓰고 있었다.

　어쩌면 지금 당신은 이렇게 생각할지도 모른다. '하지만 나는 그런 광고에 별 관심이 없다고요. 나는 광고에 영향을 받지 않아요.' 실망시켜서 미안하지만, 광고는 분명히 당신에게 영향을 미친다. 어찌할 수 없는 부분이다. 우리가 반복적으로 보고 듣는 메시지들은 잠재의식을 파고들어 믿음이 된다. 안 그러면 광고주들이 광고를 반복적으로 보여 주기 위해 그렇게 막대한 돈을 쏟아부을 이유가 없는 것이다.

　어린이들이 하루 평균 다섯 시간씩 텔레비전을 보는 요즈음, 새로운 장난감이나 비디오 게임 또는 유명 상표 청바지를 갖고 싶어 안달하는 행복하지 않은 아이들이 주변에 넘쳐 난다는 사실이 놀라운 일일까? 당신에게 크리스마스를 함께 보내야 할 아이들이 있다면, 내가 인터뷰한 젊은 아버지가 들려준 다음의 이야기가 왜 감동을 주는지 이해할 것이다.

큰딸 빅토리아가 세 살 때, 우리는 크리스마스를 앞두고 매일 밤 닥터 수스의 『그린치는 어떻게 크리스마스를 훔쳤을까』를 읽어 주었습니다.
내가 "후빌 마을 사람들은 누구나 크리스마스를 굉장히 좋아했습니다…" 하며 책을 읽어 주는 동안 빅토리아는 옆에서 귀를 쫑긋 기울인 채 앉아 있곤 했습니다.
그린치는 후빌 사람들의 크리스마스를 망치려는 계획을 세웠습니다. 그린치는 산타로 변장하고 강아지는 순록으로 변장시킨 뒤, 후빌 사람들의 집에 몰래 숨어 들어가 모든 것을 훔치고 빈 벽에 고리와 철사들만 남겨 두었습니다. 그러나 후빌 사람들은 선물과 크리스마스트리와 예쁜 장식들을 모두 잃었는데도 여전히 행복했습니다. 그린치는 크리스마스가 오는 것까지 막을 수 없었던 것입니다. 크리스마스는 여느 때처럼 찾아왔습니다!
크리스마스 아침, 우리는 빅토리아보다 조금 일찍 일어났습니다. 그리고 세 살짜리 딸이 트리 밑에 있는 선물을 확인하고 흥분하는 모습을 지켜보았습니다. 아이는 먼저 자기가 전날 밤에 산타할아버지와 순록을 위해 간식거리를 놓아 둔 부엌 식탁으로 달려갔습니다. 그리고는 접시 위의 과자 부스러기, 빈 우유잔, 없어진 홍당무 등 산타할아버지가 다녀갔다는 증거를 보았죠. 둘째를 임신 중인 아내와 나는 산타가 진짜로 다녀갔다는 생각에 흥분해서 눈이 동그래진 딸아이를 보며 환하게 미소 지었습니다. 다음으로 아이는 거실로 달려가 트리 밑에 있는 선물을 보았습니다.

우리는 빅토리아가 선물을 향해 뛰어갈 거라고 생각했습니다. 하지만 아이는 그렇게 하지 않았습니다. 아이는 작은 손을 치켜들더니 이렇게 말했습니다. "잠깐. 아빠 엄마, 이렇게 한번 생각해 봐요. 그린치가 와서 여기 있는 것을 전부 가져갔고 고리와 철사만 남겨 두었다고요. 그래도 우리는 행복하겠죠?"

우리는 아이와 함께 행복을 느꼈습니다. 동화 속의 그린치처럼 내 심장도 세 배는 커졌습니다.

무슨 일이 일어나더라도 언제나 행복할 수 있다면 우리의 삶은 어떻게 될까?

내적이며 본질적인 행복을 느끼고 아무 이유 없이 행복할 때, 당신은 여전히 당신 삶이 지닌 많은 것들을 즐기고 있을 것이다. 다만 그것들이 당신을 행복하게 만드는 원인이라고 생각하지는 않을 것이다. 당신은 '많을수록 좋다.'는 통념을 없앨 수 있다.

'…라면 행복할 텐데.'라는 통념

'…라면 행복할 텐데.'라는 통념은 '많을수록 좋다.'라는 통념과 매우 비슷하다. 당신은 다음과 같은 생각을 얼마나 많이 했는가?

- 완벽한 배우자가 있다면 행복할 텐데.
- 더 좋은 직장에 다닌다면 행복할 텐데.
- 아기가 있다면(또는 하나 더 있다면) 행복할 텐데.
- 아이가 학교에 다니면 행복할 텐데.
- 더 인정받고 존중받으면 행복할 텐데.
- 은퇴하면 행복할 텐데.

그리고 가장 흔한 생각은 다음과 같은 것이다.
- 3(혹은 5, 7, 9)킬로그램만 빠지면 행복할 텐데.

'…라면 행복할 텐데.' 하는 것들 가운데 당신이 얼마나 많은 것을 이루든, 그것은 결코 충분조건이 되지 못한다. 각각의 바람과 관련하여 당신은 잠시 동안의 만족이나 철저한 실망만 느낄 뿐이다. 당신이 최근에 이룬 다섯 가지 목표를 생각해 보라. 그것들이 얼마만큼 행복을 가져다주었는가? 그 행복이 얼마나 지속되었는가?

그러나 당신은 무언가 빠져 있는 듯한 느낌을 무시하고 계속 노력한다. 더욱 열심히 노력하면서 "조금만 더하면 돼. 이것만 해결하면 행복해질 거야."라고 되뇐다. 하지만 당신은 쳇바퀴를 돌리고 있는 햄스터와 다를 바가 없다. 외부 환경을 제어하고 조종하려고 미친 듯이 애쓰면서, 그리고 이미 얻은 것을 잃을까 봐 두려움에 떨면서 끊임없이 쳇바퀴를 돌리는 것이다. '…라면 행복할 텐데.'

라는 생각에 사로잡히면 행복은 언제나 지금의 자리에서 벗어난 미래에 존재한다. 사실 당신이 실제로 행복을 경험할 수 있는 유일한 시간은 지금 이 순간인데도 말이다.

하버드의 저명한 심리학 교수 대니얼 길버트의 최근 연구는 '…라면 행복할 텐데.'라는 생각이 전적으로 무익하다는 것을 증명했다. 『행복에 걸려 비틀거리다』의 저자인 길버트는 사람들은 무엇이 장래에 자신을 행복하게 만들어 줄 것인지 제대로 예견하지 못한다는 사실을 보여 주는 흥미로운 연구를 실시했다. 그는 우리가 원하는 무언가를 얻음으로써 느낄 행복을 언제나 과대평가한다고 결론 내렸다. 휴가를 떠나면, 승진을 하면, 또는 특정한 인간관계를 맺으면 얼마나 기분이 좋을까 하고 상상하지만, 실제로 그 일이 일어나면 예상했던 것보다 훨씬 불만족스럽다. 게다가 우리를 행복하게 만들어 주리라 생각한 것들에 익숙해진다. 당연히 마법처럼 영원히 우리를 행복하게 해 줄 거라고 믿었던 '그 무언가'를 경험할 때마다 감동과 흥분이 줄어드는 것이다.

더 행복해지기 위해서는 '언젠가' 얻을 '더 많고 더 좋은' 것이 행복을 가져다줄 거라는 최면에서 깨어나야 한다. 지금 당신이 가진 것에 상관없이 '이유 없는 행복'은 현재에 존재한다. 미래의 어느 때가 아닌 바로 지금 말이다.

세 가지 길잡이 원칙

행복한 100인이 자신의 삶을 묘사하는 얘기를 들으면서 거기에 명확한 패턴이 존재한다는 사실을 깨달았다. 그들은 모두 '더 많이'라는 생각을 버리고 '…라면 행복할 텐데.' 하는 욕망의 쳇바퀴에서 벗어난 사람들이었다. 더불어 세 가지 원칙을 따르는 듯 보였다. 행복한 100인이 이 원칙을 표현하는 방식은 조금씩 달랐지만, 이유 없이 행복해지는 데(그리고 그런 상태를 유지하는 데) 중요한 역할을 하고 있었다. 세 가지 길잡이 원칙은 다음과 같다.

1. 당신을 확대해 나갈수록 더 행복해진다.(확대의 법칙)
2. 우주는 당신을 지원하기 위해 애쓴다.(우주 지원의 법칙)
3. 당신이 인정하는 만큼 행복은 힘을 발휘한다.(끌어당김의 법칙)

2부에서 배울 '행복 습관'을 실천하다 보면 오래된 행동과 사고방식, 감정에 매인 자신을 발견하는 순간이 올 것이다. 바로 그때 아래의 세 가지 원칙이 필요하다.

길잡이 원칙 1: 당신을 확대해 나갈수록 더 행복해진다

우주 만물(당신을 포함하여)이 에너지로 이루어졌다는 것은 이미 과학으로 밝혀낸 사실이다. 당신이 말하고 생각하고 행하는 모든 것, 당신 주위에 있는 모든 것은 당신의 에너지를 확대하거나 축소한다. 에너지가 확대되면 당신은 더 큰 행복을 경험하는 반면, 에너지가 축소되면 행복감도 줄어든다.

간단한 테스트를 통해 직접 경험해 볼 수 있다. 의자에 허리를 펴고 똑바로 앉아라. 어깨를 젖히고 양팔을 넓게 벌린 후 크게 숨을 내쉬고 미소를 지어 보라. 눈을 감고 어떤 기분이 느껴지는지 말해 보라.

아마도 당신은 다음과 같은 기분이 들 것이다.

자유롭다
개방적이다
즐겁다
가볍고 여유로운 느낌이다
─이것이 바로 확대다.

이제 당신이 사랑하는 사람을 떠올려 보라. 그리고 거기에서 오는 느낌을 즐겨 보라. 그 사람을 생각할 때 당신의 신체는 어떤 느낌을 받는가?

마찬가지로 확대되고 개방적이고 가벼운 느낌이 들 것이다. 행복함을 느낄 때 당신은 '확대'의 상태에 놓인다. 실제로 과학자들은 신체의 변화를 관찰함으로써 행복한 정도를 판단할 수 있다. 행복을 느끼는 동안 당신의 몸에 과학적인 측정 기계를 연결하면 산소 흡수량 증가, 혈관 팽창, 근육 이완, 심박수 완화, 두뇌 기능 확대 등을 관찰할 수 있다. 이 모든 징후는 당신의 에너지가 확대되었음을 의미한다.

이제 어깨를 움츠리고, 주먹을 쥐고, 짧고 급하게 숨을 쉬면서 얼굴을 찡그려 보라. 그리고 어떤 기분인지 말해 보라.

    불안하다
    답답하다
    흥분된다
    무거운 느낌이다
    — 이것이 바로 수축이다.

두려워하는 사람이나 분노의 대상이 되는 누군가를 떠올려 보라. 무겁고 답답한 기분, 수축된 에너지가 느껴질 것이다.

이것이 불행에 대한 기본 체험이다. 분노, 두려움, 슬픔, 질투 등 부정의 감정은 우리를 수축시키고 우리 삶의 에너지 흐름을 억제한다. 이러한 감정을 느끼면 근육이 긴장하고, 호흡이 얕아지며, 몸의 순환 작용이 방해를 받는다. 이때 과학적인 측정 기계를 연결하면 스트레스 호르몬 수치가 올라가는 것을 관찰할 수 있다. 당연히 면역 시스템이 붕괴되고 감염과 발병의 위험이 높아진다.

행복한 100인은 자신을 수축시키는 생각, 감정, 행동 대신 자신을 확대하는 생각, 감정, 행동을 선택했다. 행복 세트포인트를 올린다는 것은 에너지를 확대하는 습관을 개발하는 일과 관련된다. 우리에게 확대된, 혹은 수축된 느낌을 갖게 만드는 것들은 아래와 같다.

수축	확대
불행	행복
두려움	사랑
비관주의	낙관주의
압박감	흐름
저항	수용
낮은 에너지	활기
질병	안락
불안	번영
분열	연결감
나쁜 기분	좋은 기분

확대는 행복으로 가는 고속도로다. 하루에 확대 또는 수축되는 기분을 얼마나 느끼는지 인식함으로써 당신이 행복을 향해 움직이는지 여부를 알아볼 수 있다.

내면의 안내 시스템

위성 위치 확인 시스템GPS이 장착된 자동차에 타 본 적이 있는가? GPS는 당신의 현재 위치에 상관없이 당신이 가고자 하는 방향으로 안내해 준다.(심지어 당신은 GPS의 음성도 지정할 수 있다. 내 친구의 GPS는 예의 바른 영국 집사 같은 목소리를 낸다! 친구는 그 목소리를 들을 때마다 여왕이 된 기분이라고 한다.)

우리는 누구나 확대/수축 피드백 시스템을 통해 우리를 행복으로 이끌어 가는 각자의 GPS를 내면에 갖고 있다. 확대되는 느낌을 받는다면 올바른 방향으로 가고 있는 것이다. 수축되는 느낌을 받는다면 경로를 수정해야 한다. 미국식 보물찾기 놀이와 비슷하다. 목표물에 가까워지면 아이들이 "따뜻해, 더 따뜻해, 뜨거워!"라고 말하고, 목표물에서 멀어지면 "차가워, 더 차가워, 얼음 같아!"라고 말하는 놀이 말이다. 다른 점은 당신 내면의 GPS는 '확대' 혹은 '수축'이라고 말한다는 점뿐이다.

나는 내면의 GPS에 자주 의존한다. 선택의 순간을 맞으면, 잠깐 멈춰서 심호흡을 하고 어떤 선택이 더 가볍고 더 열린 느낌, 더 확대된 기분을 가져올지 생각해 본다. 메뉴에서 주요리를 선택하는 것처럼 단순한 결정은 물론 사업 기회를 결정하는 것처럼 큰 결정을 내릴 때도 이 방법을 사용한다. 확대의 느낌을 주는 선택을 하면 언제나 더 행복해진다.

당신 삶의 얼마나 많은 부분이 확대 혹은 수축에 속하는지 알아보기 위해 오른쪽 표의 내용을 실천해 보라.

2부에서 제안할 행복 습관은 이 첫 번째 원칙에 기초하고 있다. 당신을 확대하는 모든 것은 당신을 더 행복하게 만든다. 각 해당 단계마다 관련된 확대/수축 표를 볼 텐데, 무엇이 당신을 수축하고 무엇이 당신을 확대하는지 주의를 기울여라. 내면의 GPS에 귀를 기울여라. 당신의 행복 세트포인트를 향상시키는 행동을 강화하고 이유 없이 행복해지는 데 도움을 줄 것이다.

> **확대/수축 목록**
>
> 1. 종이의 맨 위에 제목 두 개를 적는다. 왼쪽에는 '수축' 오른쪽에는 '확대'라고 쓴다.
> 2. 당신의 삶에 대해 생각해 본다. 직업, 사는 집, 몸 상태, 인간관계 등. 각 항목을 생각하며 눈을 감고 숨을 크게 숨을 쉬어가며 그것이 당신의 에너지를 확대하는지 수축하는지 느껴 본다. 그리고 해당하는 제목 밑에 그 항목을 적어 넣는다.
> 3. 목록을 다시 살펴보고 삶의 어떤 영역이 행복에 기여하는지, 어떤 영역이 삶의 질을 떨어뜨리는지 확인한다. 수축 목록에 있는 항목은 경로 수정이 필요하다.

길잡이 원칙 2: 우주는 당신을 지원하기 위해 애쓴다

아인슈타인은 인간이 자신에게 던지는 질문 중에 "우주는 나에게 우호적인가?"라는 질문이 가장 중요하다고 말한 적이 있다. 행복한 100인은 이 질문에 자신 있게 "그럼요!"라고 대답한다. 그들은 우주가 자신에게 해를 끼치려 하지 않고 자신을 지원하기 위해 애쓴다고 생각한다.

더 놀라운 사실은 자신에게 좋은 일이 일어날 때만 우주가 호의적이라고 믿는 것이 아니라 언제나 같은 생각이라는 점이다. 나쁜 일이 일어났을 때도 "왜 하필 나지? 이건 불공평해."라는 한탄과 불평을 늘어놓지 않는다. 그들은 삶에서 일어나는 모든 일을 "이

건 궁극적으로 나를 위해 일어나는 일이야. 틀림없어. 여기에서 감사할 점을 찾아보자."라는 식으로 바라본다. 이러한 믿음은 여유 있고 의심 없는 삶의 태도를 갖는 데 근간이 된다.

우주에 대한 믿음이 건강에도 그대로 드러난다는 사실을 보여주는 연구가 있다. 마이애미 대학의 심리학·정신의학 교수인 게일 아이언슨 박사는 에이즈 환자 중 우주의 힘에 사랑이 깃들어 있다고 믿는 사람들이 우주의 힘이 가혹하다고 믿는 사람들보다 더 건강하게 오래 산다는 사실을 발견했다.

단번에 받아들이기는 힘든 생각일지도 모르겠다. 분명히 세상에는 전쟁, 박해, 기아, 고통 등 끔찍한 일이 많이 일어난다. 우호적인 우주에 살지 않는다고 생각하기 쉬운 것이다. 그럼에도 내가 우주는 항상 나를 도와주려고 애쓴다는 생각을 쉽게 받아들인 이유는 역사 속에 존재한 현재와 과거의 모든 현자와 성인들도 이러한 믿음을 가졌다는 점 때문이었다. 그래서 특별한 상황에서 우주가 나를 지원한다는 사실을 받아들이기 힘들어질 때는 나의 사고와 이해가 제한적일 수 있다는 점을 기꺼이 인정하고 현자들의 현명하고 명확한 시각을 떠올리려고 노력한다.

하지만 이러한 믿음에 담긴 철학적 혹은 종교적인 의미까지 깊게 파고들 필요는 없다. 그것이 목적은 아니기 때문이다. 나는 단지 이유 없이 행복한 사람들이 그러한 믿음을 갖고 있으며, 당신 역시 이를 받아들여 행복지수를 올릴 수 있다는 사실을 이야기하고 싶을 뿐이다.

이 원칙이 참이냐 거짓이냐를 판단하려고 하기보다는 일단 1,2주 정도 이러한 믿음으로 생활해 보고 당신 삶이 얼마나 달라졌는지 확인해 보기를 권한다. 무슨 일이 일어나든 우주가 당신의 편이라고 가정해 보라. 겉보기에는 전혀 그렇지 않게 느껴지는 때조차도 말이다.

나는 이 법칙을 처음 실천했을 때 기뻐서 이리저리 뛰어다니거나 삶에서 마주치는 모든 것을 사랑하는 것까지는 아니더라도, 확실히 훨씬 더 여유롭고 평온한 느낌을 받았다. 유난히 우울하거나 불안감이 밀려올 때(예를 들어 실연을 당했을 때), 우주가 항상 나를 지원하고 내가 알지 못하는 좀 더 커다란 계획이 존재한다고 믿는 것은 '이건 불공평해.' '나는 진정한 사랑을 만나지 못할 거야.' 같은 불평과 투정을 극복하는 데 도움이 되었다. 실제로 열린 마음을 유지한 결과 사랑하는 남편을 만날 수 있었다.

우주가 당신을 돕는다고 믿으면 지금 일어나는 일에 저항하지 않게 된다. 세상에서 일어나는 사건이나 당신의 삶에 대해 소극적이 되거나 자기만족에 빠지라는 뜻이 아니다. '이미 일어난 일'이나 바꿀 수 없는 현실에 저항하거나 비탄에 잠기지 말라는 뜻이다. 많은 사람들이 분노를 표출하고 삶에 저항하는 데 엄청난 에너지를 낭비한다. 어떠한 일이든 일어난 이유가 존재한다고 믿고 현상을 받아들이면, '현재' 상황에 효과적으로 대처하는 데 에너지를 사용할 수 있다.

우주가 항상 당신을 지원하고 당신의 성장을 도와줄 방법을 마련한다고 믿는 것은 확대의 느낌을 유지하게 도와주는 훌륭한 도구다.

길잡이 원칙 3: 당신이 인정하는 만큼 행복은 힘을 발휘한다

이 원칙은 끌어당김의 법칙에 기초한다. 끌어당김의 법칙이란 간단히 말해 '비슷한 것은 비슷한 것을 끌어당긴다'는 법칙이다. 무엇을 생각하고 느끼고 말하든 당신은 그 대상을 자석처럼 끌어당긴다. 은행에 넣어 둔 돈처럼 이미 당신의 삶에 존재하는 행복의 가치를 인정하면 그 행복은 힘을 발휘한다!

요즘 들어 끌어당김의 법칙을 둘러싼 논의가 대단히 활발하다. 베스트셀러『시크릿』과 동명의 다큐멘터리 영화가 끌어당김의 법칙 붐을 일으키는 데 큰 영향을 미쳤다. 나는『시크릿』의 저자 론다 번이 이 책과 영화에 나를 참여시켜 준 것을 영광스럽게 생각한다. 론다는 자신의 말을 진정으로 실천한 사람이다. 끌어당김의 법칙을 사용해『시크릿』의 엄청난 성공을 일구어 냈으니 말이다. 그녀는 세상에 행복을 퍼뜨리고 끌어당김의 법칙을 통해 세상이 변화하는 모습을 보겠다는 목표와 비전이 있었다. 처음 론다를 만났을 때는 눈부실 정도로 행복해 보이는 모습에 큰 감명을 받았다. 대단히 고통스러운 삶의 터널을 지나왔음에도 마음속에서 우러나는 평화와 행복한 열정이 넘쳐 난다. 이 책의 8장에서 그녀의 비범한 스토리를 소개할 예정이다.

많은 사람들이 끌어당김의 법칙을 사용해 자신에게 행복을 가져다주리라고 생각되는 것들을 끌어당기는 데만 집중한다. 하지만 그 반대다. 행복해지면 우리가 원하는 것이 우리에게 끌려온다. 이것이 끌어당김의 법칙이 출발하는 기초다.

론다는 『시크릿』에서 이렇게 말했다.

나는 당신을 '시크릿'의 비밀로 인도하려고 한다. 당신 삶에서 당신이 원하는 것을 얻는 지름길은 지금 행복해지는 것, 지금 이 순간 행복을 느끼는 것이다! 그것은 돈이나 그 밖에 당신이 원하는 모든 것을 당신 삶으로 끌어당기는 가장 빠른 길이다. 기쁨과 행복의 감정을 우주로 발산하는 데 집중하라. 당신이 원하는 모든 것은 내면에 달려 있다! 외부 세계는 결과의 세계이며, 생각이 가져온 결과물일 뿐이다. 당신의 사고와 주파수를 행복에 맞춰라.

좋은 기분을 느끼면 당신의 에너지가 강력한 진동장을 형성해서 당신이 원하는 것을 좀 더 쉽게 끌어당긴다. 당신이 원하는 자동차, 가정, 직업을 떠올리는 것도 좋다. 하지만 행복의 열쇠는 세상을 조종하여 우리가 원하는 것을 얻는 데 있지 않다. 끌어당김의 법칙을 가장 현명하게 이용하는 방법은 그것을 모든 목표의 기초가 되는 목표, 즉 이유 없는 행복을 이루는 데 적용하는 것이다. 끌어당김의 법칙은 물질 영역에서도 마법과 같은 힘을 발휘해 주었지만, 나는 정신 영역에 적용함으로써 훨씬 커다란 보상을 얻었다. 감사하는 마음에 집중하면서 나 자신의 상처를 치유할 수 있었고,

비록 작더라도 한 걸음 발전을 이룬 데 감사함으로써 삶의 변화를 이룰 수 있었다. 이러한 방식으로 끌어당김의 법칙을 사용하면 이유 없는 행복에 이르게 된다.

나의 비밀 공식

끌어당김의 법칙을 이용할 때 내가 즐겨 사용하는 도구는 목표, 주의, 긴장 완화다. 나는 이 세 가지를 '비밀 공식'이라고 부른다. 친구이자 성과 개선 컨설턴트인 빌 레버시에게 처음 배운, 이유 없이 행복해지기 위해 실천해야 하는 그 공식은 다음과 같다.

1. 목표: 당신이 원하는 것을 명확히 하라. 이 경우에는 더 큰 행복을 얻는 것이 목표다.
2. 주의: 당신이 주의를 기울이는 대상이 더욱 강력해진다. 행복 습관을 매일 실천함으로써 행복에 주의를 기울이고 집중하라.
3. 긴장 완화: 편안하게 긴장을 풀어라. 행복 습관을 실천할 때는 당신 자신을 편안하게 느끼고, 더 큰 행복에 방해가 되는 장애물을 없애는 중이라고 믿어라.

목표를 명확히 하고 이상을 그려라

의식의 변화는 목표에서 출발한다. 행복 세트포인트를 올리기 전에 먼저 '이유 없이 행복해지기'라는 목표를 명확히 하는 것이 중요하다. 목표를 선언하고 종이에 적는 일부터 시작한다. "나는

…라는 사실에 감사한다."는 문장으로 시작하여 이유 없는 행복이 당신에게 어떤 느낌을 주는지 표현한 문장으로 마무리한다.

반드시 "나는 …이다."라는 표현을 사용한다. 매우 강력한 말인데, '어떤 사람이 되겠다.'는 당신의 의지를 환기하는 데 도움이 된다. 또한 목표를 현재형으로 표현해야 한다는 점을 기억하라. 마치 이미 이유 없는 행복을 경험하는 것처럼 말이다. 현재형 문장이 지닌 힘과 직접성은 당신이 진심으로 바라는 대상을 당신에게 끌어당긴다. 예를 들어 나의 목표 문장은 "나는 깊은 내면의 평화와 행복을 경험한다는 사실에 감사한다."이다.

> **'이유 없는 행복'을 위한 목표**
>
> _____

이제 이유 없이 행복을 느끼는 스스로를 상상해 보라. 흔들림 없는 내면의 평화와 번영의 상태를 경험한다면 당신 인생은 어떻겠는가? 당신은 어떤 느낌을 받으며 무엇을 하겠는가? 다른 사람들하고는 어떤 관계를 맺겠는가?

자신이 느끼고 싶은 감정을 상상한다는 것이 비현실적이거나 바보같이 보일지도 모른다. 그러나 실제로는 대단히 강력한 효과를 지닌다. 이유 없는 행복이 당신에게 어떤 느낌을 가져다줄지 선명하게 그려 볼수록 실현하는 일 역시 훨씬 쉬워진다.

이 과정을 거치는 것만으로 당신은 '이유 없는 행복'이라는 진동의 장에 들어간다. 목표를 설정하고 상상하는 것만으로도 더 행복해지는 기분을 경험할 것이다.

아울러 행복 습관을 실천하는 동안 비전 보드를 만들 것을 권한다. 비전 보드는 당신이 삶에서 얻으려는 것을 시각적으로 표현해 준다. 많은 사람들이 얻고 싶은 대상(예를 들어 자동차, 인간관계, 집)에 집중하는 데 비전 보드를 사용한다. 하지만 나는 행복감의 상태를 표현하는 이미지를 담은 비전 보드를 사용하라고 권한다. 아름다운 자연 경관, 웃거나 즐겁게 춤을 추는 모습 또는 당신이 사랑하거나 존경하는 사람과 함께 찍은 사진을 고를 수도 있다. 선택한 이유를 정확하게 설명하지 못해도 상관없다. 확대되고 개방되고 기분이 좋아지는 느낌을 주는 이미지를 골라라. 이유 없는 행복을 위한 목표를 적은 문장도 포함시켜라. 목표를 정할 때와 마찬가지로, 비전 보드 위에 있는 모습이 이미 실현된 것처럼 상상하는 것이 중요하다.

나의 비전 보드에는 내가 가장 행복할 때, 자연 속에 있을 때, 사랑하는 사람과 함께할 때의 사진과 내게 기쁨을 주는 이미지, 색깔, 인용문들이 있다. 책상 맞은편 벽에 걸어 두고 하루에도 몇 번씩 수시로 쳐다본다. 매일 일정한 시간을 들여 비전 보드를 바라보고 그것이 내면에 일으키는 행복감을 음미하라.

내면에 행복의 집을 지어라

이제 목표를 실천에 옮길 시간이다. 2부에서는 행복의 집을 짓는 7단계를 배울 것이다. 책을 다 읽은 후에는 각 단계별로 일주일 동안 행복 습관을 실천하면서 연습 과제를 실행하고 각 장 말미에 있는 실천 사항을 따라해 보기 바란다. 실천하기가 수월한 습관이 있는 반면 다소 어렵게 느껴지는 습관도 있을 것이다. 어렵게 느껴질 때는 새로운 지침이 익숙해질 때까지 시간을 넉넉히 투자하라.

이러한 아이디어와 기법을 익히는 동안 앞에서 언급한 세 가지 길잡이 원칙도 유념하라. 내면의 GPS를 이용하여 확대의 방향으로 자신을 움직여라. 우주가 당신을 지원하기 위해 애쓴다는 사실을 믿으면 어떤 일이 일어나는지 살펴보라. 그리고 끌어당김의 법칙을 끊임없이 이용하여, 당신이 이미 경험한 행복에 깊이 감사함으로써 행복 세트포인트를 높여라.

이러한 도구들이 준비되었다면 이제 행복의 집을 지을 시간이다. 자, 시작하자.

2부
행복의 집 짓는 법

우리가 습관을 만들면 그 습관이 우리를 만든다.
- 존 드라이든(17세기 영국 시인, 극작가)

토대

행복의 주인이 돼라

삶의 어두운 그림자는 자신이 태양을 가리고 있을 때 생겨난다.
- 랠프 왈도 에머슨

    나는 집 짓는 기술을 가진 사람은 아니지만 집 짓기의 첫 번째 단계가 토대를 놓는 것임은 알고 있다. 토대는 견고한 집을 위한 기초이다.

    행복의 집을 지을 때도 중요한 첫 번째 단계를 거쳐야 한다. 스스로 행복의 주인이 됨으로써 행복의 집이라는 구조물의 토대를 놓는 것이다. 즉 당신이 행복해진다는 것을 믿고, 그 다음에는 행복해지는 데 필요한 습관을 인식하며, 마지막으로 올바른 사고와 감정, 행동을 위한 습관을 계속 익혀 나가야 한다.

    행복한 100인을 인터뷰하면서 가장 인상 깊었던 사실은, 그들 중 단 한 사람도 자신이 행복해지는 능력을 지녔다는 데 의심을 품지 않았다는 점이다. 그들은 행복해진다는 사실을 알았고, 행복은 자기 자신에게 달려 있다는 사실 또한 잘 알았다. 삶의 조건이 완벽해질 때를 기다리거나 언젠가는 행운을 잡을 거라 기대하면서 행복을 미래의 시점으로 미루지 않았다. "나는 출신 때문에, 혹은 과거에 일어난 일 때문에 행복해질 수 없어."라고 말하면서 과거에 매이지도 않았다. 삶에 대해 주도적인 태도를 지녔으며 과거나 현재 상황의 희생물이 되는 대신 미래의 가능성에 집중했다.

2005년 《국제 행동 의학 저널 International Journal of Behavioral Medicine》에 실린 연구 논문은 행복과 주인 의식의 관계를 설명하고 있다. 게일 아이언슨 박사가 진행한 이 연구 결과를 보면, 에이즈에 걸린 낙천적인 피실험자는 주도적인 행동 성향을 보였고, 어려움에 더 잘 대처했으며, 병증의 진행도 느렸다. 아이언슨 박사는 주도적인 태도가 행복의 증진과 관련된 낙관주의와 대단히 깊은 연관성을 가진다고 주장했다.

어떤 상황에 놓이든 상관없이 행복의 경험에 대해 스스로 책임을 느끼고 주도적인 태도를 가지면 삶의 주인이 된다는 사실은 반가운 소식이다. 행복 세트포인트를 한층 상승시킬 수 있는 것이다.

우리 모두의 마음속 저 깊은 곳에는 이미 이유 없는 행복이 존재한다. 때때로 구름에 가릴 때도 있지만, 우리 마음속에는 평화와 번영의 태양이 밝게 빛난다. 이 장에서는 그 구름들, 즉 본질의 행복을 경험할 수 있는 우리의 능력을 가로막는 뿌리 깊은 습관들과 패턴화된 피해 의식에 밝은 빛을 비춰 줄 것이다.

행복의 주인 되기

업무상 수많은 사람을 만나 오면서 알아낸 사실은, 점점 더 많은 사람들이 생각하고 느끼고 행동하는 모든 것을 통해 미래를 창조해 나가는 힘의 중요성을 깨닫는다는 점이었다. 자신의 선택이 삶을 결정한다는 점을 아는 것이다. 끌어당김의 법칙을 이해하면 삶의 행복(또는 불행)에 대한 책임이 바로 자신에게 있다는 사실을 깨닫는다. 행복의 주인이 된다는 것은 다음 두 가지를 의미한다.

1. 행복은 나에게 달렸다는 사실, 습관을 바꿈으로써 더 행복해지는 능력과 힘이 내게 존재한다는 사실을 인정한다.
2. '반응 능력'을 지닌다. 삶에서 일어나는 모든 일을 행복을 증진하는 방향으로 받아들인다.

당신은 이 책을 쥠으로써 행복의 주인이 되는 과정을 시작한 셈이다. 이것은 단순히 '고무적인 이야기'가 아니다. 더 행복해지는 것에 집중하는 것만으로도 강력한 결과를 얻을 수 있다는 사실이 초기에 실시한 행복 실험으로 증명되었다. 1977년, 심리학자이자 『행복의 심리학』 저자인 마이클 포다이스 박사는 대단히 혁신적인 실험 결과를 내놓았다. 행복한 사람들의 습관을 연구한 학생들의 경우 해당 주제에 대해 배운 것만으로도 행복과 삶의 만족도가 상승했다는 것이다.

1장에서 언급한 UC 리버사이드의 심리학 교수 소냐 류보미르스키는 행복을 증진시키는 데 주의를 기울이고 시간을 투자하는 것이 다이어트나 운동과 유사하다고 말한다. 단 하루 이틀에 이룰 수 있는 일이 아니고 꾸준히 계속해야 한다는 것이다. 불행히도 사람들 대부분은 행복의 수준을 올리는 것보다는 어떤 차를 살까 계획하는 일에 더 많은 에너지를 쏟아붓는다.

반응 능력

우리에게 일어난 일에 반응하는 능력, 즉 반응 능력은 행복에 커다란 영향을 미친다. 행복한 100인은 삶에서 어떤 사건이 일어나면 내면의 평화와 번영을 지원하는 방향으로 반응한다.

수년 전 나의 멘토 잭 캔필드는 이러한 개념을 설명하는 간단한 공식을 가르쳐 주었다.

$E+R=O$ (사건Events + 반응Response = 결과Outcome)

이유 없이 행복한 사람들은 가능한 한 삶에서 일어나는 사건들을 조정하고 변화시킨다. 단 사건을 변화시킬 수 없을 때는 '그들의 반응'을 변화시킨다.

차를 몰고 가다가 교통 체증을 겪으면 주위를 한번 둘러보라. 얼굴을 잔뜩 찌푸리고 핸들을 단단히 움켜쥔 채 앞차를 향해 고함을 치는 사람이 있는가 하면, 라디오 음악에 맞춰 목청껏 노래를 부르며 상반신을 흔드는 사람도 있다. 같은 상황인데도 반응은 사람마다 제각각이다.

자신을 확대하고 더 큰 평화와 번영을 만드는 방향으로 반응할 때마다 미래에도 긍정의 선택을 할 수 있는 능력이 강화된다. 이로써 당신은 진정으로 주도적인 힘을 갖는다. 희생자의 위치에서 승리자의 위치로 이동하는 것이다.

최후의 승리자, 빅터

내 인생에 결정적인 영향을 준 그러한 시각을 고등학교 때 처음 접했다. 영어 선생님이 빅터 프랭클의 『죽음의 수용소에서』를 읽으라는 과제를 내주셨을 때였다. 나치 강제 수용소의 생존자인 빅터 프랭클은 온갖 잔학 행위를 견디고 절망적인 상황을 이겨 낸 과정을 믿을 수 없을 만큼 감동적인 문체로 표현했다. 처음에는 책의 내용이 너무 끔찍하지 않을까 하는 두려움에 머뭇거렸는데, 페이지를 넘길수록 정신이 고양되면서 가슴에 감동이 차올랐다. 특히 다음 단락은 마음 깊은 곳까지 흔들어 놓았다.

강제 수용소에는 수용소 곳곳을 돌아다니며 다른 이들을 안심시키고 자신의 마지막 빵조각까지 건네주는 사람들이 있었다. 비록 숫자로는 몇 안 되었지만, 그들은 인간에게서 모든 것을 앗아 갈 수 있어도 단 한 가지, 즉 어떠한 상황에서도 자신의 태도와 길을 선택할 수 있는 마지막 자유는 빼앗을 수 없다는 사실을 보여 주는 증거가 되었다.

빅터 프랭클이 상상할 수 있는 최악의 상황에서도 의미를 찾고 사랑을 경험했다면, 우리의 일상에서 일어나는 사건을 대하는 방식을 변화시키는 용기를 갖는 것쯤은 너무나도 쉬운 일이 아닐까. 그의 이름이 모든 것을 말해 주고 있다. 최후의 승리자 Victor가 아닌가!

행복 약탈자

일정한 패턴의 피해 의식에 사로잡히면 같은 상황을 자꾸만 끌어당긴다.(즉 끌어당김의 법칙이 작용한다.) 이러한 현상은 어디서나 쉽게 관찰할 수 있다. 예를 들어 남자를 사귀면 매번 비슷한 타입의 건전하지 못한 관계로 이어지는 여성을 본 적이 있을 것이다. 데이트 상대가 달라져도 항상 똑같은 문제가 발생한다.

작가 에크하르트 톨레는 내가 이유 없는 행복의 역할 모델로 삼는 사람이다. 그는 저서 『지금 이 순간을 살아라』에서 현재 자신이 가진 힘을 깨달으면 오랜 문제를 영속시키는 피해 의식의 에너지를 변화시킬 수 있다고 말한다.

피해 의식은 과거가 현재보다 더 강력하다는 믿음이다. 이는 사실과 반대다. 또한 당신의 현재 모습, 고통의 감정, 당신이 진정한 자아를 찾지 못하는 책임이 다른 사람들에게 있다는 믿음에 불과하다. 유일한 힘이 존재하는 것은 바로 지금 이 순간이다. 그것을 알아낸 순간 그 책임은 다른 누구도 아닌 당신 자신에게 있으며, 과거가 현재의 힘을 압도할 수 없다는 사실을 깨달을 것이다.

우리는 지금 이 순간 오래된 습관을 깨뜨리고 행복 습관을 실천함으로써 다른 미래를 맞이할 수 있다. 불평, 다른 사람이나 상황 탓하기, 수치심 같은 것이 바로 우리의 행복을 빼앗아 가는, 피해의식에서 나온 오래된 습관이다.

불평: "내 몸이 왜 이 모양이지?"라고 한탄하고, 동정심을 유발하려 하고, 피해자를 자처하는 것은 우리 스스로 벌이는 연민의 파티에서 주인공이 되겠다는 얘기나 마찬가지다. 끌어당김의 법칙상 원하지 않는 것에 집중하고 나쁜 인간관계나 쌓여 가는 빚에 대해 불평할수록 그러한 상황을 계속 끌어당길 뿐이다. 불평하면 할수록 나쁜 인간관계나 빚에 관련된 에너지를 더 강력하게 만드는 것이다. 불평은 우리가 원치 않는 것을 더 많이 보내 달라고 우주에 주문하는 것과 같다. 불평하는 사람들의 모토는 "내 인생은 왜 이 모양일까!"이다.

탓하기: 당면한 고통이나 문제 앞에서 타인을 원망하거나 핑계를 대면서 상황을 탓해 봤자 당신만 약해진다. 당신의 힘이 사라져 버려 상황에 대처하는 데 필요한 에너지가 다른 사람이나 다른 대상으로 향하고 만다.
타인이나 상황을 탓하는 사람들의 모토는 "그건 내 탓이 아니

야!"이다.

수치심: 비난의 화살을 자신에게 돌리거나, 자신에게 일어난 일에 부끄러움을 느끼거나, 자신이 한 일(또는 하지 않은 일)에 죄책감을 느끼는 경우, 괴로움을 억누르거나 불편한 감정을 마음 깊이 묻어 두곤 한다. 이러한 행동은 많은 에너지를 잡아먹으며 행복을 가로막는다.
수치심을 느끼는 사람들의 모토는 "그건 전부 나 때문이야!" 이다.

당신 주변에서 불행한 사람들을 생각해 보라. 하나같이 불평하고, 남과 상황을 탓하고, 수치심에 괴로워하는 데 많은 시간을 보낼 것이다. 이러한 행위는 내면이 행복해질 기회를 박탈한다. 피해의식 게임에서 벗어나야만 에너지를 확대하고 더 큰 행복을 누릴 수 있다.

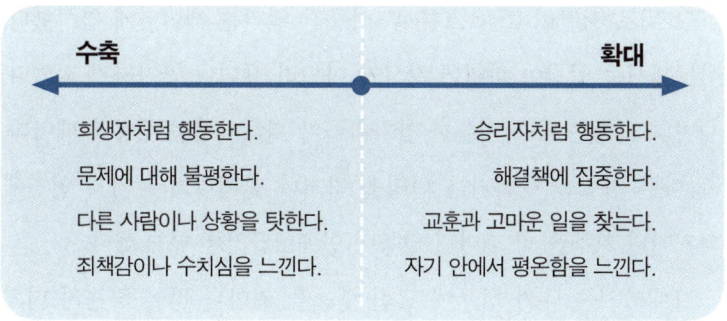

행복 약탈자를 체포하라

자신을 피해자라고 느끼는 습관은 우리가 인식하지 못하는 사이에 내면 깊이 자리 잡는다. 나는 기업 트레이너로 일하면서 사람들의 피해 의식 패턴을 처음으로 알게 되었다. 당시 책임의 중요성에 대해 가르치곤 했는데, 수업을 시작하면서 모두에게 쉬는 시간이 끝나면 제시간에 맞춰 자리로 돌아오겠느냐고 물었다. 그들은 모두 그러겠다고 대답했다. 누구든 늦게 들어오는 사람은 동료들 앞에서 고등학교 때 응원가를 부르거나, 내가 고른 노래를 불러야 했다. 그런데《포천》500대 기업의 성공한 중역들 가운데 상당히 많은 사람들이 늦게 들어와서는 변명을 하거나, 남을 탓하거나, 또는 왜 이런 규칙을 만들었느냐고 불평을 늘어놓았다! 아주 사소한 일에서도 책임지는 모습을 보기가 그토록 어렵다는 사실이 놀라울 따름이었다. 그러나 나는 끈기 있게 기다렸고, 사흘간의 교육이 끝날 즈음에는 기업 중역들이 이름표를 달고 부끄러워하는 표정으로 내가 골라 준 팝송「사랑의 이름으로 멈추세요 Stop in the Name of Love」를 제각각 다른 버전으로 부르는 것을 감상했다.

그 뒤로 시간이 조금 흐른 후 사흘간 열리는 세미나에 참석했다. 이곳에서는 입장이 바뀌어 강사가 아니라 세미나 참가자가 되었다. 세미나 리더는 나를 비롯한 참가자들이 피해자처럼 행동할 때마다, 즉 다른 사람을 탓하거나 변명을 하거나 불평하거나 자기 연민에 빠지거나 자책을 할 때마다 양동이 안에 2달러를 넣게 했다.

그때까지는 내가 하루에 그런 행동을 얼마나 많이 하는지 미처 몰랐다! 나는 지각을 하고 아침식사 줄이 너무 길었다고 투덜댔다. 앗! 2달러를 냈다.(적어도 노래할 필요는 없었다.) 너무 춥다고 불평해서 또 2달러가 들었다. 나는 너무나 자연스럽게 주변을 탓하고, 수치심을 느끼고, 불평을 하면서도 그런 나 자신을 의식조차 못했다. 결국 하루 종일 지갑을 열어야 했다. 그러나 내가 얼마나 피해자처럼 행동하는가를 깨닫는 대가치고는 적은 금액이었다.

나뿐이 아니었다. 사흘간의 일정이 끝나갈 무렵 우리의 양동이는 가득 차서 넘칠 지경이었다.(우리는 그 돈을 지역 자선 단체에 기부했다.) 덕분에 피해자 게임은 훨씬 줄어들었다. 단지 습관에 주의를 기울이는 것만으로 말이다.

가족, 직장 동료, 친구들과 일주일간 이러한 방식을 시도해 보고 어떤 일이 일어나는지 살펴보라. 자선 단체에 기부할 만큼 큰돈을 모을 것이다. 자신도 모르던 모습을 인식하는 일은 당신에게 도움이 될 뿐 아니라, 이유 없이 행복해지는 습관을 익히는 확실한 계기가 된다.

결코 늦지 않았다

습관은 언제든 바꿀 수 있다. 나는 어머니가 노년기에 대단한 변화를 이루어 내는 모습을 목격했다. 그 세대의 여성들처럼 어머니는 '지나치게 헌신하는' 사랑으로 가득한 분이었다. 하지만 정작 자신에게 필요한 것들은 돌보지 않다 보니 맥이 빠지거나 지치는 경우가 잦았다. 그러나 시간이 지나면서 어머니는 오랜 패턴을 극복하는 방법을 배우고, 인생을 기쁨과 만족으로 채우겠다는 삶의 주인 의식을 갖기에 이르렀다. 오십 대에 명상을 시작하여 약물 치료를 중단하고 건강을 되찾을 수 있었다. 칠십 대 후반에는 규칙적인 운동을 시작했다. 그동안 한번도 해 보지 않은 일이었다. 여든다섯인 지금은 일주일에 두 번씩 걷기 운동을 하고, 노인 에어로빅 교실에서 가장 연장자다. 어머니는 육십삼 년간의 결혼 생활 후 아버지가 돌아가시자 용기를 내서 평생 처음으로 많은 일들을 혼자 하기 시작했다. 여행을 하거나 클럽 활동에 참가하고, 일주일에 한 번씩 마사지도 받았다. 어머니는 오십 대나 심지어는 스물다섯 살 때보다도 훨씬 더 주도적으로 살아간다. 행복의 주인이 되는 데 너무 늦은 시기란 없다는 사실을 보여 주는 증거다.

행복한 100인을 인터뷰하는 동안, 그들에게 오랜 패턴을 극복하고 더욱 주도적으로 삶을 영위하며 행복의 주인이 되기 위한 세 가지 방법이 있다는 사실을 알았다.

주도적인 삶을 위한 행복 습관

1. 해결책에 집중하라.
2. 교훈과 고마운 점을 찾아라.
3. 자기 자신과 화해하라.

— 주도적인 삶을 위한 행복 습관 1 —
해결책에 집중하라

마음에 들지 않는 게 있다면 당장 바꿔라. 바꿀 수 없다면
당신의 태도를 바꿔라. 불평하지 마라.
- 마야 앤젤루(시인)

"걱정은 흔들의자와 같다."라는 속담을 들어 봤는가? 에너지는 많이 들어가지만 흔들의자는 당신을 어디로도 데려다 주지 않는다. 불평도 마찬가지다. 귀찮은 상황이나 문제 때문에 불평을 하고, 그래서 엄청나게 흥분해 본 경험이 누구나 한두 번은 있을 것이다.

그 에너지를 문제를 '해결'하는 데 쓴다고 상상해 보라. 당신의 창의력과 지력, 상상력을 동원해서 가능성을 살펴보는 일에 말이다.

어느 쪽이 당신을 더 행복하게 만들겠는가?

비교가 되지 않을 것이다. 문제에 집중하는 것은 당신의 에너지를 수축시킨다. 반면 문제를 해결하기 위해 당신이 할 수 있는 일에 집중하면 에너지가 확대되고 당신은 더 행복해진다. 길잡이 원칙 1처럼 말이다. 피해자는 문제에 집착해서 불평하지만, 승리자는 해결책에 집중한다.

『여성의 영혼을 위한 닭고기 수프』의 자료로 수집한 이야기 가

운데 가장 감동적이었던 것은 피해자에서 승리자로 변모하며 삶을 변화시킨 이들의 이야기였다.

아래에 소개하는 이야기는 행복한 100인에 드는 에어리얼 길버트의 인터뷰를 바탕으로 구성한 것으로, 이 책에서 소개할 스물한 편의 놀라운 이야기 가운데 첫 번째다. 그녀의 이야기를 선정한 것은 승리자로 변화하는 과정을 가장 인상 깊게 보여 준 잊히지 않는 사례이기 때문이다.

친구 폴의 소개로 에어리얼을 알게 되었다. 폴은 우리집에서 점심을 함께하면서 가장 행복한 사람, 에어리얼의 이야기를 들려주었다. 그녀는 인생이 완전히 뒤바뀌어 혼란에 빠지기 전까지 지역 병원에서 간호사로 일하던 사랑스러운 여성이었다. 나는 폴의 이야기를 다 들은 뒤 가만히 앉아서 곰곰이 생각해 보았다. 그녀를 그토록 행복하게 한 비밀은 무엇이었을까? 읽으면서 직접 찾아보기 바란다.

| 에어리얼의 이야기
새로운 눈으로 세상을 보다

1988년 6월 여느 때와 다름없이 하루를 마감하는 시간이었다. 소아과 간호사인 나는 일과를 마치고 퇴근하는 길이었다. 그날따라 이상하게 눈이 따끔거려서 집에 가는 길에 약국에 들러 처방 없이 살 수 있는 안약을 샀다. 집에 돌아오자마자 안약을 눈에 넣었다. 그런데 곧바로 찌르는 듯한 통증을 느꼈고 거의 앞을 볼 수가 없었다.

나는 흰색 간호사복을 갈아입지도 못한 채 병원 응급실로 달려갔다. 응급실 사람들은 나를 위해 할 수 있는 모든 조치를 취했지만 아무 소용이 없었다. 그 안약은 알칼리 용액이 들어간 모조품이었던 것이다. 안약을 눈에 넣은 지 한 시간도 안 되어 나는 시력을 잃고 말았다.

나는 하루아침에 서른넷의 신체를 가진 어린애가 되었다. 이후 몇 개월 동안 대부분의 시간을 침대에 누워서 보냈다. 엉뚱한 시간에 잠이 들거나 깨곤 했다. 시력 손상은 잦은 편두통까지 유발했고 나는 완전히 지쳐 버렸다. 전화벨이 울려도 받지 않았다. 손님이 오는 것도 꺼렸다. 자기 연민은 거대한 벽처럼 주위를 둘러싸며 나를 죄수로 가두어 두고 세상과 격리시켰다. 유일하게 이야기를 나누는 남편과 몇몇 친구들이 나를 위로하려고 애썼지만 아무 소용없었다.

시력을 잃기 전에는 나 역시 내 삶을 당연하게 받아들였다. 일하고 친구를 사귀고 내 관심과 취미를 추구하는 데 부족함이 없었다. 나의 삶에서 시력은 매우 중요했다. 나는 간호사자 화가였고 보석 애호가였으며 사진작가였고 조종사였다. 그리고 천문학을 사랑했다. 물론 운동도 좋아하고 야외 활동도 즐겼다. 수영을 하고 테니스를 치고 지역 팀과 정기적으로 보트 레이스를 하고 쌍안경과 조류 관찰 교본을 들고 기나긴 하이킹을 즐겼다.

다섯 살 때부터 할아버지와 함께 이곳저곳 자주 돌아다녔다. 새들의 신호를 감지하기 위해 주변을 자세히 살피고, 종을 알아내기 위해 새의 무늬와 깃털, 부리 모양에 주의를 기울이는 등 고도의 시각 활동을 하면서 관찰력이 한층 강화되었으며 자연과의 유대감도 높아졌다. 그러다 이제는 새를 관찰하는 일도, 내가 잘하고 좋아하던 모든 일도 영영 잃어버린 것 같았다. 그 모든 것들이 눈이 보이지 않는 나의 손이 닿을 수 없는 곳으로 완전히 사라졌다는 상실감이 온몸을 짓눌렀다.

그렇게 일 년이 흘러갔다. 그러던 어느 날 침대에 누워 있다가 불현듯 나 자신에게 물었다. '내 삶의 본질은 무얼까?' 나는 비참함 속을 뒹굴면서 내 안의 깊은 구멍으로 날마다 더 깊이깊이 미끄러져 들어가고 있었다. 시력을 잃은 것보다 훨씬 나쁜 일이었다. 나는 다음 이십 년, 삼십 년, 사십 년을 생각해 보았다. '이것이 정말 내가 원하는 걸까?'

나의 영혼이 '아니!'라고 소리쳤다. '이런 식으로 살 수는 없어.' 내 안에서 삶에 대한 애정과 에너지가 새로이 불꽃을 일으키고 있었다. '그래, 내 인생을 찾아야겠어. 이제 무얼 해야 하지?' 내가 본 시각장애인들은 안내견과 함께 다니거나 길고 하얀 지팡이를 갖고 다녔다. 나는 안내견을 갖고 싶었다.

몇 개월 만에 처음으로 내게 닥친 현실을 한탄하고 불평을 늘어놓는 대신 목표와 방향을 인식하고 있었다. 먼저 시각장애인을 위한 안내견을 신청해야 했다. 심장이 빠르게 빙밍이질을 쳤다. 전화가 어디 있더라? 내가 과연 번호 안내 서비스에 전화해서 번호를 알아낼 수 있을까? 나는 침대에서 일어나 앉아 전화를 찾기 위해 손으로 탁자를 열심히 더듬었다. 무언가 때문에 마음이 설렌다는 사실이 믿어지지 않았다.

몸짓은 서툴렀지만 마음속 결심만은 확고했다. 나는 시각장애인 안내견 센터에 전화를 거는 데 성공했다. 그들은 안내견을 받으려면 우선 기초 생활 기술을 배워야 한다고 설명해 주었다. 그 훈련 프로그램에 참가하는 스케줄을 잡으면서 마침내 다시 살아났다는 생각에 전율을 느꼈다.

그 후 반년 동안 훈련 프로그램에 참가하면서 때로는 포기하고 싶은 마음이 든 적도 있었다. 침대에 누운 채 자기 연민 속에서 지내는 편이 훨씬 더 쉬울 것 같았다. 그러나 곧 모험에 뛰어들고 변화를 위해 행동하는 것이, 두렵기는 하지만 대단히 기분 좋은 일이라는 사실을 경험했다. 작은 희망의 방울들이 내 안에서 끓어오르기 시작했다. 안내견 웹스터의 가죽끈을 쥐고 처음으로 함께 걷던 날, 그 방울들은 풍선처럼 커져서 내 가슴을 가득 채웠다. 한 손에 지팡이를 들고 여기저기 탁탁 두드려 무언가에 부딪히지 않도록 조심하면서 한 걸음 한 걸음 천천히 나아가야 했다. 이제는 웹스터와 제법 빠른 속도로 경쾌하게 걸으면서 완벽하고 편안하게 이곳저곳을 돌아다닐 수 있다. 갑자기 온 세상이 흐르듯 움직이는 것처럼 느껴졌다. 나는 다시 나 자신을 찾았다. 편안하고 자신감 있고 유능한 내 모습을 말이다.

시간이 흐르면서 웹스터를 가이드 삼아 하이킹도 다시 시작했다.

투손에서 남편과 하이킹을 하던 어느 날, 나는 새소리를 들었다.

"여보, 새소리 들려? 날개 색깔이 보여?"

남편은 새를 찾아낸 다음 색깔을 알려 주었다.

나는 흥분한 나머지 질문을 퍼붓기 시작했다.

"꼬리에 검은 줄들이 있어?"

나만큼 흥분한 남편이 새의 색깔과 모양을 설명해 주었다. "그래! 목은 흰색이네! 부리는⋯." 그는 자세하게 새를 묘사했다.

나는 들뜬 소녀처럼 외쳤다. "아, 그럼 흰목굴뚝새야!"

우리는 새로운 관찰 기술을 웃으며 자축했다. 남은 하이킹 내내 우리 두 사람은 내가 소리를 듣고 남편이 시각 정보를 주면 다시 내가 새의 종류를 말하는 식으로 새를 관찰했다. 나는 영원히 잃은 줄 알았던 즐거움을 다시 경험했다. 사실 새로운 방식의 새 관찰은 훨씬 더 재미있었다. 남편과 이런저런 대화를 나누고 협력하며 함께 새를 관찰할 수 있었기 때문이다.

또한 웹스터는 내가 다시 일하게 도와주었다. 간호사로 일하던 병원에서 다시 일자리를 얻었던 것이다. 처음에는 암실에서 엑스레이를 현상하는 일을 맡았고 이후에는 병원 점역사(일반 문자를 점자로 옮기는 사람—옮긴이)로 일했다. 그리고 혼자서도 얼마든지 활동할 수 있다는 확신이 들었을 때 시각장애인 안내견 센터에서 자원봉사를 시작하여, 사람들에게 이야기를 들려주고 안내견 학교의 투어를 이끌었다. 얼마 후에는 마침내 안내견 센터에서 정식 직원으로 일할 수 있게 되었다.

나는 새로운 직업을 사랑했다. 다른 사람들을 위한 변화의 과정에 동참하는 것은 굉장한 경험이다. 나는 안내견 학교 투어에 참여하기 위해 아내와 함께 온 남자를 기억한다. 아내의 손에 이끌려서 온 것 같았다. 투어 내내 그는 아주 조용했고 무척 수줍어하는 듯했다. 눈이 보이는 자원봉사자가 그가 모자를 쓰고 긴 머리에 수염을 덥수룩하게 길렀다고 말해 주었다. 세상에서 숨으려고 애썼던 것이다. 내가 오랫동안 그랬던 것처럼. 다행히 그는 센터에 머무르며 한 달간 수업에 참여하기로 결정했다. 보름쯤 지나고 안내견이 배정되자, 강사에게 이발과 면도를 하고 싶다고 말했다. 외출해서 새 옷도 구입했다. 안내견과, 그리고 세상과 계속 소통하면서 나무에 물이 오르고 꽃이 피는 것처럼 신체적 정서적 활기를 되찾았던 것이다. 정말 놀라운 변화였다. 졸업식에서 그가 연단을 가로질러 걸을 때, 한 달 만에 만난 그의 아내가 남편을 알아보지 못할 정도였다.

나는 말할 수 있다. 때로는 나도 나 자신을 알아보지 못할 정도로 변모했다. 시력을 잃기 전에는 내가 아주 행복하다고 생각했다. 그런데 지금의 나는 이전보다 더 행복하며, 더 주도적인 삶을 살고 있다. 좀 더 한결같은 행복을, 좀 더 의미 깊은 곳에서 비롯되는 행복을 느낀다. 지금 나의 삶에는 더 깊은 만족감과 평화가 깃들어 있다. 비록 시력은 잃었지만 더욱 커다란 세상을 본다.

해결책 집중법

에어리얼만큼 갑작스럽고 극단적인 경험을 하는 경우는 흔하지 않다. 그러나 우리는 스스로를 피해자로 만드는 자신만의 패턴을 가지고 있다. 삶에서 겪는 소소한 낙담, 배신, 좌절과 혼란이 켜켜이 쌓이면, 어느새 중압감과 불행하다는 느낌에 짓눌려 불평하는 자신을 발견할 것이다. 최근에 사람이 평균적으로 하루에 일흔 번 불평한다는 이야기를 들었다!

캔자스시티의 목사 윌 보언은 불평 신드롬을 다루는 획기적인 방법을 고안했다. 그는 신도들에게 보라색 팔찌를 나누어 주고 불평할 때마다 팔찌를 다른 팔로 옮겨 차라고 말했다. 목표는 삼 주 동안 팔찌를 옮기지 않는 것이었다. 그의 운동이 빠르게 퍼져서 전세계 수백만 명이 '불평 없는 세상'을 만들기 위한 윌의 노력에 동참해 보라색 팔찌를 차고 있다.

에어리얼의 변화는 자기 연민을 멈추고 문제 해결 방법을 찾기 시작한 순간부터 시작되었다. '해결책 집중법 Solutions Focus'이라는 강력한 마법을 이용하면 누구나 변화를 경험할 수 있다. 이 기법은 명석한 물리학자에서 기업 컨설턴트로 변신한 마크 맥커고가 개발한 것으로, 그는 동명의 책을 쓰기도 했다. 나는 이 기법을 활용해 직업적으로나 개인적으로 대단한 성공을 경험했다. 나는 남편과 함께 이 기법을 시도해 보기로 결심했던 날 아침을 기억한다.

우리는 해결책 집중법을 배운 직후였고 당시 우리 관계에는 작은 문제가 있었다.(이것은 심리치료사와 사는 장점이다. 남편은 우리의 관계에 대해 기꺼이 대화에 임한다!)

해결책 집중법의 첫 번째 단계는 특정 상황에 대해 느끼는 정도를 1에서 10까지 점수로 매기는 것이다. 10은 "대단히 만족스럽다"를 뜻한다. 남편이 과정을 이끌어 갔다.

"당신은 지금 우리 관계에 얼마나 만족하고 있어?" 그가 물었다.

약간 짜증스러운 날이었기 때문에 나는 이렇게 대답했다.

"음, 6 정도?"

그 다음 단계는 이 기법이 특별한 이유를 말해 주는 동시에 마크의 지혜로움을 보여 준다. 해결책 집중법을 배우기 전이었다면, 남편과 나는 우리 관계가 10에 이르지 못하는 이유를 놓고 다음 사흘 내내 이야기를 나눴을 것이다. 또 불만을 느끼는 이유나 우리가 바꾸고 싶은 것들에만 집중했을 것이다.

하지만 남편은 이렇게 말했다. "와, 6이나 된단 말이야?(가끔 내 남편은 너무 긍정적이다.) 1이 아니라 6이나 되는 이유는 무얼까?"

나는 잠시 생각해 보고 대답했다.

"음, 우리가 함께 즐거운 시간을 보내고, 서로 깊이 사랑하고 신뢰하기 때문이겠지. 매일 함께 감사 실천 Appreciation Practice 을 하기 때문이기도 할 거고.(감사 실천에 대해서는 9장에서 자세히 살펴볼 것이다.) 자연 속에서 함께 하이킹을 하고 자전거 타기를 즐기기 때문에 6이 된 거라고 생각해."

나는 우리의 관계가 비교적 훌륭하게 유지되는 이유를 죽 열거했다.

남편은 동의하면서 왜 최악의 점수인 1이 아닌지 그 이유를 덧붙였다. 서로에게 솔직하다는 점, 상대방을 위해 시간을 할애했다는 점, 우리가 같은 가치관을 가졌다는 점이 포함되었다.

그날 오후 우리는 하이킹을 갔다. 무척 즐거운 시간을 보내고 서로의 이야기에 귀를 기울였다. 집에 돌아올 무렵 우리의 관계 점수는 11이었다!

해결책 집중법은 효과가 있고 변화를 만들어 내는 일에 집중하게 만든다. 따라서 불평하는 데 에너지를 낭비하지 않고 행복을 더 많이 만들어 낼 수 있다. 당신의 삶에서 해결책 집중법을 이용하는 간단한 단계를 소개한다.

• 연습 과제 •

해결책 집중법

종이를 준비하고 각 질문에 대한 답을 적어 보라.
1. 현재 당신이 불만을 느끼는 상황을 생각해 보라. 그 상황에 대한 느낌을 1에서 10까지 점수로 매긴다. 1은 '거의 만족하지 못함'을, 10은 '대단히 만족스러움'을 뜻한다.(만일 1점을 매겼다면 3번으로 넘어간다.)

2. 더 낮은 점수가 아닌 당신이 매긴 점수가 나온 요인이 무엇인지 적어 보라.(가능한 한 많이 적는다.)
3. 아주 작은 것일지라도 당신의 만족감이 1점 올라갈 수 있음을 알려 주는 단서가 있다면 무엇인가?(주의 깊게 생각해 보고 가능한 한 많이 적는다.)
4. 위에 적은 내용에 비추어, 해당 상황에 대한 만족감을 높이기 위해 가장 먼저 취할 수 있는 작은 조치는 무엇인가?
5. 4번 항목에 적은 내용을 실천하기 시작하라. 좀 더 만족감을 느낀 횟수를 헤아려 보라. 당신이 하는 일 중에 만족감 상승에 도움이 되는 일이 있다면 그것 역시 유지하라.

* 『해결책 집중법 Solutions Focus Technique』 참고. 마크 맥커고의 허락을 받고 사용함.
* www.HappyforNoReason.com/bookgifts를 방문하면, 21개의 행복 습관 연습 과제가 포함된 26쪽짜리 영문판 이유 없는 행복 워크북을 무료로 다운받을 수 있다.

— 주도적인 삶을 위한 행복 습관 2 —
교훈과 고마운 점을 찾아라

> 당신의 인생에서 최고의 날은 당신의 문제를 자신의 것이라고 판단한 날이다.
> 그 문제를 어머니나 주위 환경이나 대통령 탓으로 돌리지 않은 날 말이다.
> 당신 자신이 운명을 통제해야 한다는 사실을 깨달은 것이다.
> - 앨버트 엘리스(심리학자)

남이나 환경을 탓하는 행동이 행복을 빼앗아 가는 약탈자라는 사실을 확인시켜 주는 연구가 있다. 1999년 MIT의 셰인 프레데릭과 카네기 멜런 대학의 조지 로웬슈타인이 수행한 연구 결과는 심각한 사고를 당하고 나서 남의 탓이라고 원망하는 실험 대상자들이 "유난히 낮은 대처 능력을 보인다."라고 밝혔다. 서글프지만 당신이 "그건 우리 엄마 때문이야, 남편 잘못이야, 정부 때문이야, 6학년 때 피아노 선생님 탓이야…."라고 말하는 한 절대 행복해질 수 없다.

행복한 100인은 남 탓하기를 멈추는 비법이 있다. 그들은 우주가 자신을 지원하기 위해 애쓴다고 믿는다.(길잡이 원칙 2) 그리고 자신에게 일어나는 모든 일에는 교훈이나 고마운 점이 있다고 생각한다.

남 탓하기가 내면의 행복을 가리는 어두운 구름이라면 다음을 실천해 보라. "누구 탓이지?"라고 묻는 대신 "여기서 내가 뭘 배울 수 있을까? 무엇을 고마워해야 할까?" 하고 묻는 것이다.

작가이자 동기 부여 강사인 첼리 캠벨은 행복한 100인 중에서도 단연 돋보이는 인물이다. 하지만 그녀도 항상 그랬던 것은 아니다. 첼리는 어떤 여성에게나 끔찍한 악몽일 수 있는 경험이 탓하기 습관을 깨닫게 도와준 과정을 들려주었다.

첼리의 이야기
슬픔의 끝

"안 되겠어." 약혼자 스탠이 말했다.

나는 잘못 들은 거라고 확신했다. 이른 저녁이었고 우리 둘 다 직장에서 막 돌아온 참이었다. 나는 백화점에서 사 온 셔츠를 건넸지만 스탠은 쳐다보지도 않고 테이블에 던져 놓았다.

"아무래도 안 되겠어." 그가 또다시 말했다.

어두운 물결이 나를 뒤덮었다. 나는 눈을 감고 숨을 참았다.

'아냐, 아냐, 아냐.'

그는 고개를 숙이고 바닥을 응시했다.

"미안해. 당신과 결혼할 수 없어."

결혼식은 삼 주 뒤였다.

나는 뒤통수를 얻어맞은 듯 멍한 표정으로 그를 바라보며 속으로 되뇌었다. '울지 마, 울지 마, 지금 울면 안 돼.'

"갑자기 왜 그래? 무슨 일이야?" 겨우 이 말을 토해 냈다.

그는 대답하지 못했다. 몇 시간 동안 우리는 말다툼을 했다. 나는 매달렸고 그는 뿌리쳤다. 나도 소리쳤고 그도 소리쳤다. 나는 흐느꼈고 원인을 찾으려고 애썼다.

'막상 결혼하려니 겁이 났나? 교회가 마음에 들지 않았을 거야. 케이크 때문일까? 턱시도? 교구 목사님이 마음에 들지 않았나? 뭐지? 대답 좀 해 봐. 뭐든지. '나는 당신을 사랑하지 않아.'라는 말만 아니면 뭐든지 괜찮아. 제발.'

차라리 사랑하지 않는다는 말이 나왔을지도 모른다.

그가 고백했다. "네가 멀게만 느껴져."

다음 순간 나는 도망치듯 집을 뛰어나왔다. 새벽 세 시였다. 가장 친한 친구 게이한테 전화했다. 우리는 최고의 친구란 새벽 세 시에도 서로를 받아 주는 사이라고 농담하곤 했다.

"나 가도 돼? 스탠이 나랑 결혼하고 싶지 않대."

다음 몇 주 동안 스탠과 나는 우리의 행복한 인생을 모두 취소했다. 드레스, 교회, 꽃을 취소했고 들러리도 취소했고, 사진사도 취소했고, 리셉션 홀도 취소했고, 신혼여행도 취소했다. 선물도 돌려주고 초대도 취소했다. 부모님이 너무나 슬퍼했고, 친구들은 나를 안아 주었다. 나는 이사를 했다.

두 달 반쯤 지나 스탠은 다른 여자와 결혼했다.

나는 하루에 최소한 티슈 한 박스를 동내며 일주일을 보냈다. 어떻게든 이겨 내려고 개인 심리 치료도 받고 그룹 치료도 받았다. 고함을 치고 욕을 하고 흐느껴 울다 토했다. 테니스 라켓으로 소파를 죽도록 두드리기도 했다. 심리치료사와 마주할 때마다 "우리

관계는 정말 아름다웠어요! 세상에서 가장 이상적인 연인이었다고요!" 하며 울었다.

"그랬습니까?" 끈기 있게 참아 온 치료사가 그룹 치료가 있던 날 말했다. "얼마나 아름다웠습니까? 그렇게 이상적인 관계였다면 끝났을 리가 없죠."

그 노골적이고 끔찍한 진실이 챔피언 복서의 강한 펀치처럼 나를 강타했다. 모두가 놀라서 숨을 죽였다. 나는 눈을 둥그렇게 뜨고 치료사를 응시했다. 어떻게 그런 말을 할 수 있지? 저 여자는 누구 편인 거야?

나는 비난을 멈추고 싶지 않았다. 스탠이 틀렸다고 탓하는 것도, 무고한 희생자인 척하는 것도 멈추고 싶지 않았다. 모든 친구들이 사랑으로 안아 주고 상처를 어루만져 주기 때문에 피해자 게임은 편안하게 느껴진다. 비참해진 삶에 대해 모든 이들에게 비난의 화살을 돌린다. 헤어진 남자, 부모, 치료사, 직업, 심지어 하느님에게까지. 나는 모든 친구들한테 전화를 걸어서 내 애인의 배신 행위를 성토했다. 못된 남자 친구한테 이용당했을 뿐 아니라 나쁜 치료사가 내 잘못이라고 추궁했다고. 나는 고뇌와 고통의 안전한 고치 속으로 빠져들었다.

직장에 가면 문을 닫은 채 사무실에 처박혔고 동료들은 내 눈치를 보았다.

그러던 어느 날, 동료가 예고도 없이 들어와 내 눈을 똑바로 쳐다보며 말했다. "결혼식 일주일 전이었어. 나는 열여덟이었고 임신

중이었지. 약혼자는 마을을 떠나 군대에 가 버렸어."

나는 오랫동안 말없이 그녀를 바라보았다. 그녀는 다른 누군가도 내가 겪은 만큼(또는 그보다 커다란) 고통을 겪었고, 그리고 살아남았다는 사실을 내가 또렷하게 인식하길 바라며 조용히 앉아 있었다. 그녀는 삶의 즐거움을 느낄 줄 아는 노련하고 행복한 사람이었다. 고통을 이기고 자존감을 되찾았으며 편안한 삶을 누리고 있었다. 단 한 번의 불행한 사고가 자신을 영원히 희생자로 묶어 버리도록 내버려 두지 않았던 것이다.

그녀의 고백은 숙제를 던져 주었다. 현재 내 인생을 위해 해야 할 일은 무엇인가? 하비샴(찰스 디킨스의 소설 『위대한 유산』의 등장 인물—옮긴이)처럼 넝마가 된 웨딩드레스, 곰팡이 핀 케이크와 함께 시간 속에 얼어붙은 채 살 것인가? 아니면 주인 의식을 갖고 내가 처한 상황에서 무언가를 배우고 변화를 도모하여 성장할 것인가?

천사가 내 귀에 대고 "성장해야지."라고 속삭였다. 나는 다시 치료를 받기 시작했다. 진정한 회복은 그때부터 시작되었다.

내게 일어난 일을 다시 바라보기 시작했다. 스탠의 선언이 왜 그토록 놀라웠을까? 나는 '전방에 길 없음'이라는 커다란 표지판이 있음을 알리는 작은 예비 신호들과 경고등을 그냥 지나쳤던 것이다. 내가 무언가 계획을 추진하려 할 때면 그는 내가 상황을 주도하려 한다고 불평했다. 그가 저축하려고 할 때 나는 돈을 쓰고 싶어 했다. 심지어 그는 형의 결혼식에 가서 형네 커플은 참 특별한 방식으로 사랑하는 것 같다고 말하기도 했다. 우리와는 다르게 말이다. 뒤늦은 생각이지만 신호는 너무나 확실했다. 주의를 기울였어야 했다. 스탠이 나쁘거나 잘못된 것이 아니었다. 나 역시 마찬가지였다. 다만 우리는 서로 달랐을 뿐이다. 같은 길을 걷던 우리의 시간은 끝났고, 나는 그제야 우리가 추구하는 행복이 서로 다른 방향에 놓여 있었음을 깨달았다. 나는 인생의 승자가 되길 원했지만, 그를 패자로 만든다고 해서 내가 승자가 되는 것은 아니었다. 나 자신을 피해자로 여기면서 내 불행에 대해 다른 사람을 탓하고 희생자 이야기를 떠드는 일을 멈추어야 했다.

내 행복에 대해 주인이 되고 책임을 진다는 것은 완전히 새로운 일이었다. 비록 과거에 좋지 않은 선택을 했지만, 나는 삶을 변화시키기 위해 새로운 생각과 행동을 하기로 굳게 마음먹었다.

내가 원하는 삶을 사는 역할 모델을 찾아서 그들과 관계를 맺기 시작했다. 닮고 싶은 사람의 전기를 읽고 그들의 조언을 따랐다. 내가 승자라는 증거로 모든 성공을 축하했다. 나는 행복하고 즐겁고 성공하는 삶을 사는 사람들과 가까이 사귀면서 그들에게 배웠다. 새 남자친구가 말다툼 중에 내 행동에 대해 불평하면 나는 그에게 귀를 기울였다.

나는 그의 시각에서 나 자신을 바라보고 말했다. "스티브, 자기 말이 옳아. 나도 내 행동이 마음에 들지 않아. 왜 그랬는지 모르겠어. 오랫동안 습관이 들어서 그런가 봐."

스티브는 조용히 말했다. "와, 그런 식으로 생각하다니 놀라운걸. 더구나 내게 그렇게 말해 줘서 정말 감동받았어. 고마워."

더 나은 인간관계를 맺어감에 따라 더 좋은 고객, 더 좋은 직업, 더 큰 성공이 찾아왔다. 나는 워크숍에서 강의를 하며 다른 사람을 돕는 일을 시작했다. 그리고 책 두 권을 집필했다. 세미나와 강연에서 내 경험담과 어렵게 얻은 교훈을 사람들에게 들려주고 그들도 자기 삶에서 승자가 되도록 돕는 것이 즐겁다.

나는 나쁜 소식처럼 들려도 항상 나쁘기만 한 소식은 없다는 사실을 깨달았다. 결혼식 삼 주 전에 버림받은 일이, 나를 행복에서 멀어지게 해 온 가장 해로운 습관을 변화시킬 줄 누가 알았겠는가? 남과 상황을 탓함으로써 내가 얻는 것은 아무것도 없다. 나에겐 그보다 훨씬 중요한 일이 있다. 평화롭고 만족스럽고 행복해지는 일 말이다.

*

거절은 신이 당신을 보호하는 방법이다

탓하기만 급급한 대신 주어진 상황에서 교훈과 고마운 점을 찾기로 선택하면 문제의 원인을 남에게 돌리는 오래된 습관에서 벗어날 수 있다. 그리고 유사한 상황을 되풀이하는 일도 없어진다.

교훈을 찾는 일이 처음에는 힘들 수 있다. 하지만 나를 믿어라. 내가 직접 경험했기 때문이다. 힘든 시기의 한가운데 있을 때는 누군가 다가와 "기다려 봐. 이 일은 결국 너에게 좋은 걸 가져다줄 거야."라고 말해도 귀담아듣기가 쉽지 않다. 그러나 나는 그것이 옳다는 것을 깨달았다.

"거절은 신이 당신을 보호하는 방법이다."라는 사실을 종종 상기시켜 주는 친구가 있다. 물론 어떤 상황 한가운데 있을 때는 그 말을 인정하기가 쉽지 않다. 하지만 과거에 실의에 빠져 있던 날들을 돌아보면, 간절히 바라던 그 많은 것들이 주어졌다고 하더라도 내가 행복해질 수는 없었을 거라는 생각이 든다.(대니얼 길버트의 연구에 전적으로 공감한다.) 또한 내가 나쁜 일이라고 생각했던 일들이 결국은 내 인생의 엄청난 축복임이 드러나는 때도 종종 있었다.

나는 이런 경험이 너무 많았다. 그래서 오래전부터 아주 유용한 질문을 만들어 사용하기 시작했다. 어떤 사람이나 상황을 탓하고 싶어질 때마다 잠시 멈추고 질문을 던진다. 더 고귀한 목적 때문에 생긴 일이라면 그 목적은 과연 무엇일까?

행복한 100인은 어떤 사건을 '좋다' 혹은 '나쁘다'로 단정하는 것은 어리석은 일임을 알고 있다. 대신 그들은 모든 일에 교훈이나 고마운 점이 존재한다고 믿는다. 그 순간에 당장 발견할 수는 없을지라도 말이다.

고대 중국에서 전래된 이야기 중에 이러한 메시지를 훌륭하게 표현한 것이 있다. 바로 새옹지마(塞翁之馬)다.

말을 이용해 밭을 가는 늙은 농부가 있었다. 그런데 어느 날 말이 도망쳤다. 이웃 사람이 그의 불운을 동정하자 농부는 어깨를 으쓱하고 대답했다. "불운인지 행운인지 누가 알겠소?"
일주일 후 도망쳤던 말이 야생 암말 한 마리를 끌고 돌아왔다. 이번에는 이웃이 그의 행운에 대해 축하 인사를 건네자 농부가 대답했다.
"행운인지 불운인지 누가 알겠소?"
그 후 농부의 아들이 야생마를 길들이려다 말에서 떨어져 다리가 부러졌다. 동네 사람 모두가 불운이라고 쯧쯧 혀를 찼다. 이번에도 농부는 그저 "불운인지 행운인지 누가 알겠소?"라고만 대답했다.
일주일 후 군인들이 마을에 들어와 젊은 남자들을 죄다 징병해 가면서 다리가 부러진 농부 아들은 마을에 남겨 두었다. 행운인지, 불운인지?

행운인지 불운인지 우리는 알 수 없다.
당신이 바라는 대로 일이 되어 가지 않을 때, 현재 상황이 최선의 결과를 향해 가고 있다고 믿어라. 기억하라. 우주는 당신을 도와주기 위해 애쓴다. 따라서 당신의 에너지는 곧 확대될 것이다. 이 과정은 실천하면 할수록 점점 쉬워진다.
탓하는 습관을 버리고 교훈과 고마운 점, 축복을 찾는 데 도움을 줄 연습 과제를 소개한다.

• 연습 과제 •

교훈과 고마운 점을 찾아라

1. 혼자 조용히 자리를 잡고 앉는다. 눈을 감고 몇 차례 심호흡을 한다.
2. 부당한 취급을 받는다고 느낀 상황 또는 남을 탓했던 특정한 상황을 떠올린다. 관련된 사람(들), 배경, 오고 간 이야기, 행동 등도 떠올린다.
3. 스크린에서 상영되는 영화를 보는 것처럼 몇 발자국 물러선 거리에서 상황을 관찰한다고 상상해 본다.
4. 당신은 그 상황의 어떤 부분에 책임이 있는가? 문제가 있다는 사실을 암시하는 신호를 무시했는가? 당신은 그 상황을 유발할 만한 방식으로 행동했는가? 당신의 생각이나 행동이 상황을 악화시켰는가?
5. 그 사건에서 얻을 수 있는 교훈은 무엇인가? 당신에게 인내심이나 포용력이 더 필요한가? 당신은 남의 말에 더 귀를 기울이고 말을 줄일 필요가 있는가?
6. 자신에게 물어보라. 고귀한 목적을 위해 일어나는 일이라면 그 목적은 무엇일까? 고마운 점을 찾아낼 수 있는가?
7. 찾아낸 교훈과 고마운 점을 생각해 볼 때 당신이 변화시킬 수 있는 행동 방식을 적어 보라.

── 주도적인 삶을 위한 행복 습관 3 ──
자기 자신과 화해하라

자기 자신과 화해하기 전에는 외부 세계에서 평화를 얻을 수 없다.
- 달라이 라마

아마도 내 추측이 맞을 것이다. 모든 사람이 그렇듯 당신 인생에도 잘 풀리지 않은 일들이 있다. 그렇지 않은가? 그리고 당신은 자신을 비난하고 있을 것이다. 실패한 결혼이나 사업 또는 아이들 문제일 수도 있다. 어쩌면 당신은 누군가에게 상처를 주었을지도 모르고 누군가로 인해 상처를 입었을지도 모른다. 그러나 자신을 비난하고 자책하는 것은 타인을 비난하는 것과 마찬가지로 행복의 강력한 약탈 행위이다. 수치심과 죄책감을 유발하며, 그런 불쾌한 감정을 억누르는 데는 많은 에너지가 들어간다. 그러한 감정은 우리를 서서히 잠식하고 지속적인 행복을 누리는 능력을 좀먹는다.

자신과 화해하기 위해서는 스스로 피해 오던 감정을 받아들이고 과거를 놓아줌으로써 자신의 에너지를 해방시켜야 한다. 당신의 삶은 앞으로 나갈 것이며 당신은 엄청난 확대와 행복을 경험할 것이다.

지금부터 행복한 100인에 드는 자이나브 살비의 놀라운 이야기를 들어 보자. 그녀는 작가이자 사회활동가이며, 인도주의 단체인 '국제 여성을 위한 여성회Women for Women International'의 창설자 겸 대표다. 다음 이야기는 그녀가 자신과의 화해에 이른 여정이다.

| 자이나브의 이야기
| 내 이야기를 한다는 것

나는 1970년대에 바그다드 근교에서 자랐다. 아버지가 이라크 에어라인의 조종사였기 때문에 어린 시절에 세계 곳곳을 여행했다. 스포츠카와 바비 인형을 똑같이 좋아하며 가지고 놀았고, 무한한 미래를 꿈꾸었다. 그런데 열한 살이 되던 해에 이란 이라크 전쟁이 발발하면서 모든 것이 변했다. 전투기와 대공포화가 하늘에서 불을 뿜고, 거리는 군인과 총으로 가득 찼으며, 지붕 위로 미사일이 떨어지는 광경을 태어나서 처음으로 목격했다. 온 가족이(부모님, 두 오빠 그리고 나) 한 침대에 누워서 잠을 잘 것인지(그래서 만약 집에 폭탄이 떨어지면 함께 죽을 것인지), 아니면 각자의 침대에서 자고 평소처럼 생활할 것인지를 놓고 부모님이 의논하던 모습이 기억에 선명하다. 분명히 우리의 삶은 정상이 아니었다. 수시로 두려움과 위험에 떨었다. 그리고 얼마 후 우리 가족은 훨씬 위험한 상황에 처했다. 아버지가 사담 후세인의 전용 조종사가 된 것이다.

그 일을 제안받았을 때 아버지는 거절할 수가 없었다. 거절은 투옥이나 처형까지도 의미할 수 있었다. 우리는 가급적 그들을 피하려고 애썼지만 사담은 독가스처럼 우리 가정에 스며들었다. 서서히 그의 지시에 맞춰 살아가면서 우리의 생명은 그의 손아귀에 들어갔다. 우리 가족의 모든 것은 결국 아버지의 직업과 연결되었다. 우리집은 조종사의 집, 우리 동네는 조종사의 거리라고 불렸다. 무엇보다 가장 싫었던 것은 내가 조종사의 딸로 불린다는 사실이었다.

다른 이라크 어린이들과 마찬가지로 나 역시 사담을 '아모 Amo(아라비아 말로 '아저씨'라는 뜻)'라고 부르도록 교육받았다. 그러나 다른 이라크 아이들과 달리 나는 그의 궁정 파티에 가족과 함께 초대받곤 했다. 사담의 측근에 속한다는 것은 엄청나게 위험한 일이었다. 어머니는 절대 긴장을 풀거나 경계를 늦추지 말라고 가르쳤다. 사담의 거실에서 대화를 나누며 앉아 있는 동안 그는 자기 가족이나 친구, 동료를 살해한 사실을 아무렇지도 않게 얘기했다. 그리고는 우리를 날카로운 눈초리로 쳐다보았다. 말실수나 표정으로 사담의 비위를 거스르면 치명적인 결과를 초래할 수도 있었다. 나는 적절히 반응하는 법을 배워서 그가 진지할 때면 나도 진지해졌고, 그가 웃으면 나도 웃었다. 몇 년 동안 우리 가족은 사담과 그의 광기 아래서 두려움에 떨며 살았다.

내가 스무 살이 될 무렵, 어머니는 국외로 추방당해 시카고에 사는 이라크인과 결혼하라고 말했다. 얼굴도 모르는 남자였다. 나는 큰 충격을 받았다. 알지도 못하고 당연히 사랑하지도 않는 사람과 결혼한다는 것은 평소 부모님의 말씀과 반대되는 일이었다. 부모님은 늘 사랑, 열정, 자신의 인생을 선택하는 자유 등을 가르쳤기 때문이다. 처음에는 거절했지만 어머니가 눈물을 흘리며 간곡히 애원하는 터라 결국 받아들이고 말았다. 어머니는 그 어떤 일보다도 기뻐하셨다. 그때는 물론 그 후 십 년 동안 어머니가 말하지 않은 사실이 있었다. 어머니는 사담이 나를 건드릴지도 모른다는 불안감에 이라크 밖으로 내보내 그의 손이 미치지 않는 곳에 두려고 필사적으로 노력했던 것이다.

나는 가족과 함께 시카고로 날아가서 신랑감을 처음 보는 순간 가슴이 철렁 내려앉았다. 매력이라곤 눈곱만큼도 느낄 수가 없었다. 그는 좋은 남편이 되기 위해 노력하겠다고 약속하고, 내가 이라크에서 끝내지 못한 대학 공부를 마친 후 취직하게 해 주겠다고, 또 시간이 지나면서 사랑을 키워 갈 수 있을 거라고 말했다.

그러나 결혼 후 불과 몇 주 지나지 않아 남편이 약속을 지킬 생각이 전혀 없다는 사실을 알았다. 그는 돈도 거의 주지 않았고 자동차도 못 쓰게 했다. 대학에 보내 줄 생각도 없었다. 나는 몇 달 동안 사기를 당해 감금된 채 성폭행을 당하는 노예 가정부가 된 기분으로 살았다. 무시당하고, 언어로 감정적으로 모욕을 당하면서 말이다. 시간이 지나면 나아질 것이라고 나 자신을 달랬지만 아무것도 나아지지 않았다. 몸은 물론이고 영혼까지 짓밟은 남편의 폭력적인 성관계가 참을 수 없는 마지막 한계였다. 나는 침실에서 나와 지친 몸을 끌고 간신히 욕실에 들어갔다. 샤워기를 틀어 놓고 숨죽여 흐느꼈다. 내가 그 인간과 결혼했다는 사실이 문제가 아니라 그가 나를 강간했다는 사실이 문제였다. 나는 소지품과 400달러 남짓한 돈을 챙긴 후 근처에 사는 어머니 친구에게 전화했고,

그분은 내가 도망치게 도와주었다.

　그 후에는 상황이 조금 나아지기 시작했다. 새로운 도시로 이사했고 학교에 다니기 시작했으며 새로운 친구들을 사귀었다. 전쟁의 상흔으로 얼룩진 어린 시절과 사담의 그늘에서 보낸 수년간의 삶, 학대받은 결혼 생활 등 모든 과거를 잊어버리려고 노력했다. 지난날의 모든 상처와 두려움과 악몽을 마음속 깊은 곳에 숨겨진 상자 안으로 밀어 넣었다. 그것을 꺼내 보거나 다시 생각하고 싶지도 않았다. 때때로 행복한 순간도 있었지만 마음속에는 언제나 깊은 슬픔이 도사리고 있었다.

　1992년 두 번째 결혼을 했다. 이번에는 아주 근사한 남자였다. 우리는 학교에 다니는 동안 만나서 사랑을 키웠다. 그리고 신혼여행을 위해 돈을 모으던 중 우연히 잡지 기사를 읽었다. 전쟁 중에 '강간 캠프'에 수감되어 고통을 당한 수십만 명의 보스니아와 크로아티아 여성들에 대한 기사였다. 사진 속 여성의 얼굴에 나타난 표정이 내 내면 깊숙이 자리한 슬픔을 아프게 건드렸다. 나는 흐느끼며 울었다. 남편이 깜짝 놀라서 방으로 달려들어왔다. 내가 우는 이유를 설명하자 그는 품에 안아 주며 함께 눈물을 흘렸다. 우리는 그들을 돕기 위해 뭔가 하고 싶었지만, 특별히 그러한 여성들을 지원하는 기관을 찾을 수 없었다. 그래서 우리 스스로 방법을 찾기로 결심했다. 우리는 신혼여행 자금을 들고, 유니테리언 교회의 원조를 받아 크로아티아로 날아갔다.

　이후 사람들이 보여 준 반응은 뜨거웠다. 나는 이것이 인생에서 내가 해야 할 일임을 깨달았다. 크로아티아 여행은 '국제 여성을 위한 여성회'의 출발점이었다. 전쟁에서 살아남은 전 세계 여성들이 삶을 재건하도록 지원하는 이 단체는, 미국의 후원 여성들이 그들에게 매달 일정액의 후원금과 편지를 보내도록 연결해 주고 있다. 나는 전 세계를 돌아다니며 형언할 수 없이 참혹한 폭력과 강간에 희생된 수많은 여성들과 이야기를 나누고, 자신의 이야기를 하도록 그들을 격려하기 시작했다. 나는 이야기를 공유하는 일이 치료 과정의 시작이라는 사실을 깨달았으며, 그들이 피해자에서 생존자로, 마침내는 적극적인 사회 구성원으로 변화할 수 있게 도와주었다.

2003년 사담이 체포된 후 이라크 여성들이 겪은 일과 여전히 겪고 있는 일을 쓰기로 결심했다. 하지만 나 자신의 트라우마를 파고들 생각은 전혀 없었다.

하지만 어느 날 출판사 담당자가 전화를 걸었다. "이 책을 당신의 이야기로 만들어야 해요. 당신이 바로 이야기의 주인공이에요."

"안 돼요! 이건 내 이야기가 아니에요. 다른 여성들의 이야기라고요." 나는 할 수 있는 모든 변명을 해댔다. 그러나 진짜 이유는 내면의 깊은 분노와 두려움이었다. 오랫동안 의도적으로 잊으려고 애써 온 고통과 트라우마를 드러내기 싫어서 나 자신과 싸움을 벌이고 있었던 것이다. 내 이야기를 한다면 여태껏 세상에 드러낸 나의 모습, 강한 여성이자 페미니스트이며 여성 권익 옹호자라는 이미지를 망칠 터였다. 무엇보다도 사담 후세인을 안다고 말하면 내 자신의 정체성, 신념, 내가 성취한 모든 것은 사라지고 사담이라는 이미지가 모든 것을 장악해 버릴 거라고 확신했다. 이라크에서 살던 시절처럼.

출판사 담당자와 통화하고 며칠 후, 국제 여성을 위한 여성회 콩고 지부에서 인생의 전환점을 맞았다. 나비토라는 여성과 통역관과 함께 두 시간 동안 방에 앉아 있었다. 나비토는 조국에서 전쟁이 벌어지는 동안 겪은 일을 들려주었다. 끔찍한 이야기였다. 전쟁의 참상을 견뎌 낸 여인들에게서 흔히 들을 수 있는. 군인들은 그녀와 딸들을 집단 강간하고, 아들에게 어머니를 강간하라고 시켰다. 아들이 거부하자 그들은 아들의 다리를 쏘았다. 나는 이야기를 들으면서 몸을 떨었다.

그녀는 이야기를 끝내고 내 눈을 보며 말했다.

"내 이야기를 들려준 것은 당신이 처음이에요."

그녀의 말은 나의 내면을 휘저었다. 그녀는 내게 진실을 말했다. 하지만 나는 너무 두려워서 내 이야기를 꺼내지 못하고 살았다.

나는 그녀에게 물었다. "내가 어떻게 하면 좋겠어요? 내 일은 당신의 이야기를 써서 세상에 알리는 것이에요. 이걸 비밀로 묻어야 할까요? 다른 사람에게 이야기하면 안 될까요?"

그녀는 내 눈을 응시했다. 그리고 미소를 지으며 말했다. "내 이야기를 세상에 알리면 다른 여성들이 나와 똑같은 일을 겪는 걸 막을 수 있을 거예요. 그러니 괜찮아요. 내 이야기를 세상에 알려주세요. 그저 이웃만이 아닌 온 세상에요."

내 삶에서 가장 겸허한 순간이었다. 나는 차를 타고 콩고에서 르완다로 가는 다섯 시간 내내 울었다. 나비토를 떨쳐 버릴 수가 없었다. 그녀는 무학자였고 집도 없었다. 누군가에게 얻은 옷 한 벌과 쓰레기 더미에서 건진 구두 한 켤레 외에는 가진 게 아무것도 없었다. 하지만 나보다 훨씬 강한 용기와 다른 이들을 생각하는 마음을 갖고 있었다. 그녀는 자기 이야기를 기꺼이 받아들이고 모든 고통과 트라우마가 든 상자를 열었을 뿐 아니라, 단 한 명의 여성이라도 똑같은 고통을 겪지 않게 도울 수 있다면 기꺼이 자기 이야기를 드러내겠다고 한 것이다.

여전히 내게는 두려움에 묶일 만한 이유가 많았지만, 어머니가 침묵 속에서 숨을 거뒀고 할머니 역시 그랬다는 것을 알고 있었다. 침묵하고 죽어 가는 또 한 명의 여성이 되고 싶지 않았다. 그래서 르완다의 호텔에 도착하여 공동 저자와 출판사 담당자에게 전화를 걸어 말했다. "하겠어요."

내 이야기를 쓰기 시작했고 켜켜이 쌓인 진실과 감정의 고통을 한 겹씩 벗겨 냈다. 덕분에 인생에서 가장 큰 자유와 해방감을 경험했다. 내면의 상자를 열고 그 안에 꾹꾹 눌러 둔 감정을 직시한 것이 마침내 치유와 평화를 가져다주었다고 굳게 믿는다.

지금 내 안에 더 이상 고통은 존재하지 않는다. 오히려 수정과 같이 맑고 평화롭다. 호흡을 할 때면 숨이 몸 안 깊숙이 통과하는 것을 느낄 수 있다. 나는 마음속에서 우러나는 편안함과 안정감을 느끼며 인생에서 그 어느 때보다도 강렬한 기쁨을 누리며 살아간다.

나는 수많은 삶과 죽음을 목격했다. 그리고 삶은 아름답다고밖에 표현할 수 없다. 삶은 처음 한입 베어 문 사과와 같다. 아삭거리는 소리며 과즙이며, 그 달콤함이란! 나는 삶을 사랑한다!

지금까지 겪어 온 모든 불행이 나를 행운으로, 지금 누리는 행복한 삶으로 이끌었다는 것을 진심으로 믿는다. 자기 이야기를 꺼내기 두려워하는 사람들을 만나면 내 경험을 들려주곤 한다. 마침내 당신은 커다란 행운을 만날 것이라고, 내면의 평화와 기쁨, 홀가분함이 따라올 거라고 말이다.

※

새로운 출발

자신과 화해하는 방법은 여러 가지가 있다. 자이나브처럼 삶의 이른 시기에 겪은 사건들로 심한 충격을 받았다면, 억눌린 감정을 드러내고 과거를 받아들이는 법을 배워야 한다. 트라우마를 묻어 두는 사람들은 자기 이야기를 꺼내 놓는 사람들에 비해 수명이 짧고 덜 건강하며 덜 행복하다는 연구 결과가 있다.

하지만 그러한 감정에 계속 얽매이지 않는 것 역시 중요하다. 문화인류학자 앤젤레스 애리언은 고통스러운 경험을 하거나 극심한 충격을 받은 사람들에게 '자신의 이야기를 하도록' 격려하는 관습을 많은 토착 문화에서 찾아볼 수 있다고 말한다. 고통에서 헤어나오려면 사랑하는 사람이나 의지가 되는 사람과 이야기를 나누는 것이 매우 중요하단 얘기다. 그러나 세 번 이상 이야기하는 것은 피해 의식의 에너지에 사로잡히게 만들기 쉽다. 자신과 화해한다는 것은 스스로를 치유하고 앞으로 나아가게끔 자유를 주는 일이다.

사람들은 종종 자신이 겪은 사건 자체가 아니라 과거 자신의 행동에 대한 후회나 죄책감 때문에 수치심의 희생자가 된다. 내면의 작은 목소리가 '그런 짓을 했으니 넌 행복할 자격이 없어.'라고 속삭이면 행복이나 만족을 느끼기 힘들다. 과거의 일 때문에 자신을 계속 심판하는 것은 무거운 짐을 끌고 다니는 것과 같다. 에너지를 너무나 많이 빼앗겨 버린다. 대뇌피질 영역 재교육Cortical Field Reeducation 개발자인 해리엇 고슬린스는 "자신을 책임지는 것과 자신을 비난하는 것을 구분할 줄 알면, 당신은 새로운 선택을 할 수 있습니다. 이는 진정한 자기 용서의 가능성을 열어 줍니다."라고 말했다.

그런 의미에서 자신과 화해한다는 것은 곧 상황을 바로잡는 것을 뜻할 수도 있다. 이미 일어난 일을 바꿀 수는 없지만, 창의력을 조금만 발휘하면 바로잡을 방법을 찾을 수 있다. 예를 들어 당신이 누군가한테 돈을 빌리고 갚지 않았다면 지금이라도 돌려줄 수 있다. 한번에 갚든 나눠서 갚든 말이다. 그리고 당신이 원한다면 이름을 밝히지 않고 갚을 수도 있다. 만일 그 사람을 찾을 수 없는 경우라면, 같은 액수의 돈을 자선 단체에 기부할 수도 있다. 당신은 상황을 바로잡은 후에 느껴지는 에너지와 홀가분한 기분에 적이 놀랄 것이다.

심신의 마법

지난 십 년간 빠르게 성장하는 에너지 심리학에 큰 관심이 생겼다. 에너지 심리학에는 피해 의식과 자기 비판의 오랜 패턴에서 벗어나도록 도와주는 다양한 최첨단 심신 기법이 포함되어 있다. 심리치료사, 의사 혹은 아마추어의 경험에서 얻은 이들 기법은 우리의 적절한 에너지 균형을 회복시켜 주는 자세와 행동들로 구성된다. 이 기법은 신체의 에너지 경락, 즉 수천 년 전 고대 건강 시스템에 의해 밝혀진 에너지 채널을 관통하는 미묘한 에너지장에 존재하는 방해물을 없애 준다. 또한 우리 행동의 구십 퍼센트를 좌우하는 잠재의식을 재구성하고, 중앙 신경계 안에 행복을 촉진하는 새로운 패턴을 만든다. 이 기법들 중 대부분은 불과 몇 분 안에 시작할 수 있을 뿐 아니라 정식 교육 없이 혼자서도 실천할 수 있다.

에너지 심리 기법으로 혜택을 본 사람들의 보고 사례는 현재 수천 건에 이르며 수백 가지 새로운 연구가 진행 중이다. 『유전자 속의 요정 The Genie in Your Genes』의 저자이며 영혼 치유 연구소 Soul Medicine Institute 설립자인 도슨 처치 박사는 인터뷰 도중 최근 카이저 퍼머넌테가 주도한 미국 국립보건원 National Institutes of Health 의 연구 결과를 들려주었다. 이 연구는 에너지 심리 기법을 체중 관리에 유용하게 적용할 수 있다는 사실을 보여 주었다. 사람들은 제한적인 패턴이나 신념을 버리면 더욱 활기 있고 활동적이며 적극적인 자아를 발견한다.

쉽고 효과적인 에너지 심리 기법에는 생체 에너지 동조화 기법 Bio Energetic Synchronization Technique: B.E.S.T., 감정 자유 기법 Emotional

Freedom Technique: EFT, 타파스 지압 요법Tapas Acupressure Technique: TAT, 사이크 Psych K 등이 있다.

나는 최근 B.E.S.T에 대해 배웠다. 개발자인 M. 테드 모터 박사에게 배웠는데, 그는 행복한 100인에 드는 척추 지압 요법 의사이자 심신 건강 분야의 선구자다. 모터 박사와의 인터뷰는 이제껏 진행한 중에 가장 활기 넘치는 인터뷰였다. 그는 일흔둘의 나이에도 불구하고 삼십 대 중반 같은 명석함, 정력과 활기가 넘쳤다. 나는 멋진 이탈리아 레스토랑에서 식사를 하며 그의 삶에 대한 신비한 이야기와 행복 철학을 들었다. 그는 행복해지는 법을 완벽하게 마스터한 사람이었다. 그래서 그가 B.E.S.T의 실천 방법인 M-파워 마치M-Power March를 가르쳐 주겠다고 했을 때 몹시 설레었다. 그 방법은 잠시 후에 설명하겠다.

모터 박사는 M-파워 마치가 중앙 신경 시스템을 재조정하고 잠재의식 내의 장애물을 제거하며 관대한 감정을 활성화시킨다고 설명했다. 상체와 하체 그리고 몸의 왼쪽과 오른쪽을 동시에 움직이는 이 동작은, 중앙 신경 시스템을 좀 더 균형 있는 상태로 만들어 사고와 감정을 효과적으로 처리하게 해 준다. 말하자면 '컴퓨터를 청소'함으로써 오랜 상처나 후회 같은 잠재의식 속의 정보를 처리하는 방법을 재프로그램하는 것이다. 이것은 피해 의식 패턴이나 자기 비판 패턴을 변화시키는 데 훌륭한 도움이 된다. 이 간단한 3분짜리 훈련과 다른 B.E.S.T. 실천 방법들은 내 삶의 주인 의식을 느끼는 데 큰 도움을 주었을 뿐 아니라 따라하기도 매우 쉽다.

• 연습 과제 •

M-파워 마치: 자신과 화해하라

1. 우선 똑바로 선다. 정신을 맑게 유지하되 심신을 이완하고 편안하게 선다.
2. 왼발을 앞으로 크게 내딛고 뒤에 있는 오른발은 바닥에 단단히 고정시킨다.(두 발 모두 똑바로 앞을 향한다.) 왼쪽 무릎을 살짝 굽히되, 오른발 뒤꿈치가 계속 바닥에 닿을 정도여야 한다.
3. 왼쪽 다리를 쭉 뻗으면서 오른팔을 편 상태로 45도 정도 들어올린다. 균형을 잡기 위해 자연스럽게 왼팔이 뒤로 움직일 것이다. 이어서 왼팔도 45도 정도 올린다. 이때쯤 당신의 자세는 왼쪽 다리와 오른팔이 앞으로 뻗고 오른쪽 다리와 왼팔은 뒤로 뻗은 형태가 된다.
4. 이제 뻗은 오른팔 쪽으로 고개를 돌린다. 약간 위쪽을 바라본 채 눈을 감고 몸을 최대한 쭉 뻗는다.
5. 뻗은 동작을 하는 동안 당신이 후회나 수치심, 죄책감을 느끼는 어떤 일을 생각한다. 깊게 숨을 들이마시고 '용서'하는 감정에 집중한다. 5~10초간 숨을 참고 자세를 유지한다.
6. 숨을 내쉬고 다리와 팔을 바꿔 같은 과정을 반복한다. 전 과정을 세 번 반복한다.

* 모터 헬스 시스템Morter HealthSystem의 허가를 받고 사용함.

• 3장 요약 및 행복 실천 방안 •

당신은 행복의 주인이 됨으로써 행복의 집을 위한 토대를 닦았다. 피해 의식에서 자유로워지고, 해결 방법에 집중하고, 주어진 상황에서 교훈과 고마운 점을 찾고, 자기 자신과 화해하라. 다음 내용을 활용하여 주도적인 삶을 위한 행복 습관을 실천하라.

1. 일주일 동안 당신이 남이나 상황을 탓하고 수치심을 느끼고 불평할 때마다 바구니에 2000원을 넣는다. 매일 돈이 얼마나 모이는지 기록하고, 주 후반으로 가면서 진전이 있었는지 살펴본다. 모인 돈은 가족과 외식을 하거나 자선 단체에 기부한다.
2. 나쁜 습관을 완전히 끊어 보는 실험을 한다. 주변을 탓하거나 수치심을 느끼거나 불평을 하지 않고 하루를 지낼 수 있는지 알아본다.
3. 불평하는 자신을 발견하면 해결책 집중법을 사용한다.
4. 탓하는 습관을 없애기 위해, 당신이 원하는 방향으로 진행되지 않은 경험을 매일 하나씩 찾아보고 '교훈과 고마운 점' 찾기를 실천한다.(만일 그런 경험을 찾을 수 없다면 자랑스럽게 생각하라. 이유 없이 행복해지는 길에 들어선 것이니 말이다.)
5. 자신과 화해하거나 피해 의식 패턴을 변화시키기 위해 M-파워 마치를 매일 3분씩 실천한다.

행복의 집을 짓는 다음 네 단계는 기둥을 세우는 일이다. 즉 당신의 정신, 마음, 육체, 영혼과 관련된 행복 습관을 배울 것이다. 집의 기둥들이 벽과 연결되어 있는 것처럼 당신의 정신, 마음, 육체, 영혼은 분리될 수 없이 연결되어 있다. 당신이 생각하는 내용은 당신의 심리에 영향을 주고, 감정은 생각에 영향을 미친다. 삶의 이 네 가지 영역을 쉽게 설명하기 위해 각기 다른 네 개의 장으로 나누었다. 그러나 나는 이것이 다소 임의적인 구분이라는 점을 알고 있다. 각 장을 읽다 보면 일부 단계들이 중복되는 것을 발견할 것이다. 이들 네 영역은 너무나 밀접하게 연관되어 있기 때문에 한 가지를 개선하면 다른 부분들까지 함께 강화된다.

정신의 기둥

생각하는 것을 전부 믿지는 마라

정신은 그 자체로 독자적인 세계다.
그 안에서 지옥을 천국으로, 천국을 지옥으로 만들 수 있다.
- 존 밀턴

세인의 존경을 받는 현인이 이런 얘기를 들려주었다. 어느 날 그는 3,000달러짜리 정장을 입고, 고급 구두를 신고, 장신구로 몸을 장식한 남자에게 질문을 받았다.

남자가 물었다. "진정한 행복과 내면의 평화를 얻기 위해 내가 무엇을 포기해야 합니까?"

현인이 대답했다. "좋은 소식과 나쁜 소식이 있소. 좋은 소식은 당신이 가진 어떤 것도 포기할 필요가 없다는 사실이오. 가난이 꼭 행복으로 가는 길은 아니오. 나쁜 소식은 당신이 그보다 훨씬 어려울지 모르는 일을 해야 한다는 것이오. 당신이 생각하는 방식을 포기해야 하오."

생각하는 방식을 포기한다? 숨쉬기를 멈춰야 한다는 것과 같은 말이 아닌가? 그러나 생각만큼 어려운 일은 아니다. 나는 연구와 경험, 행복한 100인과의 인터뷰를 통해 생각하는 방식을 변화시키는 강력한 기법을 배웠다. 4장에서는 당신의 정신이 행복을 방해하지 않고 지원하게 만드는 방법을 소개할 생각이다. 이것은 행복의 집을 짓는 다음 단계인 정신의 기둥을 강화해 준다.

무시무시한 통계

당신은 하루에 몇 번이나 다음과 같은 부정적 사고의 기습을 받는가?

"나는 능력이 부족해."
"남편(혹은 아내)은 나를 사랑하지 않아."
"내 외모가 마음에 들지 않아."
"청구서들을 다 지불하지 못할까 봐 걱정돼."
"내 딸은 나를 존중하지 않아."
"나는 너무 멍청해."
"이 일을 감당할 수가 없어."

당신이 평범하다면 이런 생각을 하는 순간이 제법 많을 것이다. 이러한 부정적 생각이 머리를 괴롭히면 행복을 느끼기 어렵다.

정신은 생각과 믿음과 자기 암시로 이루어져 있다. 우리의 정신은 언제나 '진행 중'이다. 과학자들은 사람이 하루에 6만 가지 생각을 한다고 말한다. 깨어 있는 동안 일 초마다 한 가지씩 생각하는 셈이다. 저녁이 되면 그토록 피곤해지는 것도 당연한 일이다!

더욱 놀라운 것은 6만 개의 생각 중 구십오 퍼센트는 어제나 그제 혹은 그 전날 했던 것과 똑같은 생각이라는 사실이다. 당신의 정신은 똑같은 노래를 반복해서 틀어 대는 레코드 플레이어와 같다. 한마디로 늘 같은 레코드 홈만 돌고 도는 것이다.

하지만 다음에 제시하는 통계에 비하면 그건 약과다. 보통 사람의 경우 습관처럼 반복하는 생각의 팔십 퍼센트가 '부정적인' 생각이다. 대부분의 사람들이 부정적인 생각을 매일 4만 5000가지 이상 한다는 얘기다! 정신과 의사이자 뇌 영상 전문가인 대니얼 에이멘 박사는 자동형 부정적 사고automatic negative thought: ANT라고 부른다.

정신이 ANT로 가득 차면 당연히 심리학적으로 심각해진다. 혈류와 대뇌의 활동 패턴을 관찰한 미국 국립보건원 연구원들은 부정적인 생각이 우울이나 불안과 관련된 대뇌 영역을 자극한다는 사실을 발견했다. 반대로 긍정적인 생각은 뇌를 진정시키며 유익한 영향을 준다. 부정적인 생각이 두뇌 시스템에서 독약 같은 역할을 한다면, 긍정적인 생각은 몸에 이로운 약과 같다. 다음 도표는 생각이 에너지를 수축하거나 확대함으로써 행복에 영향을 미친다는 사실을 보여 준다.

수축	확대
부정적인 생각	긍정적인 생각
비난	수용
걱정	신뢰
과도한 생각	명료한 사고
나쁜 생각 곱씹기	좋은 생각 음미하기

당신의 생각에 관한 진실

한 가지 다행인 사실은 매일 반복하는 수천 가지 부정적인 생각에 압도당하지 않기 위해서 그것들을 모두 없애려고 애쓸 필요는 없다는 점이다. 압도당하지 않는 방법은 간단하다. 다음의 놀라운 사실을 받아들이는 것이다.

> **당신 생각이 언제나 옳은 것은 아니다.**

무척 간단하게 들리지만 이 혁신적인 아이디어는 시각의 획기적인 변화를 요구한다. 우리는 자기 생각이 옳다고 믿는 데 익숙해져서 자동으로 거기에 맞춰 행동한다. 그러한 자신을 스스로도 인식하지 못한다. 나는 오래전에 우연히 그 사실을 깨달았다.

호텔 볼룸을 가득 메운 450명 앞에서 강연을 하고 있었다. 손바닥에는 땀이 차고 심장이 쿵쾅거리기 시작했다. 강연을 망쳐 버렸다는 확신이 들었던 것이다. 셋째 줄에 앉은 남자가 너무나 정확하게 그 사실을 알려 주고 있었다. 그는 팔짱을 낀 채 딱딱한 자세로 앉아서는 내가 농담을 해도 웃지 않았고 이해한다는 표시로 고개 한번 끄덕이지 않았다. 따분해 죽겠다는 증거가 아닌가? 속이 뒤집어질 만큼 괴로웠다. 내 강연 내용과 내가 마음에 들지 않는 게 분명하다는 생각이 들었다.

강연을 마치고 연단을 정리하는데 그 남자가 무대 쪽으로 성큼성큼 걸어오는 게 보였다. 나는 겁에 질렸다. 형편없는 말솜씨에 신랄한 비판이 쏟아질 거라 예상하고 마음의 준비를 단단히 했다.

하지만 그는 내게 다가와 손을 내밀며 감정이 듬뿍 담긴 목소리로 말했다.

"정말 감사합니다. 당신의 이야기가 내 인생을 바꾸었어요."

나는 하마터면 쓰러질 뻔했다. 그는 나를 싫어하지 않았던 것이다! 나를 초조하게 만든 것은 나 자신의 부정적인 생각이었다. 그때 내 생각(힘들 때나 좋을 때나 언제나 나의 일부분인)이 항상 옳은 것은 아니라는 사실을 깨달았다. 누구나 마찬가지다. 이 사실을 깨닫지 못하면 이유 없는 행복에 이르는 길은 영영 봉쇄되고 만다.

우리는 듣는 것을 전부 다 믿지는 않는다, 그렇지 않은가? 책에서 읽은 것을 전부 믿지도 않는다. 포토샵과 특수 효과들이 넘쳐 나는 이 시대에는 보이는 그대로 믿을 수가 없다.

> **당신이 생각하는 것을 전부 믿지는 마라!**

생각은 뇌에서 일어나는 신경 화학적 작용에 의해 형성되는 에너지 묶음에 불과하며, 전기 자극과 뇌파 진동으로 측정할 수 있다. 생각이 언제나 현실의 그림을 정확하게 그려 내지는 못함에도 불구하고 당신의 정신은 계속 그것을 전달한다. 부정적인 사고에 빛을 비추고 그것을 반드시 믿을 필요가 없다는 것을 인식하면, 부정적인 사고가 비극을 불러오는 것을 상당 부분 막을 수 있다.

부정적인 생각은 왜 그토록 우리의 정신을 빨리 장악할까? 본능적으로 두뇌의 설계가 그렇게 되어 있기 때문이다. 그것은 우리의 원시적 생존 메커니즘에서 기인한다.

벨크로 vs. 테플론

머나먼 과거 원시 시대 사람들은 자손들을 길러 낼 만큼 오래 생존하기 위해서 이빨이 칼처럼 날카로운 호랑이에게 먹히는 등의 위험을 피해야 했고, 긍정적인 사건보다는 잠재적인 위협에 훨씬 더 주의를 기울여야 했다.

한마디로 원시인들은 부정적인 것에 한층 더 주의를 기울임으로써 살아남을 수 있었다. 삶을 유지하기 위해서 치명적인 무언가를 무시하는 것보다는 생명을 위협할 가능성이 있는 모든 요소에 (설령 나중에 별다른 해가 없다고 판명되는 것일지라도) 주의를 기울이고 반응하는 편이 현명했던 것이다. 결국 우리 조상들은 '불안에 떠는 김씨' 내지는 '겁 많은 박씨'들이었던 셈이다. 위험 가능성이 있는 상황에 안이하게 대처한 사람들은 아이를 키울 만큼 오래 살지 못했고, 따라서 유전자를 후대에 물려 주지도 못했다!

지금은 더 이상 호랑이를 경계할 필요는 없음에도 불구하고 두뇌는 여전히 같은 방식으로 설계되어 있다. 긍정적인 것보다는 부정적인 것에 더 쉽게 끌리는 이유다. 심리학자이자 두뇌 전문가인 릭 핸슨 박사는 인터뷰 도중에 우리의 뇌가 "부정적인 것에 대해서는 벨크로(단추 대신 쓰는 접착 테이프―옮긴이), 긍정적인 것에 대해서는 테플론(고기능성 불소수지로 매끄러운 표면이 특징―옮긴이)"이라고 말했다. 부정적인 경험은 벨크로처럼 우리에게 착 달라붙는 반면 긍정적인 경험은 테플론처럼 말끔하게 떨어져 나간다는 것이다. 실제로 부정적인 경험 한 가지를 극복하기 위해서는 수없이 많은 긍정적인 경험이 필요하다는 사실도 연구를 통해 밝혀졌다. 불행히도 이러한 두뇌 구조는 우리의 행복을 망치는 강력한 요소로 작용한다.

앞에서 말한 강연회 때 내 심경에 무슨 일이 일어났는지 기억해 보라. 나는 강연 내내 웃고 고개를 끄덕였던 449명의 사람들은 완전히 무시하고, 내가 말하는 내용을 마음에 안 들어 한다고 (잘못) 생각한 한 남자에게만 초점을 맞추지 않았는가. 당신도 이렇게 느낀 적이 분명히 있을 것이다. 열 번의 칭찬과 한 번의 모욕을 들었다면 당신은 어떤 것이 기억나겠는가? 훨씬 많은 긍정의 메시지들은 간과한 채 모욕당한 일에 대해서만 몇 시간 동안 속을 끓이면서 스스로를 비참하게 만들 것이다. 심리학자들은 불안한 생각과 경험에 더욱 적극적으로 반응하는 경향을 '부정 편향negativity bias'이라고 부른다.

시카고 대학 심리학과의 존 카시오포 박사는 주입되는 정보를 처리하는 두뇌 영역 안에서 일어나는 전기적인 움직임을 측정하여 이러한 경향을 증명해 보였다. 그는 각 피실험자에게 세 종류의 그림을 보여 주었다. 한 종류는 긍정의 감정을 불러일으키는 것(멋진 자동차, 맛있는 음식)이었고 다른 종류는 부정의 감정을 일으키는 것(소름 끼치고 불안한 이미지) 그리고 마지막 종류는 중성적인 느낌을 주는 것(접시나 드라이어처럼 일상적인 물건)이었다. 전기적 움직임은 사람들이 부정적인 이미지를 보았을 때 급격히 높아졌다. 부정적인 것 자체가 뇌에 강력한 인상을 남기는 것이다.

연구자들은 부정적인 경험이 사라지지 않고 우리를 '끈질기게' 괴롭히는 생리학적 이유를 이해하기 시작했다. 이것은 '싸울 것인가 도망갈 것인가'를 결정하는 대항-도피 반응fight-or-flight response을 촉발하는 두뇌 경고 시스템의 일부분인 편도와 관련 있다. 이 과정을 좀 더 알아보기 위해 흰 가운을 입고 연구실로 들어가 두뇌의 구조와 작용을 가까이에서 살펴보자.

아드레날린과 흥분한 편도

편도가 싸우든지 도망가라고 경고하면, 당신의 몸은 당장 심박수를 급격히 높이고 아드레날린을 분비하며 다른 스트레스 호르몬들을 차례로 혈류 속에 보낸다. UC 어빈의 짐 맥거 박사가 최근에 발표한 연구 결과를 보면 아드레날린은 즐거움에 관련된 호르몬보다 더 강력한 기억을 만든다고 한다. 이는 부정적인 경험들이 '화학적으로 더 큰 힘을 부여받아서' 행복한 경험보다 당신의 두뇌에 더 길게 머무른다는 뜻이다.

이보다 더 심각한 문제는 편도가 과도한 반응성을 갖고 있다는 사실이다. 우리의 편도는 아드레날린을 너무 쉽게, 너무 자주 분비시킨다. 과학자들은 편도가 '흥분했다'고 표현하며 이것이 행복을 가로막는 주요한 장애물이라고 말한다. 이는 쉽게 화를 내거나, 공포를 쉽게 느끼거나, 사소한 문제를 크게 받아들이는 경향과 관계가 있다. 우리 주변에서 흔히 볼 수 있는 작은 일로 법석을 떠는 사람, 화를 잘 내는 사람, 매사가 걱정인 사람, 불평을 입에 달고 사는 사람은 편도가 흥분한 것이다.

편도가 과열되기 시작하면 두뇌의 부정적 신경 전달 경로가 넓어진다. 우리의 정신은 부정적인 생각으로 가득 차고, 걱정을 하고, 일어나지 않았으면 하는 일을 반복해서 상상하고, 그럴수록 삶에는 근심과 불행이 늘어 간다. 우리는 '끈질긴 오랜 믿음'에 근거한 이야기들을 스스로에게 반복한다.

흥분한 편도는 건강에도 부정적인 영향을 미친다. 편도가 계속 대항-도피 반응 버튼을 누르면 스트레스 화학 물질이 분비되어 몸 안에 쌓인다. 현대에는 교통 사고의 위험, 상사나 동료와의 대립과

충돌, 배우자와의 말다툼 등이 원시 시대의 사나운 호랑이 역할을 한다. 이러한 일상의 상황들이 대항-도피 반응과 관련된 호르몬 분비를 유발함에도 불구하고, 당신은 즉시 안전한 피난처로 달려가거나 누군가를 때려눕힐 수도 없고, 과거처럼 강력한 스트레스 화학 물질을 소모시키는 육체 활동을 하는 것도 아니다. 대신 이 화학 물질들은 체내에 쌓여서 피로감과 질병을 일으킨다.

지나치게 민감한 경고 시스템은 건강을 해치고 행복 세트포인트를 현저히 떨어뜨린다. 그것을 무력화시키는 방법을 배우지 않는 한 말이다.

구식 뇌에 새로운 기술을 가르치다

당신의 두뇌가 부정적인 생각에 벨크로가 되고 극히 민감한 경고 시스템을 갖도록 설계되어 있다 해도 걱정하지 마라. 행복을 증대시키는 희망은 여전히 남아 있다. 그 희망은 두뇌의 신경가소성 neuroplasticity이다. 늙은 개와 달리 당신의 두뇌는 새로운 기술을 배울 수 있다. 생각을 변화시키면 두뇌도 변화한다. 어쩌면 DNA도 변화시킬지 모른다.

매디슨 위스콘신 대학의 정서신경과학 연구소 소장인 리처드 데이비슨 박사의 연구는 새로운 생각을 하면 새로운 신경 전달 경로가 생성된다는 것을 보여 준다. 행복을 지지하는 방향으로 생각의 내용을 바꾸면 부정적인 신경 전달 경로는 수축되고 긍정적인 신경 전달 경로는 넓어진다. 그러면 훨씬 더 쉽고 자연스럽게 긍정적인 생각을 한다.

사람들은 행복 세트포인트의 유전적인 구성 요소(즉 DNA에 결정되는 오십 퍼센트)는 변화시킬 수 없다고 믿어왔다. 그러나 분자생물학자이자 『믿음의 생물학The Biology of Belief』 저자인 브루스 립톤은 인간의 DNA는 우리가 생각하는 것만큼 불변적이지 않을 수도 있다고 한다. 그의 흥미로운 연구는 DNA가 긍정적이거나 부정적인 사고에 영향을 받는다는 점을 시사하고 있다. 우리의 생각이 행복 세트포인트를 재프로그램할 수 있다는 또 하나의 증거인 셈이다.

그저 희망적인 생각을 하거나 더 행복해지겠다고 결심하라는 얘기가 아니다. 그것은 고통 위에 웃는 얼굴을 붙여서 가리거나, 숯처럼 타 버린 케이크에 크림을 잔뜩 덧바르는 것과 다를 게 없다. 나쁜 것은 여전히 그 자리에 남는다. 나는 부정 편향을 뒤집고 원시적인 경고 시스템을 무력화하기 위해 두뇌의 중앙에 있는 신피질에 접근하는 것에 대해 이야기하는 것이다.

신피질을 활성화하라

최근의 연구에서 행복이 사는 곳은 두뇌의 신피질이라는 사실이 밝혀졌다. 정확하게는 전두엽의 왼쪽 부분이다. 행복한 사람은 이 영역의 활동성 수치가 높게 나타나는 반면 걱정, 두려움, 우울함에 가까운 성향을 가진 사람은 전두엽 오른쪽 신피질의 활동성이 높게 나타난다.

행복에 관한 한 당신은 뇌를 속일 수 없다. 뇌파 권위자인 심리학자 제임스 하르트 박사는 행복한 사람의 뇌파 상태는 불행한 사람의 뇌파 상태와 다르다고 설명해 주었다. 그의 연구는 편도의 부정적인 메시지에 제대로 반응하지 않는 사람들은 두뇌에서 알파파의 활동성이 크다는 사실을 보여 준다. 이것이 바로 행복한 뇌를 보여 주는 신호다.

행복한 사람의 뇌는 부정적인 생각이 넘치거나 끊임없이 대항-도피 모드로 전환하지 않는다. 대신 두뇌의 신피질에서 반응이 쉽게 일어나도록 만드는 습관이 있다. 행복한 100인과의 인터뷰에서 그들은 자신의 생각을 전부 믿지는 않는다는 사실을 발견했다. 그들은 다음과 같은 특징을 보였다.

- 자신의 부정적인 사고를 믿지 않는 경우가 많다. 두뇌의 경고에 의문을 품고, 필요한 경우에는 무시한다.
- 부정의 사고와 싸우지 않는다. 부정의 사고는 부정 편향의 산물인 경우가 많다는 것을 알며, 충분히 넘어설 수 있다고 생각한다.
- 긍정의 사고를 깊이 새기고 긍정의 경험을 음미한다.

새로운 두뇌 경로를 생성시키고 신피질에서 반응이 쉽게 일어나도록 돕는 행복 습관 세 가지를 아래에 소개한다.

> **정신을 위한 행복 습관**
>
> 1. 생각에 의문을 품어라.
> 2. 놓아주는 법을 배워라.
> 3. 정신이 기쁨을 향하게 하라.

— 정신을 위한 행복 습관 1 —
생각에 의문을 품어라

불행의 원인은 단 한 가지, 즉 머릿속에 자리한 그릇된 믿음이다.
너무나 흔하고 너무나 당연해서 당신이 결코 의문을 품지 않는 믿음 말이다.
- 앤서니 드 멜로(예수회 사제, 심리치료사)

우리 부부는 과거 이십 년간 티베트 정부의 고문으로 봉직하며 달라이 라마에게 조언을 제공해 온 티베트의 신관(神官)을 사적으로 만나는 영광을 얻었다. 나는 그가 뿜어내는 기쁨과 평온함에 깊은 인상을 받은 나머지 행복에 관해 들려 달라고 부탁했다.

그는 이렇게 말했다.

"행복의 적은 고착된 정신과 망상입니다. 상황을 다른 관점에서 보고 진실을 보면 고통이 줄어듭니다. 정신만 올바르다면 무엇이든 극복할 수 있습니다. 어떤 일이 닥쳐도 행복할 수 있지요."

당신의 정신이 진실을 말하는지 아닌지 어떻게 알 수 있을까?

생각하는 것을 전부 믿지는 마라

스스로 물어보라! 내면의 혼란과 동요를 회의적인 시각으로 바라보고 모호한 가정을 함부로 받아들이지 마라. 감정의 폭풍이 얼마나 간단하게 스러지는지 알고 나면 깜짝 놀랄 것이다.

다음 이야기는 자신의 생각에 의문을 가짐으로써 얻는 혜택을 훌륭하게 보여 준다. 행복한 100인에 드는 브루스 프레이저(가명)는 인생에서 일어난 일을 바라보는 방식에 의문을 제기하는 법을 배우며 고통에서 벗어난 과정을 설명해 주었다.

| 브루스의 이야기
진실을 생각해 보라

우리 부부는 결혼한 지 이십 년이 넘었고, 열아홉 살짜리 딸이 있었다. 나는 결혼 생활을 해 오는 동안 바위처럼 단단한 믿음을 가지고 살았다. 만일 이혼을 고려하는 경우가 생긴다면, 적어도 모든 것에 대해 속속들이 대화를 나눠 봐야 한다는 믿음이었다. 만약 우리가 헤어진다면, 오랜 시간 모든 노력을 함께 한 뒤에 이르는 결정일 거라고 확신했다.

지난 이 년간은 상황이 어려웠다. 나는 직장 때문에 다른 도시에서 지내야 했고, 우리는 한 달에 두세 번 만나는 주말 부부가 되었다. 이상적인 상황은 아닐지라도 우리는 견뎌 낼 수 있을 거라고 생각했다.

하지만 그렇지 않았다.

어느 주말 아내가 할 말이 있다고 했다. "많이 생각해 봤어. 더 이상 결혼 생활을 유지하고 싶지 않아."

나는 아내를 빤히 쳐다보았다. 무슨 얘기를 하는지 도통 알 수가 없었다.

아내는 말을 이었다. "물론 나는 여전히 당신을 사랑하고 우리가 늘 서로에게 좋은 친구였으면 해. 하지만 이혼하고 싶어."

이혼. 그 단어는 일 톤짜리 벽돌이 되어 내 머리를 강타했다. 숨을 쉴 수가 없었다. 충격의 와중에도, 아내가 이혼 문제에 관해 대화가 필요하다고 말하지 않는다는 사실을 알아차렸다. 이미 마음을 정한 것이었다. 아내는 우리의 결혼 생활이 끝났다고 통보하는 것이었다.

나는 믿을 수가 없었다. 아내는 인생을 뒤바꾸는 중대한 결정을 내리면서 나를 철저히 배제해 버렸다. 주말 내내 아내의 마음을 돌리기 위해 모든 시도를 했다. 간청하고, 이야기하고, 소리도 질렀다.

하지만 다음 일주일 동안 상황은 더 나빠졌다. 이혼하겠다는 결심에 흔들림이 없던 아내가 마침내 다른 남자가 있다고 고백했던 것이다. 우리의 관계를 지키려고 노력하지 않은 이유를 알 것 같았다. 아내는 다만 가정을 벗어나서 그 남자와 함께할 수 있기만을 원했다.

나는 절망과 허탈감에 빠져들었다. 배신당하고 거부당했다는 기분, 더 이상 사랑받지 못한다는 느낌에 휩싸였다. 아내가 나한테 어떻게 이럴 수 있을까? 나의 절망은 일과 건강, 특히 내 정신에 영향을 주기 시작했다. 나는 마음과 생각을 다스리는 방법을 변화시키는 데 도움이 될 것 같은 9일간의 세미나에 등록했다.

세미나는 질문으로 시작되었다. "당신의 행복을 1에서 10까지 점수를 매긴다면 얼마나 되나요?" 나의 행복 수준은 최저였다. 1점이었다.

다음 이틀간은 그냥 듣기만 했다. 세미나의 리더는 어떤 사건이 일어나면 우리는 그 사건에 대한 이야기를 머릿속에 만들어 내는 식으로 반응한다고 설명했다. 우리를 괴롭히는 것은 사건 자체가 아니라 그 사건에 '대해' 우리가 만들어 낸 이야기이며, 따라서 어떤 일을 겪으며 행복하지 않다면 자기 머릿속의 이야기에 의문을 제기하고 진실 여부를 확인하는 일이 중요하다는 것이었다. 맞는 말이었다. 하지만 나는 너무 깊은 슬픔에 젖은 나머지 그렇게 할 수가 없었다.

완전한 절망에 빠진 셋째 날, 세미나 리더가 제안한 프로세스를 이용해서 머릿속의 이야기에 의문을 제기하기 시작했다. '이 절망적인 혼란에 대해 나는 어떻게 생각하지?'

대답은 바로 나왔다. '아내는 그렇게 행동하면 안 돼. 아내의 배신 때문에 나는 가정과 가족을 잃어버렸어. 난 결코 다시 행복해질 수 없을 거야.'

왜인지는 모르겠지만, 그 순간 '정말 그럴까?' 하는 질문을 던짐으로써 내 목덜미를 꽉 움켜쥔 괴로움에서 잠시 놓이는 듯한 편안한 기분을 느꼈다.

하지만 정말 그렇다는 생각이 들었다. 나는 더 깊이 파고들었다.

'아내가 그렇게 행동하면 안 된다고 확신할 수 있어? 다시는 행복해질 수 없다고 확신할 수 있어?'

놀랍게도 두 가지 물음에 대한 대답은 '아니'였다.

잠깐 동안 멍해졌다. 지난 몇 주간 끊임없이 머릿속을 맴돌던 생각-고통-생각-고통-생각-고통의 끝없는 고리가 끊어진 것이다. 하마터면 웃음을 터뜨릴 뻔했다. 끊임없이 계속되던 고통스러운 생각의 북소리가 사라지자 조용하고 평온했다.

나는 상황을 좀 더 넓은 시각으로 바라보면 지금 일어나는 일이 좋다거나 나쁘다고 판단하지 않는다는 사실을 깨달았다. 아내가 그렇게 행동해야 하는지 아닌지 밝히는 것은 내 능력 밖의 일이었다. 갑자기 내가 갖고 있던 생각들이 의심스러워졌다. '망쳐 버린' 미래에 대한 두려움이 사라지고, 대신 조금씩 흥분이 싹텄다. '앞으로는 전보다 더 나아질 거야!'라는 생각이 들었다.

그렇게 밝음과 가능성으로 꽉 찬 순간이 몇 분간 계속됐다. 그러다 다른 남자와 함께 있는 아내를 떠올리자 고통과 분노가 폭발했다. '아내가 나한테 어떻게 이럴 수가 있어?'

그러나 아까 몇 분간 느꼈던 편안한 기분 덕분에 나를 장악한 머릿속 이야기가 다소 힘을 잃은 상태였다. 나는 이야기를 떠올리면서 거기에 또 다른 생각이 한 겹 덧씌워져 있다는 사실을 깨달았다. 아내가 나보다 그 남자를 더 많이 사랑한다고 믿었던 것이다.

나는 심호흡을 하고 아까와 똑같은 단순한 질문을 던졌다. '정말 그럴까?'

또다시 진실처럼 느껴졌다. 그래서 더 깊이 있는 질문을 던졌다. '아내가 나보다 그 남자를 더 사랑한다고 확신할 수 있어?'

'아니, 확신할 수는 없어.' 아내가 나보다 다른 남자를 더 사랑한다는 생각은 내 고통을 배가시키고 있었다. 하지만 진실이라고 확신할 수는 없었다. 나는 이 질문에 어떻게 대답하느냐에 나의 행복을 결정하는 힘이 있다는 것을 알았다.

깨달음의 순간이었다. 세미나에서 들었던 모든 내용이 갑자기 이해되었다. 알고 보면 몹시 간단했다. 상황에 대해 스스로 만들어 낸 이야기가 내 머릿속에서 강력한 사실처럼 나타났고, 그것이 고통과 슬픔이라는 반사 작용을 유발했던 것이다. 그러나 내가 그 '사실'을 곰곰이 생각해 보자 설득력이 없다는 것이 드러났다. 상황 그 자체가 내 고통의 원인이 아님을 깨닫자 놀라우면서도 위안이 되었다.

나는 이 발견에 몹시 흥분해서 그 후론 줄곧 내 생각과 믿음에 열심히 질문을 제기했다.

아홉 날이 끝나 갈 무렵, 나는 세미나에 처음 참석할 때의 비참한 피해자가 아니었다. 평온함으로 가득했고 상황을 받아들일 줄 알았다. 불행의 원인은 언제나 과거에 일어난 일에 대해 내가 머릿속에 만들어 낸 이야기라는 사실을 깨달았다. 비로소 현재에 눈을 돌릴 수 있었다. 얼마나 큰 자유가 느껴지던지!

세미나에서 돌아오자마자 아내에게 전화해 보내 줄 준비가 되었다고 말했다. 더불어 이별을 쉽게 만들기 위해 어떤 일이든 하겠다고 제안했다. 아내가 우리 관계보다 좋은 것을 찾았다면 그것을 선택하는 것이 마땅하다고까지 말했다. 모두 진심이었다.

일 년이 지났지만 그 자유로운 느낌은 아직도 남아 있다. 이따금 마음속에서 슬픔의 앙금이 올라오기도 한다. 그러나 과거에 잃어버린 것과 그것의 의미에 대해 이야기를 만들어 스스로에게 되뇌는 나를 발견하는 즉시, 거기서 더 나아가지 않는다. 그때는 내 이야기를 직시하고 스스로 묻는다. '이 고통 뒤에는 어떤 생각이 자리 잡고 있지?' 그 생각의 정체를 깨달으면 훨씬 더 중요한 질문을 던진다. '정말 그럴까? 그것이 진실일까?' 처음에는 의식적인 노력이 필요하지만 연습할수록 점점 더 익숙해진다.

세미나가 끝나고 몇 주 후, 책상에 놓여 있던 아내와 함께 찍은 사진에 우연히 눈길이 멈췄다. 사진 속에서 환하게 웃는 얼굴을 보며 함께 나눈 즐거운 시절을 떠올리자 슬픔이 밀려왔다. 그 순간에도 스스로에게 물었다. '그래, 이 시점에 내 머릿속에 드는 생각은 뭐지?' 툭하면 내 머리를 점령하는 생각이었다. '나는 결코 다시는 행복해질 수 없을 거야.' 그래서 가장 중요한 질문을 다시 던졌다. '그것이 진실이라고 확신할 수 있어?' 나는 그 사진을 찍었던 순간을 기억하며 갑자기 웃음을 지었다. 그 당시라고 모든 것이 장밋빛이진 않았다. 우리는 그날 오후 내내 말다툼을 했다. 사실은 사진을 찍은 날보다는 그 사진을 집어 들기 직전의 내가 더 행복했다.

요컨대 생각은 변한다. 인간관계도 왔다가 사라진다. 고통도 마찬가지다. 원하고 필요한 것에 대한 이야기를 만들어 내고 거기에 집착하는 것이 고통에 이르는 확실한 지름길이라는 사실을 깨달았다.

이제 나는 진정한 평화를 얻었다. 상황을 있는 그대로 받아들이고 놓아줌으로써 말이다. 이 단순한 변화가 나를 상상했던 것보다 훨씬 행복하게 만들어 주었다. 나의 행복은 1과 10 사이에서 10을 앞두고 있는 9쯤에 위치한다. 이제는 과거를 돌아보지 않는다.

※

'진실 판단 과제' 수행하기

우리는 일어난 일이 아니라 일어난 일에 대한 자신의 생각 때문에 걱정한다.
– 에픽테토스(그리스 철학자)

나 역시 브루스가 설명한 '스스로 질문하기' 기법(이하 '진실 판단 과제'라고 칭함)에서 대단히 큰 도움을 받았다. 바이런 케이티가 개발한 '진실 판단 과제'는 당신의 고통스러운 생각과 믿음에 대해 던지는 네 가지 질문으로 구성되어 있다.

1. 정말 그럴까?
2. 그것이 진실이라고 확신할 수 있는가?
3. 그 생각을 진실이라고 믿을 때 당신은 어떤 반응을 보이는가?
4. 그 생각을 하지 않는다면 당신은 어떤 상태겠는가?

그리고 '방향 전환' 문장을 생각해 본다. 당신의 생각이나 믿음을 반대로 표현한 문장을 만드는 것이다. 당신이 생각하는 것과 반대 내용이 진실인지 경험해 보는 방법이다.

케이티는 인생의 커다란 변화를 거치면서 '진실 판단 과제'를 발견했다. 인간이 겪을 수 있는 가장 커다란 불행의 터널을 지나 영광의 순간이라고밖에 부를 수 없는 경험에 이른 사람으로서 더 없는 행복과 평화의 상태에 이르렀다. 세 아이를 키우며 자영업을 하는 그녀는, 인생의 변화를 겪기 전의 자신을 '의기소침하고, 자살 성향이 농후하며, 끔찍한 고통과 자기 비하에 묶인 사람'이라고 표현했다. 침대에서 아예 일어나지도 않는 날들이 며칠 혹은 몇 주일간 이어질 정도였다. 결국 그녀의 자존감은 극도로 낮아졌고, 침대에서 잠들 가치도 없다고 여겨 바닥에서 자는 지경에까지 이르렀다.

어느 날 아침, 그녀는 무언가가 발꿈치를 타고 올라오는 것을 느끼며 바닥에서 잠을 깼다. 바퀴벌레가 다리를 지나가고 있었다. 바로 그 순간, 내면에서 무엇인가 다른 것이 깨어났다. 자신을 짓누르는 모든 고통이 상황 자체가 아니라 상황에 대한 자신의 생각 때문임을 깨달았던 것이다. '내 삶은 끔찍해, 나는 행복해질 자격이 없어.'라는 생각 말이다. 그녀는 웃기 시작했다. 갑자기 모든 것이 너무나 명확해졌다. 그 생각을 믿으면 고통스럽고, 그 생각을 믿지 않으면 행복해지는 것이었다. 그것은 누구나 마찬가지였다. "모든 고통은 머릿속에 떠오르는 생각을 믿는 데서 비롯된다."

나는 사사건건 의심이 많은 타입은 아니지만, 그래도 뭔가 '증거를 확인하고 싶어 하는' 성향이 있다. 케이티가 정말로 이유 없이 행복한지 알고 싶었다. 세미나에서 만날 때마다 그녀는 확실히 행복해 보였다. 하지만 세미나는 공적인 자리였다. 이목이 집중되지 않는 곳에서는 어떤 모습일까? 나는 그녀를 만나서 이 책을 위한 인터뷰를 하기로 결심했다.

케이티는 참으로 놀라운 사람이다. 내가 아는 사람 중에 가장 사랑이 많다. 또한 이유 없이 행복하다는 의미를 가장 완벽하게 보여주는 본보기다. 총부리의 위협을 당했고 이혼을 했으며 시력을 잃었음에도 불구하고, 깊은 곳에서 우러나는 내면의 행복에 단단히 닻을 내리고 있었다. 케이티의 이야기를 듣고 '진실 판단 과제'를 활용한 뒤로 '내 생각에 대해 생각하는 방식'이 완전히 달라졌다.

나는 원래 호기심이 많은데다 평소 주변 사람들에게 잘 물어보는 타입이기 때문에 나 스스로에게도 쉽게 질문한다. 요즈음은 「드래그넷(미국의 유명한 범죄 시리즈물 — 옮긴이)」에서 자주 등장하는 "진실만 말하시오, 부인."이라는 대사가 나를 위한 게 아닌가 하는 기분까지 든다.

한번은 사소한 말다툼 후에 이런 생각에 사로잡힌 나 자신을 발견했다. '남편은 나에게 덜 비판적이어야 해.'

그러다 문득 의문이 들었다. '잠깐, 그게 진실일까? 음, 확실치는 않아.'

'정말 그렇다고 확신할 수 있을까?' 아니었다. 법정에 내밀 만한 증거도 없었다.

'그 생각을 할 때 나는 어떤 느낌인가?' 수축된다. 확실히 에너지를 잡아먹는 생각이다.

'그 생각을 하지 않으면 나는 어떤 상태가 될까?' 더 자유롭고 더 확장될 것이다. 더 행복할 것이다.

이번에는 '방향 전환'을 시도했다. 먼저 처음 생각을 적었다. '남편은 나에게 덜 비판적이어야 해.' 그것을 여러 가지 버전의 문장으로 만들고 설득력 있게 느껴지는 게 있는지 생각해 보았다.

'남편은 나에게 덜 비판적이면 안 돼.'
'나는 남편에게 덜 비판적이어야 해.'
'나는 나 자신에게 덜 비판적이어야 해.'

문장을 바꿔 갈수록 비판 대신 연민이 느껴졌다. 그리고 처음 생각 '남편은 나에게 덜 비판적이어야 해.'는 곧 사라져 버렸다.

생각에 의문을 품는 습관을 가지면 정신을 컨트롤하거나 고통스러운 생각을 밀어내려고 애쓸 필요가 없어진다. 시간이 지남에 따라 고통스러운 생각이 당신을 화나게 만드는 힘을 잃어버리기 때문이다. 당신의 정신은 평화롭고 강해지며 확대된다. 자연히 행복 세트포인트도 올라간다. 다음 '진실 판단 과제'를 활용하기 바란다.

• 연습 과제 •

'진실 판단 과제' 워크시트

다음 빈칸에 당신이 가진 믿음이나 판단을 적은 후, 그 아래의 질문과 방향 전환을 이용해서 의문을 제기해 보라.

믿음: _____

1. 정말 그럴까?
2. 그것이 진실이라고 확신할 수 있는가.(장기적으로 봤을 때 당신 혹은 다른 사람을 위해 어떤 것이 최선인지 확신하는가.)
3. 그 생각이 진실이라고 믿을 때 당신은 어떤 반응을 보이는가? 또는 어떤 일이 일어나는가.(그 생각이 진실이라고 믿을 때 당신은 자신과 다른 사람을 어떻게 대하는가.)
4. 그 생각을 하지 않는다면 당신은 어떤 상태이겠는가.(그 생각을 믿지 않는다면 어떤 식으로 살고 있겠는가.)

'방향 전환' 문장을 떠올린다.

_____

(이 문장은 진실인가, 또는 이전의 믿음보다 더 진실에 가까운가?)
당신의 삶에서 방향 전환 문장의 내용이 옳다는 것을 보여 주는 좋은 예를 세 가지 찾아라. 이는 자신을 비난하거나 죄책감을 느끼기 위한 것이 아니다. 당신에게 평화를 가져다줄 대안을 찾으려는 것이다.

위의 '진실 판단 과제'를 수행하면 "나는 형편없어." "그는 나를 사랑하지 않아." "그녀는 나를 이해하지 못해." "나는 너무 뚱뚱해." "돈이 더 필요해." "뭔가 끔찍한 일이 일어날 거야." 등 스트레스를 일으키는 생각이 미치는 영향력에서 자유로워진다. 스트레스, 좌절, 분노를 떨쳐 내고 그 대신 생각했던 것보다 훨씬 커다란 자유를 얻을 수 있는 것이다.

* 바이런 케이티의 허가를 받고 게재함.

— 정신을 위한 행복 습관 2 —
놓아주는 법을 배워라

조금 놓아주면 조금의 평화를 얻는다. 많이 놓아주면 많은 평화를 얻는다.
완전히 놓아주면 완전한 평화를 얻는다.
- 아잔 차(20세기 불교 승려)

보르네오 원주민들은 곡식과 음식 창고를 약탈하는 야생 원숭이를 잡는 독창적인 기법을 갖고 있다. 그들은 빈 코코넛 껍질에 원숭이 손이 겨우 들어갈 만한 작은 구멍을 만든다. 코코넛 안에는 미끼로 쌀을 집어넣고 그 코코넛을 땅에 묶어 둔다. 원숭이는 냄새를 맡고 살펴보러 온다. 그리고 쌀을 집기 위해 코코넛 안에 손을 집어넣는다. 하지만 손을 꺼내려고 하면, 쌀을 꽉 잡은 주먹 때문에 구멍 밖으로 손이 나오지 않는다. 도망가기 위해서는 쌀을 놓아야 한다. 쌀을 놓지 않기 때문에 보르네오의 원숭이는 덫에 갇히고 만다!

우리도 이 원숭이 같다. 부정적인 생각을 놓아주지 못해서 거기에 갇히고 마는 것이다. 저항하면 할수록 점점 더 고착될 뿐이다. 부정의 생각을 밀어내는 것은 도움이 되지 않는다. 끊임없이 되돌아올 뿐이다.

부정의 생각에 대응하는 또 다른 방법은 정신을 넘어서서 그 부정의 생각과 결부된 감정을 직시하는 것이다. 생각을 정신에 고착시키는 것은 감정이다. 우리가 그 감정을 맞아들이고 수용한 뒤에 놓아주면 신기하게도 부정의 생각이 조용히 사라진다. 이를 실천하는 효과적인 방법은 간단하지만 강력한 힘을 발휘하는 세도나 기법 Sedona Method 이다.

레스터의 기적

세도나 기법은 오십여 년 전 레스터 레벤슨이 발견했다. 1952년 물리학자이자 기업가인 레스터는 마흔두 살이었다. 그는 세속적인 성공의 정점에 있었지만 대단히 불행했고 건강도 좋지 않았다. 그는 우울증과 간 비대, 신장 결석, 비장 장애, 위산 과다, 궤양으로 고통받았고 위에는 천공으로 장애가 생겼다. 관상동맥 혈전증이 두 번째 나타난 이후, 의사는 그를 뉴욕 센트럴 파크 남쪽에 있는 집으로 보냈다. 편안히 죽음을 맞이하라는 뜻이었다.

그러나 레스터는 도전을 사랑하는 사람이었다. 그는 포기하는 대신 해결책을 찾기로 결심했다. 그는 집에서 두문불출하면서 영혼의 탐색을 시작했다. 그리고 개인적 성장을 위한 궁극적인 도구를, 즉 모든 내적인 구속을 버리는 방법을 발견했다. 이는 지금도 세도나 기법의 기초로 가르치는 내용이다. 그는 자신의 발견에 몹시 흥분해서 석 달 동안 집중적으로 실천했다. 석 달이 지나자 그의 몸은 기적처럼 건강해졌다. 게다가 이전에는 얻지 못했던 심원한 평화와 행복의 상태에 들어섰다. 의사의 예상대로 몇 주 안에 죽음을 맞는 대신 여든넷까지 장수했다. 무려 사십이 년이나 더 산 것이다.

펜 떨어뜨리기

나는 절친한 친구 헤일 도스킨에게서 처음 세도나 기법을 배웠다. 그는 레스터의 제자였으며 지금은 레스터의 업적을 전 세계에 전하고 있다. 헤일은 굉장한 사람이다! 마치 웃는 부처 같은데, 그 웃음에는 전염성이 있다. 그의 옆에 있으면 도저히 웃지 않을 수가 없다. 그도 내게 이유 없는 행복을 가르쳐 주는 멘토다.

헤일을 처음 만났을 때만 해도 나는 놓아주는 것에 별로 익숙하지 않았다. 때때로 부정적인 생각이나 감정과 싸우곤 했지만, 대부분의 경우 그것들이 어디에서 왔으며 의미하는 게 무엇인지 끈질기게 분석하며 집착했다.

헤일은 계속해서 강조했다. "마시, 내가 가르쳐 주는 대로만 해 보세요."

그러나 내 생각과 감정을 놓아줄 수 없을 것 같았다. 헤일이 말하는 방식은 우스울 정도로 너무 단순해 보였다. 마침내 내가 해낼 수 있었던 것은 '놓아주는 것'의 원리를 보여 준 헤일의 간단한 시범 덕분이었다. 당신도 시도해 보라.

우선 펜을 집는다. 이제 펜을 손으로 세게 쥔다. 펜은 당신의 생각과 감정을 의미한다. 손은 당신의 정신이다.

펜을 쥐는 것이 처음엔 편치 않지만 조금 시간이 흐르면 익숙하거나 '정상'이라고 느껴진다는 점에 주목하라. 벌써 그런 느낌이 오는가? 이와 마찬가지로 당신의 정신은 당신의 생각과 감정을 강하게 붙든다. 결국 당신은 그렇게 고착된 상태에 익숙해지고 나중에는 심지어 그 사실조차 깨닫지 못한다.

이제 손을 펴고 펜을 손바닥에서 굴려 본다. 펜과 손이 서로 달라붙지 않는다는 점에 주목하라. 당신의 생각과 감정도 마찬가지다. 펜이 손에 달라붙지 않은 것처럼 당신의 생각과 감정은 당신에게 달라붙지 않는다. 당신과 생각 또는 당신과 감정은 다른 존재다.

이제 손바닥을 뒤집어서 펜을 놓는다.

어떤 일이 일어나는가? 펜은 바닥으로 떨어진다.

힘든 일인가? 그렇지 않다. 그저 쥐고 있는 것을 멈추면 된다.

그것이 바로 놓아준다는 의미다.

마리엘 헤밍웨이는 작가 어니스트 헤밍웨이의 손녀이자 배우다. 그녀 역시 세도나 기법이 매우 유용하다는 사실을 깨달았다. 인터뷰가 있기 일주일 전, 우리는 그녀의 최신작『내면의 건강한 삶

Healthy Living from the Inside Out』 사인회가 열리는 서점에서 만나기로 했다. 마리엘은 사랑스럽고 유쾌하고 모든 면에서 진정성이 느껴졌으며 행복한 100인에 들고도 남을 만한 여인이었다. 그녀가 들려준 것은 정신을 넘어서서 감정을 놓아준 결과 듬뿍 얻은 행복과 자유에 관한 이야기였다.

마리엘의 이야기
집안 내림

나는 창조적인 천재성, 아름다움, 자연에 대한 동경과 사랑 그리고 여러 가지 문제점들로 유명한 집안에서 태어났다. 할아버지인 작가 어니스트 헤밍웨이는 우울증으로 수년간 고생했고 악명 높은 술꾼이기도 했다.

사람들은 나를 볼 때마다 말했다. "한번은 너희 할아버지와 술을 마셨지."

이런 말을 너무나 자주 듣다 보니 할아버지가 전 세계의 거의 모든 사람들과 술자리를 했다고 믿을 정도였다.

결국 우울증과 음주는 할아버지를 극단으로 몰고 갔다. 내가 태어나기 넉 달 전에 자살하셨던 것이다. 직계 가족 중에 네 번째 자살이었다. 그 이후로 알코올 중독, 약물 남용, 정신 질환, 우울증은 계속 우리 집안 사람들을 괴롭혔다.

나는 많은 부분에서 '헤밍웨이 집안의 저주'를 벗어났지만, 내 삶에서 가장 큰 투쟁은 자기 혐오를 극복하는 일이었다. 오랫동안 내 머릿속의 심술궂은 목소리가 '너는 형편없어.'라고 속삭였다. 친구가 그처럼 냉정한 목소리로 말했다면 당장 절교해 버렸을 것이다.

나는 유난히 외모에 집착했다. 넓적한 얼굴과 납작한 가슴, 길고 비쩍 마른 다리를 끔찍이도 의식했다. 내가 못생겼다고 생각했고 톤이 높은 목소리도 혐오했다. 몸매에 대해 강박관념을 가졌던 것이다.

이 강박관념 역시 집안 내림 같다. 할아버지가 매일 체중을 재고 욕실 변기 옆면에 체중을 기록했다는 사실을 세상 사람들은 잘 모른다. '1945년 3월 8일, 84kg' 하는 식으로 말이다. 우리 언니 마고의 폭식증 이야기는 그보다 잘 알려져 있다. 언니의 우울증과 이어진 자살의 가장 큰 원인이기도 했다. 파괴적인 행동 패턴, 즉 정신병이나 자살(때로는 양자 모두)을 목격하는 게 어렵지 않았다. 한창 자라는 어린 소녀에게는 가혹한 일이었다.

아주 오랜 세월을 아침에 일어나면 다른 가족들처럼 미쳐 버린 나 자신을 발견하지 않을까 걱정하며 살다 보니 병적으로 지배욕이 강해졌다. 특히 음식에 대해서. 수년간 다음에는 무엇을 먹을까만 생각하며 살았을 정도다. 정말 어처구니없지만 죽거나 미쳐 버릴지도 모른다는 두려움에서 오는 깊은 괴로움을 대면할 수 없었기 때문에 먹는 데 집착했다. 내 몸과 먹는 음식은 훨씬 다루기 쉬운 문제였다. 적어도 내가 지배하고 통제할 수 있으니까.

물론 술이나 약물을 할 만큼 어리석지는 않았다. 헤밍웨이 집안에서 태어났는데도 말이다! 그러나 운동과 내 입에 들어가는 것에 대해서는 엄청나게 엄격했다. 강한 지배 욕구가 주는 긍정적인 효과가 있었다면 토하는 것을 두려워했다는 점이다. 덕분에 폭식증은 막을 수 있었다. 나 자신에 대한 부정성이 결코 사라지지 않을 줄 알았다. 행복을 가려 버리는 검은 먹구름처럼 내 삶의 일부라고 생각했다.

나는 오랫동안 에스프레소 다이어트를 했는데, 호흡과 카페인을 이용한 이 다이어트 때문에 건강을 망쳐 버렸다. 그 바람에 건강한 식습관을 갖고 조금씩 운동도 시작했지만 내면의 두려움은 여전히 계속되었다. 인생에서 무엇인가가 틀어질 때면 지배욕이 언제고 고개를 쳐들었다.

내 몸과 내 세계를 지배할 수 있으면, 비판으로 가득 찬 내면의 목소리가 사라질 거라고 생각했다. 하지만 결국은 나 자신이 너무 비판적이라고 비판하곤 했다. 부정적인 생각을 없애려는 노력은 효과가 없었다. 더 형편없이 느껴질 뿐이었다.

그러던 중 생각과 감정을 놓아주는 세도나 기법을 배웠다. 자신에게 던지는 몇 가지 간단한 질문을 통해 내게 붙어서 좀처럼 떨어져 나가지 않던 감정과 생각을 놓아 버릴 수 있었다. 생각과 감정이 내게 달라붙어 있다는 확신이 문제의 핵심이었다. 사실은 그렇지 않았는데! 내가 특정한 생각에 저항하고 그것과 싸웠기 때문에 떨어져 나가지 않았던 것이다. 집착을 그만두고 그냥 놓아 버리면 어떨까?

그게 정말 쉬울까?

물론 처음에는 망설였지만 용기를 낸 끝에 놓아주는 것이 부정적인 생각과 감정의 강도를 덜어 내는 데 도움이 된다는 사실을 발견했다. 삶의 지긋지긋한 순간마다 더 나아져야 한다고 생각했는데 말이다. 세도나 기법을 이용해 '나는 이 감정을 놓아줄 수 있는가?' '내가 이것을 놓아줄 것인가?' 하고 스스로 묻는 것은 참으로 간단한 과정이었다. 내가 마주한 모든 문제들에 대해 느끼는 긴장감의 거품을 터뜨려 주는 듯했다. 실천을 계속하는 동안 내면에서 무엇인가 완화되는 것을 느꼈다. 지배욕과 싸우는 것을 멈추고 자신을 있는 그대로 받아들이기 시작하면서 오는 안도감이었다. 어째서 이런 효과가 생기는지 그 이유를 꼭 집어 설명할 순 없지만, 효과가 있다는 사실만은 분명했다. 그리고 효과가 있다는 것이 가장 중요했다.

나는 하이킹을 하면서 놓아주는 연습을 한다. 아버지나 할아버지처럼 자연 속에 있는 시간을 사랑하기에 불행하다 싶으면 자연으로 나가곤 한다.

한번은 마치 무언가에 떠밀리기라도 한 듯이 나 자신이 끔찍하게 느껴졌다. 내가 몸집만 클 뿐 매력이라곤 없는 바보라는 확신이 들었다. 바깥 날씨는 정말 아름다웠다. 나는 산으로 갔다. 선 밸리에 있는 우리집 뒷마당에서 시작하는 좁은 길을 따라가면서 큰 소리로 놓아주는 연습을 했다. 길을 따라 여유 있게 걸으며 나 자신과 대화했다. 다행히 주변에는 아무도 없었다. 누군가 있었다면 미친 여자인 줄 알았을 것이다.

집에 돌아와서 거울에 비친 내 모습을 바라보았다. 산책을 시작하기 전과 같은 사람이라는 것이 믿어지지 않았다. 똑같은 셔츠와 반바지 차림이었는데도 말이다. 살은 일 킬로그램도 빠지지 않았지만 '이 정도면 괜찮은데!'라는 생각이 들었다. 신체적으로 달라진 것은 아무것도 없었다. 변한 것은 자기 비판의 감정들을 훌훌 놓아준 일뿐이었다. 나는 생각과 감정이 지닌 위력과 그것들이 나를 지배하는 원리를 분명히 알았다.

아직도 나 자신에게 가혹해질 때가 있지만, 한때 그것이 내 인생을 지배했다는 사실은 잊어버렸다. 전에는 육 분마다 나를 가혹하게 다루었다. 이제는 여섯 달에 한 번쯤에 불과하다. 고통스럽게 몸에 집착하던 나에서 몸에 대해 생각조차 안 하는 나로 변했다. 물론 여전히 나 자신에게 신경을 많이 쓴다. 하지만 그렇게 하고 싶기 때문이지 내 삶을 지배하려는 욕구 때문은 아니다.

내 나이 마흔다섯, 더 이상 심술궂은 목소리는 들리지 않는다. 나는 자신에게 관대하며 친구처럼 나 자신과 대화한다. 생각과 감정, 그 끔찍한 목소리가 내 안에 붙어 있지 않다는 사실을 깨달은 후 그것들을 놓아주었다. 대신 내 본연의 모습, 내가 본래 지니고 있는 행복을 발견했다. 이제는 어린아이 같은 방식으로 느낀다. 무언가에 의해 비판받지 않고, 있는 그대로의 존재로서 삶이라는 강물 위를 자유롭게 흘러 다니는 기분을 느낀다.

무거운 짐을 내려놓다

마리엘의 투쟁에 다들 공감할 것이다. 이 싸움은 자기 몸과 관련하여 나타나기도 하고, 인간관계나 직업과 관련하여 나타나기도 한다. 그 영역이 어디든 그 밑에 깔려 있는 '나는 형편없다.'는 생각이 우리의 행복을 파괴한다. 생각과 싸우는 대신 손에서 놓는 법을 배울 때 비로소 자신을 해방시킬 수 있다.

나 역시 마리엘처럼 부정적인 생각과 맞붙어 싸워야 한다고 생각했다. 나 자신에게 무슨 짓을 하고 있는지 깨달은 것은 책의 앞부분에서 언급한 히말라야 여행이었다. 체구도 작은 할머니가 사십 킬로그램이나 되는 여행 가방을 머리에 이고 산길을 오르는 모습을 보면서, 그녀가 전해 주는 강력한 은유를 깨달았던 것이다. 내가 머리에 이고 있는 필요 없는 쓰레기들을 놓아주어야 할 시간이었다. 정신을 넘어서서 생각과 감정을 놓아주는 것은 내면의 무거운 짐을 없애는 쉽고도 효과적인 방법이다.

세도나 기법 실천하기

세도나 기법은 두 가지 중요한 전제를 기초로 한다.

1. 생각과 감정은 사실이 아니고 당신 자신도 아니다.
2. 당신은 그것들을 놓아줄 수 있다.

당신의 내면 깊은 곳에는 이미 당신이 찾는 행복이 있다. 그것을 가려 버리는 불행한 느낌과 구속들을 놓아줌으로써 그 본연의 행복을 드러내기만 하면 된다.

불행한 생각과 감정에 집착하고 자신을 거기에 붙잡아 두려는 경향은 너무나 강해서 우리가 사용하는 언어에도 그대로 나타난다. 슬픈 느낌이 들면 보통 "나는 슬퍼."라고 말한다. 불행한 느낌일 때는 "나는 불행해."라고 말한다. 생각과 감정이 나에게 붙어 있다는 믿음을 끊임없이 강화하는 것이다. 세도나 기법은 이러한 연결고리를 끊는 데 도움을 준다.

아래에 소개하는 세도나 기법을 통해 마리엘처럼 질문을 활용하는 방법을 배워 보자.

• 연습 과제 •

놓아주기 과정

편안한 자세로 내면에 집중한다. 눈은 감아도 좋고 떠도 좋다.

1단계: 개선되었으면 하거나 나아졌으면 하는 문제에 집중한다. 그 순간에 드는 감정을 마음껏 느끼도록 자신을 내버려 둔다. 반드시 강력한 느낌일 필요는 없다. 사실 무기력하거나 답답하거나 무언가 차단되거나 공허한 느낌도 그보다 뚜렷한 감정들 못지않게 쉽게 놓아줄 수 있는 대상이 된다. 그 감정을 받아들이고 당신 안에 가득 차도록 내버려 둔다.

이런 방식이 너무 단순하게 들릴지 모르지만 그만한 이유가 있다. 사실 우리는 지금 이 순간에 실제로 어떤 감정을 느끼는지 인식하기보다는 과거나 미래에 대해 스스로 만들어 낸 생각, 심상, 이야기 안에서 살아간다. 우리의 감정에 대해(그리고 우리가 하는 일이나 인생에 대해) 무언가를 할 수 있는 유일한 시간은 바로 지금뿐이다.

2단계: 자신에게 물어본다. '나는 이 감정을 놓아줄 수 있는가?'
이 질문은 감정을 놓아줄 수 있는지 묻는 것이다. '그렇다'와 '아니다' 모두 괜찮은 대답이다. 때로는 '아니다'라고 대답해도 놓아주는 경우가 있다. 이 과정에 쓰이는 모든 질문은 의도적으로 단순하게 만들어 놓았다. 질문 자체가 중요한 것이 아니라 질문을 통해 당신이 놓아주는 경험을 한다는 사실이 중요하다.

3단계: 자신에게 물어본다. "나는 이것을 놓아줄 것인가?" 다시 말해 "나는 이것을 놓아줄 용의가 있는가?"
답이 '아니다'이거나 확신이 없다면 다시 묻는다. "이 감정을 움켜쥘 것인가, 아니면 자유로워질 것인가?"
대답이 여전히 '놓아줄 자신이 없다'라고 해도 4단계로 넘어가라.

4단계: 더 간단한 질문을 던진다. "언제 놓아줄 것인가?"
나중이 아닌 바로 '지금' 놓아주기 위한 질문이다. 당신은 감정과 생각을 쉽게 놓아주는 자신을 발견할 것이다. 어느 때든 놓아주겠다는 결정을 내릴 수 있다는 사실을 기억하라.

5단계: 특정한 감정에서 자유로워졌다고 느낄 때까지 필요한 만큼 위의 네 단계를 반복한다.

주의: 각 단계로 나아갈 때마다 조금씩 더 많이 놓아주는 자신을 발견할 것이다. 처음의 결과는 극히 미미할 수 있다. 그러나 꾸준히 계속하면 빠른 시간 내에 점차 결과가 눈에 띄게 나아진다. 어떤 사건이나 주제에 대해서는 여러 겹의 감정층을 가지고 있다는 사실도 발견할 것이다. 따라서 인내심을 가져야 한다. 그렇지만 당신이 놓아준 감정이 완전히 사라지고 나면 홀가분함과 평화를 얻을 것이다.

* 이 연습 과제의 일부는 헤일 도스킨의 『세도나 기법The Sedona Method』에서 발췌했다. The Sedona Method, www.sedona.com의 허가를 받아 사용함.

— 정신을 위한 행복 습관 3 —
정신이 기쁨을 향하게 하라

> 나는 얼마나 멋진 인생을 살았는가! 그것을 좀 더 빨리 깨달았더라면.
> – 콜레트(20세기 프랑스 소설가)

어느 날 저녁, 늙은 체로키 인디언이 손자에게 사람들의 내면에서 벌어지는 싸움에 대해 이야기했다.

생각하는 것을 전부 믿지는 마라

"애야, 우리 모두의 내면에서는 두 마리 '늑대'가 싸운단다. 하나는 '불행'이라는 늑대야. 두려움, 걱정, 분노, 시기, 슬픔, 자기 연민, 원한, 열등감의 늑대지. 다른 하나는 '행복'이라는 늑대야. 기쁨, 사랑, 희망, 평온, 친절, 관대함, 진실, 연민의 늑대란다."

아이는 잠깐 생각하고 나서 물었다.

"어떤 늑대가 이겨요?"

늙은 체로키 인디언은 간단하게 대답했다.

"내가 먹이를 주는 녀석이 이기지."

부정적인 생각, 감정, 경험을 긍정적인 것보다 더 깊이 간직하는 타고난 경향 때문에 잘못된 늑대에게 먹이를 주기도 한다. 두뇌가 긍정적인 것에 대해 테플론이 되면 행복은 '미끄러져' 나가고 만다. 행복해지려면 균형이 한쪽으로 치우치지 않아야 한다. 당신의 정신을 기쁨 쪽으로 기울임으로써 이를 실현할 수 있다.

나는 제임스 바라즈의 강연 '기쁨을 깨워라'에서 이 말을 처음 들었다. '기쁨을 깨워라'는 행복과 번영에 대한 인간 본연의 능력을 계발하는 열 달 코스의 경험 프로그램이었다. 제임스는 이 프로그램이 '정신을 기쁨 쪽으로 돌리기 위한 것'이라는 말로 첫 강연을 시작했다. 그는 우리가 원하는 것과 부합하는 생각에 더 많은 관심과 에너지를 쏟는 쪽으로 초점을 옮기라고 제안했다.

테플론 표면을 거칠게 만든 뒤에 당신의 정신을 기쁨과 행복을 향해 기울이면, 긍정적 경험이 부정적 경험보다 잘 달라붙을 것이다. 내가 그러한 노력을 의식적으로 기울이자, 전에는 미처 알아채지 못했던 크고 작은 행복이 인지되면서 더 행복한 기분을 느끼기 시작했다. 그 후로 꾸준히 반복하자 나의 행복은 놀라울 만큼 커졌다. 끌어당김의 법칙에서 배웠듯이, 당신 삶에 이미 존재하는 행복을 인지하고 그 가치를 인정하면 당신에게는 더 많은 행복이 끌려온다.

하지만 정신을 기쁨 쪽으로 기울이기가 쉬운 것은 아니다. 성인 세 명 중 두 명은 자존감이 낮다는 조사 결과도 있다. 내 친구 레노라 보일은 인생 변화 지도자이자 부정적인 믿음을 없애는 데 도움을 주는 선택 기법을 가르치는 사람이다. 수천 명을 가르쳐 온 그녀는 사람들이 가장 흔히 갖는 제한적 믿음은 '나는 형편없어.'라는 생각이라고 말한다. 수년간 자긍심 세미나를 이끌어 온 내 경험으로 미루어봐도 그러한 내면의 비판이 행복 경험을 제한한다는 사실은 분명하다.

활력 넘치는 동기 부여 강사이며 「시크릿」에도 참여한 리사 니콜스는 '나는 형편없다'는 제한적 믿음과 오랫동안 싸웠다. 지금 그녀는 행복한 100인에 들었지만 그렇게 되기까지 수많은 장애물을 극복해야 했다. 그녀의 이야기는 정신을 기쁨 쪽으로 기울이는 것이 정신에 가득 찬 ANT를 극복하는 데 얼마나 도움이 되는지 확실하게 보여 준다.

리사의 이야기
거울 속의 여인

나는 오랫동안 불행했다. 인생이 내게 쥐어 준 카드는 유리한 패가 아니었다. 검은 피부와 두툼한 입술, 펑퍼짐한 엉덩이는 텔레비전이나 영화 속에서 보는 이상적인 모습과는 거리가 멀었다. 나는 무료 점심 제공 대상자였고, 무엇보다 범죄율이 높은 슬럼가인 로스앤젤레스 사우드 센트럴에 살았다.

매일 아침을 우울한 기분으로 시작했다. 내가 갖지 못한 것들을 원했기 때문이다. 완전히 불가능한 것들을. 우선 여배우 파라 포셋처럼 생기고 싶었다. 몇몇 친구들처럼 열여섯 살이 되면 차도 몰고 싶었다. 또 베벌리힐스에 살고 싶었다. 하지만 모두 불가능했기에 내가 가진 다른 능력을 보여 주기 위해 엄청난 모범생이 되었다. 육상팀의 주장이고 치어리더 단장이었으며 졸업 기념 앨범의 수석 편집장이었고 학생회 활동도 했다. 하지만 그것으로는 만족스럽지 않았다. 불만스러운 점들이 훨씬 커다란 무게로 다가왔다. 적어도 내 마음속에서는 그랬다.

수십 년간 마음에 들지 않는 내 모습에만 집중했기 때문에 잘못된 결정을 많이 내리기도 했다. 맞지 않는 상대와 가까운 관계를 맺기도 했고 그러한 만남 뒤에는 더 큰 공허감을 느꼈다.

삼십 대 초반에 이르러서야 다른 사람에게 사랑받고 인정받기를 갈구하는 노력을 멈추었다. 어느 날 친구가 '친밀함 intimacy'이란

'나 자신을 들여다보기into me I see (발음이 intimacy와 유사)'를 의미할 수 있다고 말했던 것이다. 정말 놀라운 얘기였다! 나 자신을 들여다봄으로써 사랑을 찾을 수 있을까?

거울 앞에서 내 눈을 들여다보며 물었다. "리사는 누구지?"

대답은 간단하고 정직했다. 두툼한 입술에 펑퍼짐한 엉덩이, 검은 피부의 흑인 여자, 오랫동안 체중과 씨름하는 여자, 잘못된 인간관계를 끝낸 여자, 영적인 탐구를 하며 지금은 하느님과 친교하는 여자.

그 여자에게는 사랑할 것이 아주 많았다. 내 눈을 바라보며 말했다. "나는 네가 자랑스러워. 왜냐하면…." 그리고 내가 실천한 훌륭한 일에 대해 이야기했다. 이력서에 쓴 일들과 감히 이력서에 쓰지 못한 일들을 나열했다.

"나는 가족의 품을 떠나 용감하게 사업을 시작한 네가 자랑스러워. 잘못된 인간관계에서 빠져나온 네가 자랑스러워. 네가 체중 관리를 해야 한다고 생각한 점이 자랑스러워. 네 남편에 대해 부정적인 말을 단 한 번도 하지 않은 것이 자랑스러워. 네가 십 대들을 돕기 위해 노력하는 모습이 자랑스러워……."

이러한 생각에 집중하니 기분이 날아갈 듯했다.

거울 앞에 서서 나 자신을 인정하고 사랑하고 축하해 주기 시작했다. 큰 일, 작은 일, 아주 사소한 것까지. "오늘 아침에 윗몸 일으키기를 열 번 한 내가 자랑스러워."처럼 말이다. 중요한 일은 중요한 일대로, 작은 일은 작은 일대로 축하했다. 때론 뺨 위로 눈물이 흘러내렸지만 그래도 계속했다. "나는 내가 자랑스러워…"라고 말할 것이 다 떨어질 때까지.

물론 이 연습을 하기 전에도 거울을 봤다. 내 얼굴을 자세히 살피고, 이마에 난 뾰루지를 보고 한숨을 쉬고, 내 입술은 왜 이렇게 두툼할까, 내 머리카락은 왜 이렇게 곱슬거릴까 하고 불평했다. 전에는 사람들에게 판단의 잣대가 된다고 느끼던 외적인 것들만 보았다. 나 자신도 그것을 통해 나를 판단했고.

거울에 비친 내 모습은 변함이 없었다. 그렇지만 이번에는 달라진 눈이 나를 응시하고 있었다. 내 안에서 아름다움과 선함을 찾는 눈이었다. 나는 그것들을 찾아냈다. 수년간 나 스스로 인식한 장점을 음미하는 시간을 가지면서 더 강해졌고 다른 사람을 더 사랑할 수 있었다.

지금도 밤마다 거울 연습을 한다. 거울 속의 여자에게 사랑과 연민을 느끼는 나 자신을 보면서 놀란다. 언젠가 여행을 하면 택시 뒷좌석이든 그 어디에서든 콤팩트 거울을 열고 연습할 것이다. 내가 좀 이상한 여자라고 수군거릴지도 모르지만 그런 것쯤은 상관없다. 행복한 여자가 되기 위해서는 그만한 가치가 있는 일이다.

나는 최근에 이 연습이 얼마나 중요한지 새삼 깨닫는 경험을 했다. 몇 달 전 새 차를 사고 기분이 좋아 바로 다음 날 고속도로를 달렸다. 그런데 출구 램프 앞에서 자동차가 갑자기 힘을 잃더니 엔진에서 '쿠르르, 쿠르릉, 쿠르릉' 하는 소리가 나기 시작했다.

'이런, 새 차인데 왜 이러지?' 자동차는 몇 번 더 쿨럭거리더니 이내 엔진이 꺼지고 말았다.

나는 화가 머리끝까지 나서 매끈한 하이힐에 팝스타 같은 선글라스를 낀 채 긴 출구 램프를 걸어 내려가 주유소 직원에게 말했다. "내 차가 고장 났어요. 뭐가 잘못되었는지 봐주시겠어요?"

직원은 램프를 걸어 올라와서 시동을 걸어 보고는 정나미 떨어진다는 표정을 지으며 말했다. "차가 고장 난 게 아니에요. 기름이 떨어졌어요."

어이가 없었다. 당장 휴대폰을 꺼내 딜러에게 전화를 걸었다.

"바로 어제 당신에게 차를 샀어요. 엄청난 돈을 들였다고요. 그런데 방금 기름이 떨어졌어요."

딜러는 단 일 초의 망설임도 없이 말했다.

"사모님, 기름을 채우는 것은 제 일이 아니지 않습니까."

그의 대답이 내 삶을 바꾸었다. 그가 옳았다. 번쩍 하는 깨달음의 순간이었다. 내 차, 내 인생의 기름 탱크를 채우는 일은 다른 어느 누구의 책임이 아님을 깨달은 것이다. 나의 가치를 높이 평가하려고 노력하는 일은 곧 나 자신의 '사랑 탱크'를 채우는 일이다.

거울 속의 나에게 사랑을 보내는 일을 수년간 계속하자 상당한 보상이 돌아왔다. 나는 리사를 사랑할 뿐 아니라 그녀를 정말로, 정말로 좋아한다. 나는 내가 할 일이 리사를 괴롭히는 것이 아님을 알고 있다. 내가 할 일은 현재의 상황에 불만스러워하는 대신 삶의 여정을 계속하는 나 자신을 사랑하는 것이다.

거울 연습

거울 앞에 서서 긍정적인 자질의 가치를 인정한다는 것이 왠지 불편하고 우습게 느껴지는가? 나도 그랬다. 또한 그것은 꼭 시도해볼 필요가 있다는 신호이기도 하다.

이 책의 공동 저자인 캐럴과 나는 1990년에 처음 거울 연습을 배웠다. 잭 캔필드에게 일주일 동안 자긍심 수업을 받을 때였다. 잭은 "문을 꼭 닫았는지 확인하세요. 방 앞을 지나가던 사람이 당신이 미쳤다고 생각하지 않도록 말이에요."라고 말하면서 매일 밤 이 연습을 하라는 숙제로 내주었다. 캐럴과 나는 룸메이트였다. 그래서 매일 밤 차례로 욕실에 들어가 문을 닫고 거울을 보며 "나는 너를 사랑해." "너는 아름다워." "네 마음엔 사랑이 깃들어 있어." 같은 사랑의 밀어를 속삭였다.

그 연습을 처음 해 본 날 밤엔 정신 나간 괴짜가 된 기분이었다. 그러나 곧 슬픔이 밀려들었다. 그 전까지는 자신을 비판하는 데만 전문가였다. 좋은 점을 말하는 것이 왜 이렇게 어려울까?

실천을 계속하면서 나 자신을 사랑하는 이유를 나열하는 게 점점 쉬워졌다. "너는 똑똑해." "너는 다른 사람들을 돕기 위해 기꺼이 힘든 길을 가고 있어." 등등. 그러나 이 연습의 진정한 위력은 아무 이유 없이 나 자신의 가치를 표현할 때 찾아왔다. 내 눈을 보면서 그저 있는 그대로의 나를 무조건 사랑한다고 말한 그 순간 말이다.

대부분의 사람들은 의식적으로 자신의 장점을 인정하는 것을 자만에 빠지는 일처럼 받아들인다. 우리는 자기 자랑을 하지 말라고 교육받았다. 그래서 자신을 칭찬하거나 인정하는 대신 심하게 몰아붙인다. 이는 마음의 문을 닫아 버리고 에너지를 수축시키며 행복 세트포인트를 낮춘다. 이유 없이 행복한 사람은 자신에 대해 자애롭고 호의적이고 인정한다. 이것은 거만한 것도 자기 중심적인 태도도 아니다. 자신을 받아들이고 그 가치를 인정하는 것이다. 자신에 대해 이런 감정을 갖는 것은 행복 세트포인트를 올리는 중요한 단계다.

'긍정의 경험'을 마음속 깊이 새겨라

정신을 기쁨 쪽으로 기울이기 위해서는 행복한 경험을 마음속 깊이 새기기 시작해야 한다. 첫 단계는 긍정적인 것을 찾기로 마음먹는 일이다. 자기 자신과 즐기는 게임처럼 만들 수도 있다. 당신에게 일어나는 좋은 일을 전부 찾아낼 의향이 있는가? 긍정적인 생각, 보고 느끼고 맛보고 듣고 냄새 맡는 것 중에 즐거움을 주는 모든 것들, 당신이 경험한 승리, 무언가를 갑자기 이해한 일, 창조성의 발현 등 그 목록은 끝이 없다. 이러한 노력은 두뇌의 망상활성계reticular activating system: RAS를 자극한다. 망상활성계는 외부에서 유입되는 엄청난 양의 정보를 분류하여 그 가운데 중요한 것에 주의를 기울이게 만드는, 뇌간에 존재하는 세포 그룹이다. 어떤 차를 구입한 후에 같은 브랜드의 차가 유난히 눈에 많이 띄는 경험을 해 본 적이 있는가? 그것이 RAS의 작용이다. 이제 당신은 이것을 더 행복해지는 데 사용할 수 있다. 긍정적인 것을 찾기로 결심하면 당신의 RAS는 그것이 눈에 띄게 만들어 준다.

행복한 100인에 드는 아델은 긍정적인 것을 마음에 새기는 자신만의 특별한 방법을 알려 주었다. 그녀는 하루를 보내는 동안 마음속에서 상을 준다. 말을 잘 들은 강아지에게 주는 상, 최고의 디자인으로 꾸민 드라이브스루 식당 상, 최고로 예의 바른 운전자 상 등등. 덕분에 주위에서 일어나는 아름답고 좋은 일을 결코 놓치지 않는다. 나도 이 아이디어에 매력을 느끼고 시도해 보았다. 꽤 괜찮은 방법이라 이 장의 마지막에 나오는 연습 과제로 만들었다.

긍정적인 것을 발견하면 의식적으로 잠시 음미하라. 좋은 경험을 깊이 받아들이고 느끼며, 단순한 관찰 이상의 것으로 만들어라. 가능하다면 약 삼십 초간 당신이 느끼는 행복에 빠져 보라. 빨리 발전을 이루고 싶다면 뭔가 성공한 일, 획기적인 발전, 다른 사람이나 자신에게서 발견한 가치 등을 매일 종이에 기록하라. 당신의 정신 속에 존재하는 힘의 균형이 바뀌어 벨크로/테플론 비율이 행복 쪽으로 기울어질 것이다.

역시 행복한 100인에 드는 폴 셸레는 인간 발달 분야의 전문가이며 『천부적 탁월함 Natural Brilliance』의 저자다. 그는 생각의 구십 퍼센트를 좌우하는 무의식을 활용하면 긍정적인 것을 깊이 새기는 일이 더 쉬워진다고 말했다. 우리는 매일 세상에서 부정적인 이미지와 메시지의 맹공을 받는데, 이것들은 우리의 무의식으로 파고 들어온다. 모르는 사이에 스며든 이들 부정적인 생각에 대처하는 효과적인 방법은 패럴리미널Paraliminal 오디오 프로그램을 사용하는 것이다. 이 프로그램은 우리의 무의식적 인식 수준에 작용한다. 패럴리미널 녹음은 과학으로 증명한 두뇌 기술과 음악을 조화시킨 복합적인 소리를 이용한다. 이들 프로그램은 스테레오 헤드폰을 통해 듣는데, 편안하게 듣는 동안 양쪽 두뇌에 동시에, 무의식적 인식으로 작용해서 의식적인 믿음을 바꾸는 데 영향을 미친다. 나는 패럴리미널을 사용하면 정신을 기쁨 쪽으로 기울이는 데 큰 도움을 받는다는 사실을 발견했다.

당신을 더 행복하게 만드는 생각에 의지하라

정신을 기쁨 쪽으로 돌린다는 개념은 긍정 심리학의 아버지, 마틴 셀리그만 박사가 말하는 '학습된 낙관주의'와 대단히 유사하다. 그는 같은 이름의 책에서 자신의 가설을 지지하는 방대한 연구 자료를 인용했다. 그의 가설은 연습을 통해서 낙천적으로 생각하는 방법을 배울 수 있다는 것이다.

정신을 기쁨으로 돌리는 매우 효과적인 방법은 '자신이 더 행복해지는 생각에 의지하는 것'이다. 부정적인 생각이나 나쁜 감정을 일으키는 상황과 마주치면, 그 상황과 관련하여 똑같으면서도 당신의 기분을 나아지게 만드는 생각을 찾아 그것에 의지하라. 낙관주의를 표현할 때 흔히 쓰는 비유, 즉 물컵이 절반이나 비었다고 보지 않고 절반이나 찼다고 보는 시각이 대표적인 예다.

내 삶에서 일어난 상황을 또 다른 예로 들어 보겠다. 당신도 비슷한 경험을 해 봤을 것이다. 어느 날 컴퓨터 앞에 앉아서 내 아이디어들을 일관성 있게 정리하느라 끙끙대고 있었다. 그때 부정적인 생각이 떠올랐다. '이 프로젝트를 제 시간에 끝낼 수 없을 거야.' 그 순간 스트레스가 쌓이고, 당황스럽고, 기분이 엉망이었다. 전혀 도움이 되지 않는 감정들이었다.

그래서 '똑같지만 기분이 더 나아지는' 생각을 찾기 시작했다. '지금까지 항상 일을 제대로 마무리해 왔어.' '도움을 요청할 수도 있어.' '긴장을 풀수록 아이디어는 더 많이 떠올라.' 같은 생각들 말이다. 그러자 몸이 수축되는 대신 이완되고 확장되는 느낌이 들었다.

하지만 주의하라. 자신은 여전히 할 수 없을 거라고 느끼면서, 긍정적인 생각을 억지로 강요하거나 긍정적인 문장을 기계적으로 되뇌라는('이 일을 제 시간에 끝낼 수 있을 거야. 제 시간에 끝낼 수 있을 거야. 제 시간에 끝낼 수 있을 거야!' 하는 식으로) 이야기가 아니다. 이러한 방식은 부정적인 생각과 싸우는 또 다른 모습이다. '할 수 있다.'가 이길까, 아니면 '할 수 없다.'가 이길까? 분명히 목소리가 큰 쪽이 이길 것이다.

반면 더 행복한 생각에 의지할 때는 자신을 납득시키려고 노력할 필요가 없다. 그저 당신의 기분을 나쁘게 만드는 측면에서, 당신의 기분이 나아지는 동시에 참인 측면으로 시선만 돌리면 된다.

체로키 인디언 노인이 지적했듯이, 두 늑대 중에서 당신이 먹이를 주는 녀석이 이긴다.

행복에 먹이를 주는 습관을 들여라.

> • 연습 과제 •
>
> ## 1일 행복상 시상식
>
> 1. 하루를 보내면서 상을 줄 만한 대상이 있는지 주변을 잘 살핀다.
> 2. 창조적이어야 한다. 예를 들어 꽃을 보면서 '가장 특이한 색깔 상'을 받을 수 있는 꽃을 찾거나, 생존을 위해 가장 힘든 투쟁을 벌이고 살아남은 꽃에게 '오늘 최고의 꽃 상'을 준다. 특별한 미소, 훌륭한 서비스, 재치 있는 해결책 등을 찾아본다. 하루에 당신이 줄 수 있는 상의 종류나 숫자에는 제한이 없다.
> 3. 가족이나 친구에게 시상식 게임을 하자고 권하고, 하루가 저물 무렵 자신이 준 상에 대한 이야기를 들려준다.

• 4장 요약 및 행복 실천 방안

우리가 생각하는 것을 전부 믿지는 않아도 된다니 얼마나 다행인가! 행복을 지지하는 방식으로 생각하면 정신의 기둥이 강화된다. 생각에 의문을 품고, 정신을 넘어서서 감정을 놓아주고, 정신을 기쁨 쪽으로 돌려라. 정신을 위한 행복 습관을 실천하기 위해 다음의 단계를 이용하라.

1. 부정적인 생각을 하는 자신을 발견하면 '진실 판단 과제'를 실행하여 그것이 진실을 말하고 있는지 생각해 본다.
2. 당신에게 달라붙은 부정적인 생각을 떼어 놓기 위해 놓아주기 연습을 실천한다.
3. 자신을 긍정적으로 보기 위해 삼 주 동안 하루에 한 번씩 연습을 실천한다.
4. 정신을 기쁨 쪽으로 돌리기 위해 하루를 보내면서 행복상을 시상한다.
5. 당신이 더 행복해지는 생각에 의지한다.

마음의 기둥

사랑이 이끌게 하라

사랑하지 못하는 마음을 갖느니, 보지 못하는 눈과
듣지 못하는 귀와 말하지 못하는 입술을 갖겠다.
- 로버트 티즌(작가)

간단한 실험을 해 보자. 당신 자신을 가리켜 보라. 이제 당신이 어디를 가리키고 있는지 보라. 내가 이 질문을 던졌던 수천 명의 사람들과 마찬가지로 당신은 자신의 가슴을 가리키고 있을 것이다. 머리나 배꼽, 무릎뼈를 가리키는 사람은 아무도 없다. 본능적으로 우리 존재의 정수는 가슴, 즉 마음이라고 느끼기 때문이다.

당신에게 특별한 의미를 지닌 사람의 눈을 응시하면서 "내 온 머리를 다해 당신을 사랑합니다."라고 말하는 모습을 상상해 보라. '마음'이라는 단어를 썼을 때와 전혀 다른 느낌으로 다가온다, 그렇지 않은가?

역사를 통틀어 모든 문화권에서 감정의 본거인 마음을 행복과 지혜의 중심이라고 여겨 '다이아몬드'나 '보석' 혹은 '연꽃'이라고 불렀다. 이 모두는 우리 존재의 가장 심원하고 가치 있는 본질을 상징하는 것들이다.

우리 몸의 중심에는 연꽃의 형상을 한 성소가 있다.
그리고 그 안에 작은 공간이 존재한다.
하늘과 땅이 그곳에 있다. 태양과 달과 별들과 불과 번개와 바람이…
온 우주가 우리 마음속에 머무른다.

- 우파니샤드(고대 인도의 철학서) 중에서

삶의 '과즙'이 나오는 곳은 마음이다. 삶의 과즙이 넘치면 행복하고, 과즙이 마르면 불행하다고 느낀다.

나는 이 모든 것을 경험을 통해 직접 깨달았다. 오랜 세월 찌르는 듯 아프고 가혹한 고통을 느끼며 살았는데, 생각해 보면 이십여 년 전에 사랑하는 남자와 헤어지면서 시작된 것이었다. 그와 결혼까지 생각한 것은 아니었지만, 그가 내 친구와 사귀는 것을 보자 가슴이 무너졌다. 시간이 흐르면, 혹은 내가 새로운 남자를 만나면 그 아픔이 치유될 줄 알았다. 하지만 아픔은 쉽사리 사라지지 않았다. 때때로 고통이 너무 심해서 숨을 쉴 수 없을 것만 같았다. 이러다 심장 발작이 오는 건 아닐까 두려울 때도 있었다. 의사들을 찾아다녔지만 고통을 유발하는 신체적 원인은 밝혀지지 않았다. 신체적으로나 감정적으로나 더없이 무거울 뿐이었다. 마침내 고통이 사라진 것은 마음을 위한 행복 습관을 실천하면서부터였다. 당신은 이번 장에서 마음을 위한 행복 습관을 배울 것이다.

마음은 에너지장을 가지고 있다

어린 시절로 돌아가 행복했던 시간을 떠올려 보라. 특별한 가족 소풍, 친구와 신나게 뛰어놀던 시간, 처음으로 강아지나 고양이를 키웠을 때 등등. 그런 기억을 떠올리면 어떤 기분이 드는가? 마음 속에 따뜻함과 달콤함이 넘칠 것이다. 이것이 마음의 에너지다.

어린 시절에 가장 사랑했던 할아버지는 주말마다 우리집에 묵으셨다. 매주 금요일이면 맛있는 컵케이크 봉지를 들고 현관 앞 계단을 올라오시는 모습이 보이면 너무나 좋아서 팔짝팔짝 뛰곤 했다. 나는 할아버지의 마음속 에너지가 뛰어나와 내 마음속 에너지와 만나는 것을 느낄 수 있었다. 할아버지에 품에 파고들어 1906년의 지진이나 세미프로 야구선수였던 할아버지의 활약, 그 밖에 여러 가지 모험담을 한시라도 빨리 듣고 싶었다. 나는 여덟 살짜리 꼬마였지만 마음에는 육체를 뛰어넘어 발산하는 에너지가 있음을 분명히 알았다.

지금은 어린 시절의 경험을 과학이 증명해 주고 있다. 마음은 강력한 에너지장을 가지고 있다. 하트매스 연구소Institute of HeartMath의 연구 결과는 스탠퍼드 대학, 마이애미 심장연구소 등이 수행한 연구들을 통해 재차 확인되고 있다. 하트매스 연구소는 심장이 우리 주위에 전자기장을 발생시킨다는 사실을 밝혀냈다. 이 전자기장은 직경이 수미터에 달하고 대뇌가 만들어 내는 전자기장보다 5,000

배나 강력하다.

감정 상태를 보여 주는 심장 활동을 측정하는 방법으로 심박 사이에 생기는 간격의 변화를 보여 주는 심박수 변이도 heart rate variability, HRV가 있다. 심전도 기계를 이용해 HRV를 측정한 연구에서 롤린 맥크래티 박사와 하트매스 연구원들은 행복할 때와 화나고 불만스럽고 슬플 때의 심장 패턴이 다르게 나타난다는 사실을 발견했다. 아래 그래프에 나타나는 심장 패턴의 차이를 살펴보라.

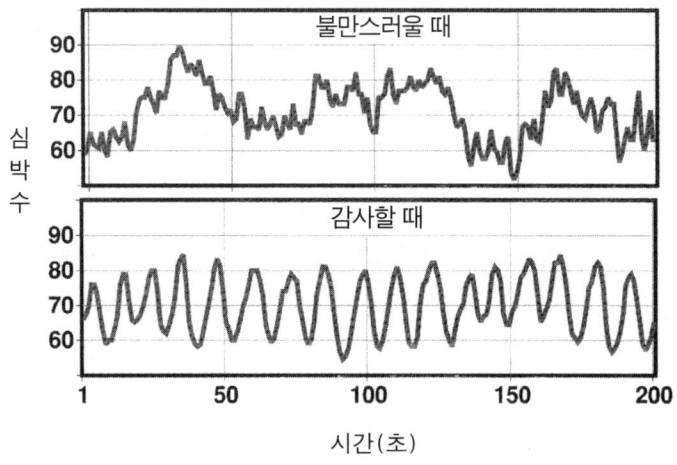

부정의 감정은 심장 리듬 비통일성이라는 불규칙한 패턴을 유발한다. 화가 나거나 불만을 느끼거나 슬플 때는 스트레스 호르몬과 콜레스테롤이 분비되고 심장 박동이 빨라지며 혈압이 올라간다. 반대로 감사와 애정을 느끼거나 감정적 균형이 이루어진 경우에는 편안하고 규칙적인 패턴인 심장 리듬 통일성이 나타난다.

하트매스 연구소가 출간한 연구 보고서를 보면 심장 리듬 통일성은 항노화 호르몬인 DHEA 같은 좋은 호르몬을 늘리고, 혈압을 정상화하며, 인지 기능을 개선하고, 면역 시스템을 강화한다. 켄터키 대학의 연구원들도 180명의 수녀들이 이십 대 시절부터 쓴 일기를 분석한 결과 긍정의 감정을 많이 표현한 수녀들이 부정의 감정을 많이 표현한 수녀들보다 평균 칠 년을 더 살았다는 사실을 발견했다. 긍정의 감정은 단지 기분을 좋게 해 주는 것뿐만 아니라 '실제로' 좋은 영향을 준다!

사랑과 두려움

모든 감정은 사랑과 두려움이라는 기본 범주로 분류된다. 사랑에 속하는 감사, 용서, 연민, 인정 등은 심장을 확대하고 심장 리듬 통일성을 만들어 낸다. 반면 두려움에 속하는 분노, 슬픔, 상처, 죄책감 등은 심장을 수축시키고 심장 리듬 비통일성을 만들어 낸다.

수축 ←	→ 확대
두려움	사랑
분노, 슬픔, 긴장	관대함
실망, 공허감	감사
원한	용서
자기중심주의	자애
신장 리듬 비통일성	심장 리듬 통일성

어느 순간이든 사랑 또는 두려움 중 하나가 당신의 삶을 움직이고 있다. 또 그에 따라 행복과 불행이 좌우된다.

하트매스의 연구원들은 인정, 사랑, 감사와 같은 감정에 집중하면 '자신의 의지에 따라' 심장 리듬의 통일성을 높일 수 있다는 사실을 발견했다. 즉 당신이 원하면 언제든지 심장을 확장시킬 수 있다는 의미다. 이 장에서는 하트매스 연구소에서 배운 기법을 이용하여 심장 확장 방법을 알려 주겠다.

나는 행복한 100인을 인터뷰하면서, 인생에서 어떤 일이 일어나든 상관없이 사랑이 이끌게 놔두는 그들의 능력이 다음 세 가지 습관에 기초한다는 것을 깨달았다.

마음을 위한 행복 습관

1. 늘 감사하려고 노력하라.
2. 용서를 실천하라.
3. 자애를 펼쳐라.

— 마음을 위한 행복 습관 1 —
늘 감사하려고 노력하라

> 당신이 평생 한 기도가 "감사합니다." 뿐이라면 그것으로 충분하다.
> - 마이스터 에크하르트(13세기 독일 신학자)

당신의 마음이 감사로 가득 차는 것을 느껴 본 적이 있는가? 양팔을 넓게 벌리고 "감사합니다, 감사합니다, 감사합니다!"라고 외치고 싶은 적이 있는가? 그렇다면 당신은 감사가 자연스럽게 마음을 확장시켜 준다는 의미를 알 것이다.

하지만 우리는 자신에게 일어나는 일들을 당연하게 받아들이기가 쉽다. 당신은 하루 종일 얼마나 감사하는가? 삶의 문제점을 들추는 데 보내는 시간과 비교해서 말이다. 우리는 감사와 인정을 마치 좋은 식기나 근사한 테이블보처럼 아주 특별한 경우에만 꺼내 놓는다.

이유 없이 행복한 사람은 삶에서 더 많은 것을 소유하지 않아도 감사하는 마음을 갖는다. 그들은 일상생활에서 감사함에 집중한다. 행복한 사람과 그렇지 않은 사람의 차이는 감사함에 주의를 기울이느냐 기울이지 않느냐에 달렸다.

행복한 100인의 한 사람인 리코 프로바솔리는 작가이자 척추교정 전문의이며 열 명분의 열정과 에너지를 지닌 사람이다. 다음에 펼쳐지는 그의 이야기는 감사하는 마음의 힘을 보여 준다.

| 리코의 이야기
모든 일에 감사하라

 스러져 가는 촛불이 희미한 빛을 내는 어두운 방 안에 앉아 있다고 상상해 보라. 양초의 불꽃은 깜박이고 탁탁 소리를 내며 희미해지는 듯하다가 이내 다시 타오른다. 주위의 칠흑 같은 어둠 속에 연약한 빛줄기를 던지면서. 그 빛이 완전히 사라지기까지는 단 몇 분밖에 안 남았다.

 오래전 내 삶은 그 불꽃과 같았다. 조금 길게, 어쩌면 아주 약하게 훅 불기만 하면 꺼질 것 같은 불꽃. 그만큼이나 죽음과 가까웠던 것이다.

 젊은 시절 내내 무엇을 해야 할지 몰랐다. 대학 친구들은 엘리트 기업의 경영자, 유명한 정치인, 대법원 판사를 꿈꿨지만 나는 그런 야망이 없었다. 대학 3학년을 프랑스에서 지내기로 했는데, 트라피스트 수도원을 찾아가 일 년 동안 수도사로 지냈다. 수도원 생활은 멋진 경험이었지만 곧 내가 수도원 생활에 적합한 사람이 아님을 깨달았다. 나는 수도원을 떠나 세계를 여행하기 시작했다. 거친 바다를 항해하고 쉰 개가 넘는 나라를 돌아다녔다.

 몇 년간의 모험을 끝낸 후 미국으로 돌아왔다. 결혼을 하고 아이들을 낳고 척추 교정 전문의가 되어 메인 주 해안에 진료소를 차렸다. 괜찮은 삶이었지만 여전히 행복하지는 않았다. 내면의 불안감이 정신과 마음을 지배했다. 내가 기억하는 한 계속 그런 느낌을 받았다. 잘된 일에 감사하기보다는 인생에서 놓치는 것들을 의식하면서 말이다. 깊은 숙고를 거친 후 우리 부부는 이혼하기로 했다. 나는 아내와 아이들이 생활할 수 있도록 조치를 취하고 진료소를 매각한 뒤 다시 외국 여행을 시작했다.

1991년, 여행이 몇 달째 접어들 무렵 건강이 나빠지기 시작했다. 언제나 끔찍한 통증에 시달렸다. 전에도 아파 본 적이 있지만 그 정도는 아니었다. 아픈 곳이 점점 많아졌지만 아무도 원인을 밝혀내지 못했다. 한 친구는 나를 고쳐 보려고 퇴마사까지 고용했다. 촛불, 기도 등 아무것도 소용없었다. 정말 형편없는 상태가 십 년 가까이 계속되다가 2001년이 되자 결국 밑바닥이 되고 말았다.

크리스마스이브였다. 최근에 만난 내분비학자가 전화를 해 왔다. 내 뇌하수체 전면에서 종양이 발견됐고 즉시 수술이 필요하다는 이야기였다. "참, 크리스마스 즐겁게 보내세요." 그는 이렇게 말하고 전화를 끊었다.

나는 망연자실했다. 종양을 제거하기 위해 머리를 열어야 한다는 이야기는 결코 좋은 소식이 아니었다. 그것도 크리스마스이브에. 끔찍한 크리스마스를 보낸 뒤 수술을 의논하기 위해 의사를 찾아갔다.

의사는 나를 보자마자 뇌하수체 종양은 오진이었다고 말하고는 내 눈을 똑바로 보며 강조했다. "당신은 아무런 문제가 없습니다. 모든 문제는 당신 머릿속에 있어요. 당신은 하이포콘드리아(질병에 대한 과민한 염려로 인해 우울해지는 증상—옮긴이)예요."

의사는 그 모든 고통에 한 겹 더 얹어서 내가 혼자서 만들어 낸 통증이라고 말하고 있었다. 의사는 항우울제를 처방했지만 나는 복용을 거부하다가 육 개월 후, 나 자신을 찾아야 한다는 절박함에 내몰린 나머지 결국 항우울제를 복용하기 시작했다. 약을 먹고 사흘이 지나자 기분은 더 나빠졌다. 결국 완벽한 절망과 자포자기 상태에서 자살을 준비하기 시작했다.

심리치료사인 형수는 내가 복용한 우울증 치료제가 복용 후 첫 2주간 자살 충동을 유발하기도 한다고 설명해 주었다. 당시 내 머릿속은 이런 식으로는 더 살고 싶지 않다는 생각뿐이었다. 하지만 자살로 인한 불명예와 오욕을 가족들에게 짐 지우기 싫었다. 고민 끝에 도시에 가서 버스에 뛰어들기로 했다. 아주 깔끔한 해결책이 될 터였다. 때때로 뉴스에 나오는 끔찍한 일에 불과할 테니까.

나는 주방 조리대 옆에 앉아서 내 계획을 숙고해 본 뒤 가장 현명한 해결책이라고 마음을 굳혔다. 홧김에 내리는 결정도 아니었고, 아주 이성적인 결단처럼 느껴졌다. '그래, 이거야. 나는 살 만큼 살았어. 더 이상 삶을 지속할 필요가 없어. 이제 된 거야.' 마침내 내면에서 평화를 느껴졌다.

마침 그때 우편물이 도착했다.

다음 날이 '아버지날'이었다. 우편물 더미 속에는 아이들 엄마가 보낸 봉투가 있었다. 봉투를 열자 앞면에 아름다운 삽화가 그려진 카드가 나왔다. 그녀가 직접 그린 것이었다. 카드 안의 메시지는 내 내면을 송두리째 뒤집어 놓았다. 그녀는 아직도 나를 깊이 사랑하며 내가 아이들 아빠라는 사실이 진심으로 행복하다고 말하는 것이었다. 우리가 겪어 온 힘든 시간에도 불구하고 나를 만나 커다란 발전을 이루었고 나의 건강과 행운과 행복을 빈다고.

나는 충격을 받았다. '아, 잠깐. 나는 자살하려는 참이었잖아.' 온 우주가 정지한 것 같았다. 나는 잘된 일에 감사하기보다는 내 인생에서 잘못된 일에만 집중하는 나 자신을 깨달았다. 그녀가 베푼 엄청난 사랑과 감사가 그런 나를 멈추게 했다. 그녀의 따뜻하고 진심 어린 감사가 내 마음속을 다시 들여다보게 만들었고, 삶에서 내가 가진 좋은 것들을 보는 눈을 열어 주었다. 나는 자살 계획을 단념하고 수년 만에 맛보는 행복감을 느꼈다.

감사가 가져다준 이 새로운 감정은 파도처럼 나를 이끌었다. 내 삶은 180도 방향을 바꾸기 시작했다. 다음 날 곧바로 지인에게 열대병 전문가를 소개받았다. 그 전문가는 나를 보고 대번에 무엇이 잘못되었는지 알아냈다. 검사 결과 내가 일곱 종류의 기생충과 아메바, 간흡충에 감염되어 있음이 밝혀졌다. 외국 여행에서 얻은 불청객들이었다. 이후 강도 높은 항기생충 치료를 받았고 다행히 완쾌되었다. 마침내 나 자신을 되찾은 느낌이었다. 예전의 나 자신보다 훨씬 나아진 기분이었다. 모든 게 새롭게 찾은 삶의 가치와 감사의 마음 덕분이었다. 나는 그런 나 자신을 지키고 싶었고, 그래서 강력한 방법 두 가지를 발견했다.

첫 번째는 매일 웃는 연습이다. 나는 반드시 하루에 십 분을 웃는 데 보낸다. 그저 앉아서 웃기 위해 일부러 시간을 쪼갠다는 것이 이상하게 들리겠지만, 이것은 내 인생을 완전히 변화시켰다. 이 연습은 엔도르핀 증가에서 오는 건강 외에도 나의 감정을 깨끗하게 정화하고 행복을 높은 수준에 머물게 해 준다. 나는 이 연습을 하루도 거르지 않는다.

웃음 연습을 시작한 지 얼마 안 됐을 때 선(禪) 지도자의 만트라를 적은 팩스를 받았다.

"모든 것에 감사합니다. 나는 더 이상 아무런 불만이 없습니다."

나는 이 삼라만상에 대한 감사의 표현을 내 일상에 적용하기로 결심했다. 감사와 기쁨을 매일 상기하는 도구로 말이다. 이 문장은 내 삶을 지탱하는 닻이 되었다. 이제 무슨 일이 일어나더라도 나는 삶에 불만스러워하지 않는다.

몇 년 전 내 감사의 능력이 시험에 든 적이 있다. 평생 모은 거금이 사기 사건에 휘말려 날아갔다는 전화를 받았을 때였다. 나는 모든 것을 잃었고 생활 방식을 완전히 바꿔야만 했다. 그 소식을 들은 후 수화기를 내려놓고 이 사건이 의미하는 것을 되새기며 잠시서 있었다. 나의 첫 반응은 "까짓, 괜찮아."였다. 오랜 병치레와 자살의 문턱까지 다녀온 덕분에 긴 안목에서 사건을 바라볼 수 있었다. 큰 시야에서 보면 내 인생에서 별로 중요한 일이 아니었다.

나는 넓은 바다를 여행한 경험에서 문제가 생겼을 때는 계속 움직여야 한다는 사실을 배웠다. 위급 상황은 행동을 요구한다. 당장 여기저기 전화를 하기 시작했다. 집의 임차 계약을 해지하고, 친구 집으로 이사할 계획을 세우고, 대책을 세울 때까지 필요한 돈을 빌렸다.

한 시간 뒤 이런 일을 행동에 옮기고 나서 마침내 상황을 곰곰이 반추해 보았다. 내 안에서 익숙한 말들이 떠오르는 것을 느끼며 미소를 지었다. "모든 것에 감사합니다. 나는 더 이상 아무런 불만이 없습니다." 놀랍게도 정말 그랬다. 물론 상황이 달랐다면 더 좋았겠지만 그대로도 평화로웠다. 나는 자리에 앉아서 웃음 연습을 시작했다.

그 후 몇 년이 흐른 지금까지 많은 굴곡을 겪었지만 나는 여전히 웃는다! 감사하는 마음이 모든 변화를 가져온 것이다.

※

감사가 효과를 발휘하는 이유

어떻게 감사처럼 간단한 것이 더 큰 행복을 창조하는 강력한 도구가 될까? 해답은 끌어당김의 법칙에 있다. 세 번째 길잡이 원칙 "당신이 인정하는 만큼 행복은 힘을 발휘한다."를 떠올려 보라. 삶에 좋은 것이 더 많이 생기기를 바란다면 문제점과 장애물에 에너지를 쏟는 대신 '이미' 존재하는 좋은 일, 잘되는 것에 주의를 집중하라. 그러면 더 많은 좋은 것들이 자동으로 끌려온다.

부정의 감정을 부인하고, 외면하고, 억압하고, 보기 좋게 꾸미기 위한 방편으로 감사를 활용하라는 얘기가 아니다. 감사는 당신의 마음을 기쁨으로 기울이는 방법이다. 사람은 누구나 어려운 도전도 축복도 경험한다. 하지만 축복에 마음의 에너지를 집중하면 당신은 훨씬 더 행복해진다.

감사의 힘

감사는 이유 없는 행복을 위한 기본 원리일 뿐 아니라 건강에도 유익하다. 마이애미 대학의 마이클 맥컬로 박사는 최근 연구에서 감사를 느끼는 사람들은 더 활력이 있고 낙천적이며 스트레스가 적고 병적인 우울증 발병 빈도가 낮다는 것을 밝혀냈다.

UC 데이비스의 로버트 에먼스 박사가 진행한 실험에서는 감사할 일들을 일주일 단위로 기록하는 '감사 일기'를 쓴 사람들이 그렇지 않은 사람들보다 몸이 건강하고 낙천적이었으며 규칙적으로 운동하고 행복하다고 묘사했다.

이러한 연구들은 감사가 우리 몸에 긍정의 영향을 주는 특별한 에너지를 만들어 낸다는 것을 입증한다. 우리는 에모토 마사루 박사의 연구에서 이런 현상이 생기는 원인의 실마리를 찾을 수 있다.

나는 「우리가 아는 것이 얼마나 되겠는가?What the Bleep Do We know?」라는 영화를 통해 에모토 박사와 그의 놀라운 사진을 알았다. 에모토 박사는 물 쪽으로 향한 에너지의 종류에 따라 얼음의 결정 형태가 완전히 달라진다는 것을 보여 주었다. 실험은 물그릇 주위로 사람들이 둥글게 서서 그릇을 향해 다른 감정을 보내는 것이었다. 사랑과 감사의 감정을 보냈을 때는 아래의 '사랑과 감사' 사진처럼 아름다운 결정 구조가 생겼다. 반대로 '넌 정말 짜증 나. 나는 네가 싫어' 사진은 물을 향해 미움과 부정적인 감정을 보냈을 때 나타난 패턴이다.

우리 몸의 70~80퍼센트는 물로 구성되어 있다. 당신의 몸 안에 둘 중 어떤 패턴을 만들고 싶은가?

사랑과 감사

넌 정말 짜증 나. 나는 네가 싫어.

이유 없는 감사

행복한 100인을 위한 VIP석을 마련한다면, 나는 데이비드 슈타인들 라스트를 맨 앞줄에 앉힐 것이다! 데이비드는 팔십 대의 나이에도 불구하고 놀라울 만큼 젊음을 유지하는 베네딕트회 수도사다. 그는 감사의 중요성에 대해 책을 저술했으며, 감사가 '개인적 변화를 위한 핵심 요소'임을 깨닫도록 돕는 비영리 단체 '감사하는 삶을 위한 네트워크'의 설립자이기도 하다. 나는 오랫동안 데이비드 수사에 대해 들어왔고 그의 연구를 기반으로 하는 월례 감사 모임에도 참가한 적이 있는 터였다. 그가 우리의 미팅에 참석하기로 했을 때, 미팅 주최자가 이 책을 위해 데이비드 수사를 인터뷰하겠느냐고 물어왔다. 물론 나는 기꺼이 응했다.

　이 유쾌하고 지혜로운 사람과 함께 소파에 앉아 차를 마시는 동안 나는 그가 뿜어내는 사랑과 기쁨에 매료되었다. 그가 제2차 세계대전 기간에 겪은 고초와 그의 마음이 감사로 향한 과정을 들으면서 눈물을 흘리지 않을 수 없었다.

　나치 치하의 오스트리아에서 십 대를 보낸 그는 절대 스무 살을 넘기지 못할 줄 알았다. 먹을 것이 너무나 귀해서 온 가족이 잡초 수프로 연명하곤 하는데다 자신이 징집되어 전장에서 죽을 거라고 확신했던 것이다. 그러나 모든 위험과 어려움에도 불구하고 그는 행복하다고 말했다. 임박한 죽음의 그림자 앞에서 남아 있는 삶 자체가 선물 같았다는 것이었다. 깊은 감사의 마음은 그를 떠난 적이 없었다.

　데이비드 수사는 감사에 대한 독특한 시각을 제안했다. 단순히 삶에서 얻은 것들의 목록에 감사하는 것은 진정한 감사가 아니라는 것이었다. "인생에서 얼마나 많이, 혹은 얼마나 적게 가졌느냐와 상관없이 당신은 언제나 감사할 수 있습니다." 데이비드 수사에게 감사란 '커다란 충만함'을 경험한다는 의미다. 매순간 충만함을 느끼고, 있는 그대로에 대해 가치를 인정하면서 말이다. 나는 이것을 '이유 없는 감사'라고 부르고 싶다. 그는 이렇게 말했다.

"행복해지고 나서 감사하는 것이 아닙니다. 감사하면 행복해지는 것입니다."

데이비드 수사는 감사하는 마음을 늘리는 훌륭한 연습법을 가르쳐 주었다. 그는 매일 '그날의 주제'를 정한다. 예를 들어 물을 그날의 주제로 정하면 손을 씻을 때, 접시를 닦을 때, 꽃에 물을 줄 때, 이를 닦을 때마다 물의 고마움을 생각하고 감사한다. 그때마다 자신이 순수한 감사의 순간에 존재한다는 사실을 상기한다. 다음 날은 자동차 소리를 택하고, 그 다음 날에는 또 다른 무언가로 정할 수 있다. 나는 이 연습이 정말 좋아서 나의 행복 수준을 높게 유지하기 위해 규칙적으로 실천하는 감사 기법 레퍼토리에 포함시켰다.

감사를 실천하는 마크

마크 베코프는 매일 아침 행복하게 눈을 뜨는 행복한 100인이다. 그는 침대에서 뛰어내리자마자 창가로 가서 창밖의 산과 햇빛과 새와 나무에게 아침 인사를 건넨다.

한번은 집에 머물던 손님이 이 소리를 듣고 물었다.

"누구랑 얘기하는 거예요?"

"물론 오늘하고 얘기하는 거죠!"

너무 감상적으로 보일지도 모른다. 그러나 마크는 높은 행복 세트포인트를 가진 다른 사람들과 마찬가지로 인생의 좋은 것들에서 진정한 기쁨을 느낀다. 물론 그에게도 이런저런 삶의 어려움이 있다. 그래도 매일 아침 인사한다. 하루를 위한 분위기를 만드는 것이다.

마크의 행복은 언제나 그 자리에 있다. 1부에서 설명했듯이 이유 없는 행복의 상태는 마치 배경과 같아서, 복잡하고 어려운 상황에서도 늘 밑바닥에 존재한다. 예를 들어 마크는 어머니가 위독하다는 소식을 듣고 플로리다의 집으로 날아갔다. 어머니는 여러 차례 심장 발작을 겪었고 목 이하가 마비된 상태였다. 말도 할 수 없었고, 다른 사람의 말을 얼마나 이해하는지도 가늠하기 어려웠다.

마크는 흔들리지 않기 위해 종종 긴 산책이나 조깅을 했다. 하루는 그가 어머니를 위해 아름답고 향기로운 분홍색 꽃 한다발을 들고 조깅에서 돌아왔다. 중간 이름이 '로즈'였던 어머니는 정말로 꽃을 좋아했다. 미소를 가득 머금고 부모님의 아파트로 걸어가는데, 막 어머니를 뵙고 나오던 이웃이 놀란 표정으로 물었다.

"어머니가 지금 사경을 헤매고 계신데 어떻게 그렇게 행복할 수 있죠?"

"오늘 날씨가 정말 아름답고, 어머니가 건강했다면 이런 날을 정말 좋아하셨을 테니까요."

그는 어머니의 침대 곁으로 가서 무릎에 꽃을 놓았다. 어머니는 꽃을 가만히 내려다보았다. 비록 대답은 못 하지만, 마크는 어머니가 아름다운 꽃향기를 즐긴다고 믿고 싶었다. 어머니가 돌아가실 때조차 마크는 어머니가 옆에 계시다는 사실 자체만으로도 감사했고 세상의 좋은 면들을 보았다.

그토록 깊은 슬픔의 시간을 보내면서도 어떻게 행복한 감정을 유지할 수 있었느냐는 물음에 그가 대답했다.

"행복은 나 자신의 일부입니다. 마음속 깊은 곳에서부터 나는 언제나 행복합니다. 물론 몹시 슬플 때도 있습니다. 하지만 그들은 서로 양립할 수 없는 것이 아닙니다. 슬픔은 행복을 빼앗아 가지 않습니다."

감사하다고 말하기

일 년 전 대학 동창 십여 명이 모이는 자리에서 옛 친구 테레즈 깁슨을 만났다. 학교 다닐 때 꽤 유쾌한 친구였다. 잘 웃고 언제나 모험을 즐겼다. 그녀는 내가 이 책을 쓰고 있다는 이야기를 듣고, 아흔다섯 살이신 아버지와 함께 매일 실천하는 감사 의식에 대해 들려주었다. '감사한 것 찾기'를 실천하면 기분이 좋아지고 늘 웃을 수 있다는 것이었다. 테레즈는 연세에 비해 아직 기지가 넘치는 아버지 집으로 들어가 함께 살고 있는데, 이사할 당시는 두 사람 모두에게 힘든 시기였다. 테레즈의 어머니가 막 돌아가신 직후인데다 테레즈는 고통스런 이혼 과정의 끝 무렵에 있었다. 늘 돈이 부족했고, 부녀는 항상 우울했다. 그러나 두 사람은 감사가 기분을 훨씬 낫게 만들어 준다는 이야기를 듣고, 매일 아침 테레즈가 출근하기 전에 몇 분씩 함께 앉아서 감사한 것을 세 가지씩 이야기하기로 했다.

"처음에는 속도가 느렸지." 테레즈가 설명했다. "처음 하던 날은 내가 기분이 너무 안 좋아서 한 가지를 생각해 내기도 무척 힘들었어." 마침내 그녀는 주변을 둘러보다가 자신이 좋아하는 꽃병을 발견했다. 그녀는 아버지에게 "저 꽃병이 아름다운 것에 감사해요"라고 말했다. 조금 우습게 들리겠지만 그녀가 할 수 있는 최선이었다. 아버지도 별로 나을 것이 없었다. 테레즈가 힌트를 주기를 기다리는 경우가 많았다. 그러나 테레즈와 아버지는 아주 사소한 것에 감사해도 효과가 상당하다는 사실을 곧 깨달았다.

삶의 좋은 면들에 집중하기 시작한 그들의 노력은 성과를 내기 시작했다. 테레즈 부녀는 더 행복해지기 시작했고 점점 더 많은 일들이 제자리를 찾아갔다. 경제 문제도 나아졌다. 세 개의 감사 인사가 다섯 개로 늘어났고 곧 열 개가 되었다. 테레즈는 아직 말할 것들이 한참 남았지만 회사에 늦지 않기 위해 멈춰야만 했을 정도다.

뮤지컬 「오클라호마」를 좋아한 아버지는 어느 날 감사 항목 나열하기를 마친 뒤 매우 홀가분하고 행복한 나머지 「오, 아름다운 아침이여Oh, What a Beautiful Morning」를 부르기 시작했다. 테레즈도 함께 불렀다. 감사한 마음이 그들에게 불러일으키는 감정을 그 무엇보다 완벽하게 표현한 노래였다. 그들은 이 노래를 감사 의식의 한 부분으로 추가했고, 이제 감사 인사와 노래는 부녀의 일과에서 가장 중요한 부분이 되었다.

무언가에 대해 감사하면 더 많이 얻는다. 당신이 경험한 행복과 사랑의 가치를 인정하면 더 많은 행복과 사랑이 찾아온다.

나 역시 감사가 얼마다 커다란 힘을 갖고 있는지 직접 경험했다. 이 장의 서두에서 언급한 가슴 아픈 경험 이후 한 친구가 삼 주 동안 매일 밤 잠자리에 들기 전에 감사한 일을 다섯 가지씩 적으라고 말해 주었다. 나는 심리학자들이 어떤 습관을 바꾸려면 이십일 일이 필요하다고 말하는 것을 알고 있었기 때문에 해 보겠다고 말했다. 처음에는 힘들었다. 그렇지만 거기에서 얻은 효과 때문에 그 실천을 멈출 수가 없었다. 그 후 삼 년간 매일 밤 이 연습을 실천했다. 그리고 시간이 지나면서 내 마음속 고통은 많이 완화되었다.

당신도 감사 연습을 시도해 보기 바란다. 매일 밤 잠자리에 들기 전에 그날 감사했던 일 다섯 가지를 생각해 보라. 그리고 다음 날 아침 깨어날 때 어떤 느낌인지 주목해 보라.

하트매스 전문가들이 가르쳐 준 기법

좀 더 커다란 행복과 만족감을 짓는 건축가가 되고 싶다면
감사하는 마음은 반드시 갖춰야 할 필수 요소다.
- 독 칠드리(하트매스 연구소 창립자)

나는 종종 우리집에서 두 시간 거리에 있는 하트매스 연구소를 방문한다. 하트매스 연구소는 레드우드 숲 한가운데에 위치하며, 명석한 이상주의자이자 하트매스의 창립자인 독 칠드리와 우

수한 연구자들이 있다. 하트매스 연구소는 심장 활동이 건강과 행복에 미치는 영향을 연구하는 분야에서 단연 최고 위치에 있는 기관이다. 그들은 컴퓨터 프로그램과 엠웨이브emWave라는 휴대용 기기를 개발하기도 했다. 엠웨이브는 심장박동에 대한 실시간 피드백을 제공함으로써 심장 리듬 통일성을 유지하는 데 도움을 준다. 나는 이 도구들을 정기적으로 사용하는데, 내 심장이 좀 더 관대하고, 빛나고, 따뜻해지는 데 도움이 된다.

사랑과 감사에 집중하고 싶을 때마다 하트매스가 개발한 '통일성 기법'을 사용해 보기를 권한다.

• 연습 과제 •

통일성 기법

통일성 기법은 심장과의 연결감을 강화하는 효과적인 감정 집중 기법으로 스트레스를 완화하고 감정의 균형을 잡으며 빠른 시간 안에 기분이 좋아지게 도와준다. 일단 이 기법을 배우고 나면 활용하는 데는 일 분밖에 걸리지 않는다.

1단계: 집중하기
심장 부위에 천천히 주의를 집중한다. 원한다면 심장에 손을 올려도 좋다. 평소 습관 때문에 마음이 초점을 잡지 못한다고 해도 주의를 심장 쪽에 집중하려고 계속 노력한다.

2단계: 호흡하기

심장 주위에 집중하면서 호흡이 그 부위를 통해 흘러 들어오고 나간 다고 상상해 본다. 이는 당신의 정신과 에너지가 집중 상태를 유지하고, 호흡과 심장 리듬이 조화를 이루도록 돕는다. 호흡이 부자연스럽지 않고 부드럽고 균형을 이룰 때까지 숨을 천천히 부드럽게 쉰다. 기분 좋게 느껴지는 자연스러운 내적 리듬을 찾을 때까지 편하게 호흡을 계속한다.

3단계: 느끼기

호흡을 계속하면서 당신이 좋은 기분을 느꼈을 때의 긍정적인 감정을 상기한다. 이제 그 느낌을 다시 경험해 본다. 특별한 사람이나 애완동물, 마음에 드는 장소, 즐거웠던 활동에 대한 감사함이나 좋아하는 느낌일 수 있다. 감사함이나 좋아함이 주는 감정을 느끼도록 자신을 내버려 둬라. 혹시 아무것도 느낄 수 없을지 모르는데 괜찮다. 그저 진정으로 감사하거나 좋아하는 마음가짐을 발견하도록 노력하라. 긍정적인 감정이나 마음가짐을 발견하고 나면 집중하기, 호흡하기, 느끼기를 계속함으로써 그것을 유지할 수 있다.

* 하트매스 연구소의 승인을 받아 사용함.

── 마음을 위한 행복 습관 2 ──
용서를 실천하라

> 용서는 사랑의 가장 존귀하고 아름다운 형태다.
> 당신은 그 대가로 엄청난 평화와 행복을 얻을 것이다.
> ─ 로버트 뮬러(전(前) UN 사무차장보)

누군가에게 상처를 받으면 사랑이 이끌도록 놔두기 어렵다. 그러나 상처가 크든 작든 용서하기 전까지는 진정으로 행복할 수 없다. 사실 사람들은 잔인하고 잘못된 방식으로 행동하거나 끔찍한 일을 저지른다. 그러나 이런 경우에도 용서는 가능하다.

사람들은 자신에게 잘못을 저지른 사람에 대해 미움과 분노와 원한의 감정을 느끼는 것이 그들을 벌하는 방법이라고 생각한다. 사실은 정반대다! 그러한 감정에 매여 있는 것은 독약을 삼키고 상대방이 상처를 입을 거라고 기대하는 것과 마찬가지다. 상처를 받는 것은 바로 당신이다. 용서하면 당신은 자신의 분노와 상처를 치유하고 다시 사랑이 주도권을 잡게 할 수 있다. 마음을 대청소하는 것이다.

행복한 100인을 찾아다니는 동안 『영혼을 위한 닭고기 수프』 제작에 참여한 동료가 메리 로지에 대한 이야기를 해 주었다. 동료가 교도소 수감자와 그 가족을 돌보는 동안 만난 사람이었다. 메리를 인터뷰하는 동안 그녀의 활력과 용기는 내게 큰 영감을 주었다. 또한 그녀의 이야기는 내가 용서에 대해 설정한 한계를 뒤돌아보게 만들었다.

메리의 이야기
나를 해방시킨 것

나는 오랜 세월 결코 순탄하지 않은 삶을 살았다. 이혼을 비롯해 여러 가지 일들을 거치면서 혼자 힘으로 일어서야 했다. 그 과정에서 완전히 투사가 되는 법을 배웠다. 나는 사람들과 상황에 대해 분노로 가득 차 있었다. 불행히도 이것은 내 안에 엄청난 원한과 복수에 대한 열망을 만들어 냈다.

하지만 1996년 어느 날 밤, 내가 가진 모든 분노 따위는 하찮아 보이는 일이 일어났다. 새벽 3시에 전화벨 소리가 울리기에 불안감에 휩싸여 수화기를 들었다. 큰아들 제이가 수화기 저편에서 막내아들인 열여덟 살짜리 로비가 총에 맞았다는 소식을 전했다.

"엄마, 로비가 죽었어요."

그 순간 나는 삶이 끝났다고 생각했다. 로비를 잃은 고통은 이루 말할 수 없었다. 나는 작은 구멍으로 기어 들어가서 다시는 나오고 싶지 않았다. 그러나 다른 아이들을 위해, 그리고 경찰을 만나기 위해 스스로를 다잡아야 했다. 감정을 최대한 통제하려고 애썼다.

내 아들을 살해한 션이라는 젊은이가 체포되고 살인죄로 기소되었다. 션은 로비와 아는 사이였고 말다툼을 벌이던 중에 로비를 쏘았다. 그는 혐의를 인정했다. 때문에 공판 대신 법정 심리가 열리고 사전 형량 조정(피고가 유죄를 시인하는 대가로 검찰 측이 형량을 감해서 구형하는 협상—옮긴이)이 진행되어 판결을 내릴 예정이었다. 나는 심리가 시작될 때까지 석 달이라는 긴 시간을 기다려야 했다. 그동안 내게는 션을 만나거나 이야기하는 것이 허락되지 않았다. 현명한 일이었다. 좌절과 분노가 극에 달한 터라 범인의 목을 졸라 죽였을지도 모른다. 내 아들을 쏜 녀석이었으니까!

마침내 심리가 있던 날, 나는 처음으로 션을 어렴풋이 보았다. 불빛이 어둑한 법정으로 들어가는 동안 그의 시선은 내내 바닥을 향해 있었다. 그림자가 얼굴을 덮으면서 일그러지고 음울한 모습으로 비쳤다. 뜨거운 분노의 물결이 나를 관통했다. 왜 그런 짓을 했지? 나는 감정이 너무 북받친 터라 증인대에 서지 않기로 했다. 그러나 심리가 끝나면 션과 이야기하고 싶다는 의사를 판사에게 분명히 전했다.

션이 혐의를 인정했기 때문에 평결 내용과 형량은 예상한 만큼 나왔다. 20~40년간 주 정부 교도소에 수감되는 것이었다. 판사는 약속대로 나를 그의 방으로 호출해 션을 만나게 해 주었다. 나는 법정 경위를 따라 복도를 걸어갔다. 내 아들의 생명을 앗아 간 젊은이를 만난다고 생각하니 발걸음을 뗄 때마다 심장이 더 빠르게 고동쳤다. 그가 저지른 일 때문에 내가 받은 고통과 감정을 알리기 위해 오랜 시간을 기다렸다. 분노와 증오로 가득 찬 나머지 무슨 말을 해야 할지도 떠오르지 않았다. 하지만 나는 그에게 꼭 알려 주고 싶었다.

나는 몸수색을 받고 칸막이가 쳐진 작은 사무실로 인도되었다. 션은 구석에서 몸을 떨며 서 있었다. 손과 발은 결박된 채 헐렁한 오렌지색 죄수복을 입고 있었다. 겨우 스무 살인 그는 고개를 숙이고 어린아이처럼 가슴이 터지도록 흐느껴 울고 있었다. 내 앞에 서 있는 것은 부모도 친구도 없고 의지할 데도 도와주는 이도 없는 또 다른 어머니의 아들이었다.

나는 법정 경위에게 션한테 다가가도 좋은지 물었다. 그때 션이 고개를 들어 나를 보았다. 눈물로 얼룩진 앳된 얼굴이었다.

갑자기 내 입에서 이런 말이 튀어나왔다. "내가 안아 봐도 되겠니, 션?"

그는 고개를 끄덕였다. 법정 경위는 죄수 쪽으로 다가가도 좋다고 손짓했다. 나는 션에게 다가가 그를 끌어안았다. 그는 내 어깨에 얼굴을 묻고 하염없이 눈물을 흘렸다. 션은 아주 오랫동안 누구에게도 얻지 못했던 연민의 감정을 느끼고 있었다. 그를 안고 서 있는 동안, 나는 마음속에서 분노와 미움이 차츰 잦아드는 것을 느꼈다.

그 다음에 내 입에서 나온 말은 모두를 놀라게 했다. 나 자신조차 놀랐다. "션, 나는 네가 저지른 끔찍한 일을 용서한다." 우리의 시선이 잠깐 동안 마주쳤다. "감옥보다는 내 아들이 지금 있는 곳이 더 나을 것이라는 생각이 드는구나. 너를 위해 매일 기도할게."

나는 션에게 내 연락처를 일러두었다.

얼마 후 션은 형기를 채우기 위해 감옥으로 호송되었다. 나는 전혀 만족스럽지 않았다. 로비는 이제 이 세상에 없고, 어떤 판결도 그를 되돌아오게 하지 못한다. 그런데 인생을 망친 또 한 명의 아이가 여기 있는 것이다.

션의 부모는 아이의 일에 전혀 관여하고 싶지 않다고 말했다. 그래서 션과 나는 연락을 시작했다. 복역 첫 오 년간 나는 그를 면회하는 유일한 사람이었다. 오 년 전 션은 다른 교도소로 이감되었고 그곳의 교도소장은 피해자 가족이 면회 오는 것을 금지했다. 그렇지만 우리는 아직도 종종 편지를 교환한다.

내가 어떻게 이런 일을 할 수 있는지 이해하지 못하는 사람들도 있다. 그렇지만 나는 범죄를 용납하는 것과 용서하는 것은 다르다는 사실을 알았다. 나는 판사의 방에서 그날 내가 느낀 연민이 하느님이 주신 선물이었다고 믿는다. 로비를 죽인 사람을 용서하지 않았다면, 내 마음과 영혼에 자리 잡은 미움과 복수의 깊고 어두운 그늘을 치유하지 못했을 것이다. 용서가 나를 해방시켰다. 용서는 내가 삶을 계속 살아가고 마침내 로비의 죽음을 받아들이는 데 필요한 평화를 주었다.

그 이후 나는 교회의 평신도 설교자가 되었다. 그리고 삶의 위기와 상실을 경험한 사람들의 이야기를 들어 주고 함께하면서 그들을 돕는다. 헌신과 연민의 마음 외에는 필요한 것이 별로 없다. 아들의 살해범을 용서한 그날 이후, 내 마음속에 가득 담긴 연민과 헌신을 발견하게 되었다.

분노와 원한에 매여 있으면 결국 상처받는 것은 자기 자신이다.

이제 어떤 일이 일어나도 나는 진정으로 평화롭고 행복하다.

미움과 복수는 내 사랑하는 아들 로비를 돌려주지 못한다. 션 역시 누군가의 아들이다. 언젠가는 미움을 멈춰야 한다. 그것을 나 스스로 시작하는 것보다 더 나은 방법이 어디 있겠는가?

*

왜 용서해야 하는가?

메리처럼 극단적인 경험으로 상처를 입은 사람들이 흔하지는 않다. 그렇지만 나는 바로 그 이유 때문에 그녀의 이야기를 책에 넣기로 했다. 메리는 아들의 살해범을 용서했다. 그렇다면 우리에게 잘못한 사람들을 용서하는 일이 어려울 리가 없지 않겠는가?

용서는 왜 그토록 어려울까? 다섯 가지 이유가 있다. 공감 가는 것이 있지 않은가?

1. 용서는 곧 잘못된 행동을 용납하는 것이라고 생각한다.
2. 용서는 상대방이 우리 인생에 들어오는 걸 허락하는 것이라고 생각한다.
3. 상대방을 미워하면 우리에게 어느 정도 통제력과 능력, 힘이 생긴다고 생각한다.
4. 용서하면 다시 상처받을 거라고 느낀다.
5. 우리는 가해자에게 벌을 주고 싶어 한다.

다섯 가지 이유 모두 초점을 잘못 맞췄다. 용서는 용서받는 사람의 몫이 아니다. 당신의 마음이 수축하는 것을 멈추는, 당신이 당신 자신에게 주는 선물이다. 용서를 하면 마음속에 품은 치명적인 원한과 분노의 감정을 놓아주고 마침내 당신을 해방시켜 자신의 삶을 살아가게 된다. 이를 잘 보여 주는 티베트 승려의 이야기를 소개하겠다.

티베트 승려 둘이 감옥에서 모진 고문을 당한 뒤 풀려나 몇 년 후에 만났다.
첫 번째 승려가 물었다. "자네는 그들을 용서했나?"
두 번째 승려가 대답했다. "나는 절대로 그들을 용서하지 않을 걸세. 절대로!"
첫 번째 승려가 말했다. "그렇다면 그들이 자네를 아직도 가둬 둔 셈이군, 그렇지 않나?"

용서는 일어난 사건을 없던 일로 지워 버리는 것도, 가해자에게 이익을 안겨 주는 일도 아니다. 아우슈비츠 강제수용소의 생존자인 에바 코어는 가족을 죽이고 자신과 쌍둥이 자매를 의학 실험용 마루타로 사용한 나치를 대중 앞에서 용서했다. 그녀의 용서는 나치의 잔학한 행동을 용납하고 면죄하는 것을 의미하지 않는다. 다만 에바가 오랫동안 지고 있던 고통과 미움의 짐을 덜어 놓는 행위일 뿐이다.

그녀는 용서에 대해 이렇게 말한다.

"나는 모든 인간이 과거의 고통을 벗고 살아갈 권리가 있다는 것을 믿습니다. 하지만 용서하는 데 커다란 장애물이 있습니다. 다른 사람들과 사회가 복수를 기대한다는 사실입니다. 우리는 물론 희생자를 존중해야 합니다. 그러나 나는 죽은 내 가족이 내가 평생 고통과 분노 속에서 살아가기를 과연 원할까 하는 생각을 늘 해왔습니다. 나는 나 자신을 위해 용서합니다. 용서는 자신을 치유하고 자신의 힘을 되찾는 행동 그 이상도 그 이하도 아닙니다. 나는 이것을 기적의 치료제라고 부릅니다. 돈도 들지 않고 효과가 좋을 뿐 아니라 부작용도 없는 약 말입니다."

용서라는 약

삼 년 전 스탠퍼드 대학 용서 프로젝트의 공동 설립자이자 책임자인 프레드 러스킨 박사의 이야기에 매료된 채 강당에 앉아 있었다. 그는 자신이 연구한 용서에 대해 들려주었다. 연구를 위해 전 세계를 돌아다닌 러스킨 박사는 최근에 북아일랜드 분쟁에서 상대 세력에 의해 아들을 잃은 어머니들을 화합시킨 인물이었다. 그는 사랑과 연민의 감정을 내뿜으며 용서가 가져온 기적에 대한 이야기를 들려주었다.

모든 청중의 눈물을 이끌어 낸 그의 이야기는, 타인을 용서할 줄 아는 사람이 더 행복하고 더 강하고 사랑이 충만한 인간관계를 가지며 건강 문제나 스트레스의 징후를 덜 보인다는 사실을 확인해 주었다. 의학계는 울화와 분노의 감정이 질병과 중독을 유발하는 데 큰 역할을 한다는 사실을 인식하기 시작했다. 러스킨 박사의 연구는 용서하지 못하는 것, 즉 마음에 미움을 간직하는 것이 심장 질환을 가져오는 실제적 위험 인자라는 사실을 시사했다. 흥미롭게도 그는 '내면에서' 가해자를 용서하는 사람은 심폐, 근육, 신경 시스템의 기능이 즉시 향상된다는 것을 발견했다. 타인을 용서하는 행위로 인해 이득을 얻는 사람은 결국 당신 자신이다.

러스킨 박사는 『용서Forgive for Good』에서 자신에게 상처 준 사람을 용서할 수 없다고 느끼는 다나의 이야기를 소개한다. 러스킨 박사는 다나에게 그녀의 머리에 누군가 총을 겨누고 있다고 상상하라고 말한다. 살아남을 수 있는 유일한 길은 그녀에게 잘못을 저지른 사람들에 대한 분노와 원한을 놓아주는 것이다. 그녀는 용서할 수 있을까? 다나는 자신의 고통이 죽음과 맞바꿀 만한 가치가 있는 것은 아니라고 말한다. 그리고 이제껏 자신이 용서를 거부함으로써 스스로를 죽음으로 몰아가고 있었다는 사실을 깨닫는다.

고통과 분노를 놓아주지 않으면 머리를 날리겠다고 우리 머리에 총을 겨누며 협박할 사람은 물론 없다. 하지만 우리의 삶과 행복은 고통을 놓아주고 용서하는 법을 배우느냐 그렇지 못하느냐에 달려 있다.

연민이 열쇠다

메리가 나중에 깨달았듯이 괴로움을 잠시 접어 두고 상황을 제대로 바라보면, 당신에게 상처를 준 사람은 필연적으로 자기 자신에게도 상처를 입힌다는 사실을 알게 된다.

예전에 우리 옆집에는 매사에 고함을 지르는 여인이 살고 있었다. 우리집 쓰레기통이 그녀의 자동차 진입로와 너무 가까이 있을 때도, 사람들이 그녀의 집 앞에 차를 세워도, 이웃집 강아지가 그녀의 정원을 파헤쳤을 때도 그녀는 항상 고함을 질렀다. 한마디로 내가 사귀고 싶은 사람이 결코 아니었다. 어느 날 오후 구급차가 달려오는 소리를 듣고 창밖을 보니 구급차가 그녀 집 앞으로 들어오고 있었다. 응급요원들이 그녀를 차에 싣고 경광등을 요란하게 깜빡이며 병원으로 출발했다. 나는 그제야 평소 그녀가 많이 아팠다는 사실을 알았다. 그녀는 심각한 간 질환과 만성 요통에 시달렸고, 끊임없는 고통 속에서 하루하루를 살아가고 있었다. 그녀에 대한 분노가 순식간에 사라졌다. 그녀가 병원에서 돌아온 날부터 일 년 반 뒤 그녀가 죽을 때까지, 나는 그녀에 대해 전과 다른 감정을 느꼈을 뿐만 아니라 그녀를 도울 수 있는 일은 무엇이든 했다.

타인의 고통을 이해하면 당신의 부정적인 생각은 연민으로 바뀐다. 그리고 용서가 일어날 수 있는 배경이 조성된다.

만일 지금쯤 '멋진 얘기지만 어떻게 부정적인 감정을 놓아주고 용서해야 할지 그 방법을 모르겠어.'라고 생각한다면, 당신은 이미 커다란 장애물 하나를 뛰어넘은 것이다. 때로는 용서를 고려해 본다는 것 자체가 가장 어려운 부분이기 때문이다.

당신을 용서로 이끌어 줄 유용한 방법을 소개하겠다.

• 연습 과제 •

용서 프로세스

1. 아무에게도 방해받지 않는 장소에 앉는다.
2. 눈을 감고 당신이 분노와 미움, 원한을 느끼는 상대방을 떠올린다.
3. 숨을 몇 번 깊게 쉬고 자신의 감정을 있는 그대로 느낀다. 그냥 그 감정을 느끼는 데만 주목한다.
4. 당신에게 상처를 준 그 사람의 행동을 바꿀 수 없다는 사실을 인정한다. 그것은 지나간 과거의 일이고, 지금은 그것을 바꿀 방법이 전혀 없다. 어떤 방법으로도 되돌릴 수 없다는 사실을 받아들인다.
5. 그 사람이 결코 바뀌지 않을지도 모른다는 사실을 인정한다. 그들은 그대로다. 숨을 몇 번 깊게 쉬면서 이 사실을 받아들인다.
6. 이제 그들이 고통과 부족과 상처 때문에 지금의 그 모습을 하고 있다는(그리고 과거에 어떤 행동을 했다는) 사실을 이해한다. 그들 스스로는 깨닫지 못할지도 모르지만 그것은 사실이다. 사람들은 자신에게 상처가 있기 때문에 타인에게 상처를 입히는 것이다. 그들의 고통을 연민의 눈으로 바라본다. 그들이 자기 자신의 고통 때문에 타인에게 상처를 입히고 발길질하는 어린아이라고 상상해 본다. 그들에게 연민이 느껴지는가?
7. 1~2분간 조용히 앉아서 연민(얼마만큼이든 좋다.)이 심장을 확대시키는 기분을 느낀다.

* 주의: 여전히 화난 감정이 느껴진다고 해도 괜찮다. 이 연습의 목적은 당신의 고통을 덜어 내는 작업을 시작하는 것이지, 다른 이들의 잘못된 행동에 면죄부를 주기 위한 것이 아니다. 작은

> 변화라도 마음속의 변화가 느껴질 때까지 이 연습을 계속 반복한다. 연민을 더 많이 느낄수록 용서가 더욱 쉬워진다.

— 마음을 위한 행복 습관 3 —
자애를 펼쳐라

*타인의 삶에 빛을 가져다주는 사람은 필연적으로
자신의 삶에 빛이 들어오는 것을 막을 수 없다.*
- J. M. 배리(19세기 스코틀랜드 소설가)

마음에 사랑이 넘친다면 자연히 더 행복해질 것이다. 그러나 사랑이 느껴지지 않는 순간에는 어떨까? 당연히 마음이 닫혀 버릴 것이다. 반항기 넘치는 십 대 자녀, 짜증스러운 동료, 끈질긴 영업 사원 때문에 화나는데 어떻게 마음에 사랑이 넘칠 수 있겠는가?

하지만 주위 사람들에게 자애를 실천함으로써 마음의 흐름을 바꿀 수 있다. 반드시 극적인 요소가 필요한 것은 아니다. 때로는 다른 사람이 잘되길 바라고 행운을 빌어 주는 것만으로 사랑을 만들어 내는 마음속 펌프의 스위치를 켤 수 있다. 이것은 사랑과 행복의 강력한 흐름을 만들어 낸다. 사랑으로 넘치는 마음은 더 많은 사랑으로 끊임없이 채워지기 때문이다.

이유 없는 행복에 대해 조사하면서 CJ 스칼렛에게 받은 답장은 나를 크게 감동시켰다. 이후에 그녀를 직접 만나 인터뷰했는데, 그녀의 스토리는 사랑을 나누는 것(조용하게, 또는 말이나 행동을 통해)이 타인과 자기 자신에게 엄청난 영향을 준다는 사실을 보여 준다.

CJ의 이야기
사랑의 흐름

나는 마흔한 살이었다. 하지만 수십 년은 더 늙은 노인처럼 느껴졌다. 십이 년간 루푸스(류머티즘 질환에 속하는 병)와 피부경화증을 앓고 있었다. 두 가지 모두 사람을 무력하게 만드는 자가 면역 질환이었다. 내가 복용한 스테로이드계 약물은 체중을 늘려 몸을 풍선처럼 만들었다. 우체통에 가는 데도 보행기나 지팡이가 필요했고 어떤 날은 손과 무릎으로 계단을 기어올라야 했다. 운전을 할 수 없는 경우가 잦았고 모든 일을 가족에게 의지해야 했다.

의사는 언제든 심장마비가 올 수 있다고 경고했다. 가슴 통증이 매일 나를 위협했다. 때로는 죽음이 하루빨리 내 고통을 없애 주기를 바랐다. 거의 매일 밤 검은 토네이도에 빨려 들어가거나 화염에 휩싸인 비행기를 타고 추락하는 악몽에 시달렸다.

자기 계발서를 읽거나 치료사를 만나는 것이 조금은 도움이 되었지만 내 몰골은 여전히 형편없었다. 그러다 베트남 승려 틱낫한의 책을 읽고 깊은 감명을 받았다. 그래서 우연히 내가 사는 도시에 사는 불교 라마승을 만날 기회가 생겼을 때 주저 없이 그 기회를 잡았다.

지팡이에 의지해서 절름거리며 라마승이 살고 있는 집을 찾아가 고통스러운 나의 삶 이야기를 털어놓았다. 나를 한없이 측은한 눈으로 바라보며 공감해 주리라고 기대하면서.

예상과 달리 그는 불친절하지는 않지만 단호한 어조로 말했다.

"당신 자신을 불쌍하게 여기는 일을 그만두고 다른 사람들의 행복에 집중하는 일을 시작하세요."

"하지만 나는 너무 아파요. 내 몸뚱이 하나 건사하기도 힘들다고요." 나는 실망한 나머지 속으로 생각했다.

'나를 이해하지 못하는구나.'

나는 너무 아프고 무력하기 때문에 누구도 도울 수 없다고 생각했지만, 다른 사람들의 행복을 위해 기도하려고 노력하기 시작했다. 마음속으로 내가 아는 사람들과 가족과 친구들을 떠올렸다. 그리고 그들이 행복하고 건강하며 평화 속에 있다고 상상했다. 또 낯선 사람들의 행복에도 집중하기 시작했다. 고속도로에서 옆을 지나가는 사람들을 바라보며 그들의 행복과 번영을 빌었다. 마침내 내가 싫어하는 사람들에게까지 행운을 빌어 주기 시작했다.

하루는 장애인 스쿠터를 탄 채로 슈퍼마켓 계산대 앞에서 기다리고 있었다. 한 여자가 내 뒤에 와서 섰다. 표정을 보니 분명히 일진이 사나운 하루를 보낸 모양이었다. 지친 기색이 역력한 그녀는 모든 사람에게 다 짜증이 나는 것 같았다. 카트는 넘치도록 가득 차 있었고, 한시라도 줄을 빨리 빠져나가고 싶은 것이 틀림없었다.

보통 때라면 그녀가 풍기는 짜증스러운 분위기와 부정적인 에너지에서 멀리 떨어져 있으려고 노력했을 것이다. 사실 그녀를 보고 처음 든 생각은 '저 꼴사나운 여자 좀 봐. 저런 여자랑은 어떤 일로든 함께 엮이지 않는 게 좋을 거야.'였다.
그때 라마승의 조언이 기억났다. 그래서 생각했다.
'그래, 저 여자는 오늘 무척 힘든 하루를 보낸 모양이야. 그게 어떤 기분인지 나도 알지. 그녀의 행복에 대해 생각해 보자. 무엇이 그녀를 좀 더 행복하게 해 줄 수 있을까?'
나는 그녀에게 돌아서서 말했다. "급한 일이 있으신가 봐요."
그녀는 내 말에 놀라서 간단히 대답했다. "네, 좀 늦었어요."
"제 앞에 서실래요?"
그녀는 내 카트에 담긴 몇 개 안 되는 물건을 보면서 재빨리 고개를 저었다. "아니에요, 괜찮아요."
그 순간 나는 다시 말했다. "저는 급하지 않으니까 앞에 서세요."
순간 놀라운 변화가 일어났다. 부정적인 에너지를 내뿜으며 계산대 직원을 씹어 먹기라도 할 듯했던 여인이 배려와 인정을 느끼는 따뜻한 사람으로 변모했던 것이다. 그녀는 내 앞으로 자신의 카트를 밀면서 내게 아낌없이 감사 인사를 하고 점원에게도 고마움을 표했다. 그리고 물건이 모두 봉투에 담기자 미소를 지으며 슈퍼마켓을 떠났다.
나는 아주 멋진 기분을 느꼈다. 주위를 둘러보자 모든 사람들이 미소를 지으며 서로 이야기를 나누고 있었다. 그리고 내게 인사를 건넸다.

"참 좋은 일 하셨네요."

"즐거운 하루 보내세요."

우리 모두는 다른 사람의 상호작용에도 영향을 받는 것이다.

나는 타인의 행복을 생각하는 방법을 더 찾기 시작했다. 나는 필요한 사람이라면 누구에게든 미소를 짓고 달려갔다. 집이 없는 걸인들에게 돈을 주었고, 어떤 여자가 차를 사는 일을 도와 결국 일자리를 얻게 해 주었다. 돈이 없는 여자 운전자에게 기름을 넣어 주었고 태풍 카트리나로 피해가 생겼을 때는 적십자에서 자원봉사를 했다. 모든 순간이 다른 누군가의 삶의 질을 높이는 기회로 보였다. 그리고 그렇게 할 수 있는 신체적, 정신적, 재정적 능력이 있다는 사실이 기뻤다.

예전에도 자원봉사 활동을 했다. 죄 없는 피해자나 어린이 보호를 위한 비영리 단체에서 활동적으로 일했다. 하지만 그때는 도움을 받는 사람들을 피해자로, 나 자신을 구조자로 생각했다. 남을 도와주는 나 자신을 뿌듯해 했던 것이다. 그러나 이제는 달랐다.

이제는 100퍼센트 '그들'을 위한 일이었다. 나의 초점은 그들의 행복을 향해 있었다. 그리고 그들의 행복을 빌면 그들에 대한 사랑이 느껴졌다. 때때로 이러한 사랑은 또 다른 행동으로 이어졌고, 때로는 온 마음을 담은 기도로 이어졌다. 물론 그들이 이러한 내 마음과 의도를 전혀 모르는 때도 많다. 하지만 그로 인해 나의 내면에 사랑의 흐름이 생겨나고 점점 강력해진다.

다른 사람들이 나에게 얼마나 행복을 주는가, 그들이 내 필요를 얼마나 충족시키는가 하는 데 집중하는 대신, 내가 무엇으로 그들을 행복하게 만들까를 생각하기 시작하자 모든 사람이 아름답게 보였다. 그들이 각자 자신만의 훌륭한 전투에서 이기려고 싸우고 있음을, 그리고 인생을 헤쳐 나갈 자신의 길을 만들려고 애쓰고 있음을 이해할 수 있었다. 그러면 내 마음은 그들에게 끌렸다. 타인의 행복에 기여하는 데 집중하면 할수록 더 기분이 좋아졌다. 기분이 좋아질수록 나는 점점 더 행복해졌다. 밤마다 꾸는 꿈은 악몽이 아니라 즐거운 축제로 바뀌었다.

일 년 만에 내 건강 상태는 완전히 바뀌었다. 내 몸을 괴롭히던 고통도 사라졌다. 다시 평온하고 깊은 숨을 쉴 수 있었고, 삶을 다시 시작하고도 남을 에너지를 얻었다. 그로부터 이 년이 지난 지금, 내가 아프기 전인 스물아홉 살 때보다도 더 좋은 기분이다. 한때 쇠약해 가기만 하던 건강 상태가 저절로 회복되는 것을 보고 의사도 놀라워한다. 나는 계속 고통 없이 지내고 있다. 지금은 일주일에 세 번씩 근처 체육관에 가서 운동도 한다. 물론 스테로이드 때문에 불었던 체중도 줄어들고 있다.

나는 그 라마승을 다시 만났다. 첫 만남이 있고 약 일 년이 흐른 뒤였다. 다른 사람의 행복에 집중함으로써 내 인생이 바뀌었다고 이야기하자 그는 손뼉을 치며 환하게 웃어 주었다.

"아주 잘했어요, 아주 잘했어요." 그는 몇 번이고 이 말을 반복했다.

그의 현명한 조언이 끔찍한 내리막길을 가던 나의 인생을 멈추어 주었고, 내 안에 존재하던 강력한 힘과 만날 수 있게 해 주었다. 마음속에 살고 있는 애정 어린 연민 말이다. 내 건강을 되찾아 준 것은 그러한 사랑의 흐름이었다. 그리고 그것은 이제 내 삶에서 행복의 원천이 되었다.

*

당신의 행복을 빕니다

얼마나 간단한 아이디어인가? 그러나 그 효과는 삶을 바꿀 만큼 강력하다. 나 역시 CJ의 기법을 시작하고 나서 대단한 효과를 보았다. 예전의 나는 줄을 서서 기다리는 것이나 교통 체증에 묶여 있는 것을 끔찍이도 싫어했다. 그렇지만 이제 짜증을 내는 대신 주위를 둘러보며 주변에 있는 사람들의 행복과 평안과 안락과 평화를 조용히 빈다. 화가 나서 초조해 하는 대신 미소를 지으며 좋은 기분을 느끼는 자신을 발견한다.

때로는 그저 마음속으로 타인의 행복을 비는 일 이상을 하기도 한다. 최근에 공항에 있다가 출출한 배를 달래러 부리토를 사러 갔다. 부리토를 파는 직원은 시무룩하고 언짢아 보였다. 나도 좀 심술궂게 굴어 볼까 하는 생각이 잠깐 들었다. 그렇지만 그 남자가 하루 종일 서서 일하는 모습을 생각했다. 좁은 음식점 안에 갇혀서 이국적이고 멋진 땅으로 떠나는 성미 급한 여행객들에게 종일 기계적으로 부리토를 만들어 주는 그의 모습을. 정말 힘든 직업이란 생각이 들었다.

나는 그와 눈을 맞추고 말했다. "하루 종일 이렇게 일하려면 정말 피곤하시겠어요."

그는 어쩔 줄 몰라 했다. 누군가가 자신과 가까워지기 위해 손을 뻗었다는 사실이 믿기지 않는 듯했다. 그는 바로 온화해져서 함박웃음을 지으며 덤으로 튀김까지 얹어 주었다!

우리는 잠깐 웃어 줌으로써, 아주 작은 사랑을 보여 줌으로써 다른 누군가의 하루를 더 나아지게 만드는 능력을 갖고 있지만, 그 능력을 과소평가한다. 당신도 CJ의 기법을 직접 실천해 보기 바란다. 그리고 매일 약간만 시간을 내서 다음에 소개하는 연습 과제를 실천해 보기 바란다. 이는 타인의 행복과 안녕을 바라는 진심 어린 마음을 뜻하는 '메타metta'를 배양하기 위해 불교에서 사용하는 수련법을 약간 변형한 것이다. 오로지 불교에만 있는 개념은 아니다. 기독교에서는 이러한 종류의 무조건적 사랑을 '아가페agape'라고 한다. 또한 유대교의 '라하밈rachamim'은 타인에게 베푸는 사랑의 마음, 공감과 배려가 담긴 사랑을 의미한다. 이슬람의 '마합바mahabba'는 타인과 신에 대한 영적인 사랑을 의미한다.

모든 사람에게 사랑을 느끼고 그들의 행복을 빌어 주는 것은 행복한 사람의 자연스러운 습관이다. 이러한 습관은 당신의 삶에 더 많은 행복이 자라나게 도와준다.

• 연습 과제 •

자애 실천하기

당신과 타인이 자애를 얻도록 기원하는 과정은 당신이 지닌 연민의 마음을 한층 확대한다.

1. 조용한 장소를 찾아 편안히 앉는다. 눈을 감는다.
2. 천천히 깊은 호흡을 한다. 호흡이 몸 안으로 들어왔다 나가는 것을 의식하면서 호흡한다. 생각을 통제하려 하지 말고 그냥 흘러 다니게 놔둔다.
3. 다음의 문장을 조용히 반복한다.
   내가 안전하기를.
   내가 행복하기를.
   내가 건강하기를.
   내가 편안히 살기를.
   내면에 평안한 느낌이 들 때까지 이 바람들을 마음속으로 1~2분 간 느낀다.
4. 이제 당신의 친구와 가족으로 넘어간다. 그들 중 한 사람을 떠올리고 다음의 바람을 조용히 보낸다.
   당신이 안전하기를.
   당신이 행복하기를.
   당신이 건강하기를.
   당신이 편안히 살기를.

마음속에서 사랑의 흐름을 느낄 때까지 이 바람들을 계속 보낸다.

5. 이제 이들 소망을 세상의 모든 살아 있는 것들에게 보낸다. 마음속에서 확장의 감각이 느껴질 때까지 계속한다.

• 5장 요약 및 행복 실천 방안 •

감사에 집중하고 용서를 실천하고 자애를 펼치면 사랑이 당신의 삶을 이끌어 간다. 마음의 기둥을 강화하면 당신의 내면에 평화와 연민이 더욱 많아진다. 마음을 위한 행복 습관을 실천하기 위해 다음의 단계를 활용하라.

1. 감사 게임을 한다. 잠자리에 들기 전에 오늘 하루 감사했던 일 다섯 가지를 생각해 보라. 원한다면 일기에 기록한다.
2. 데이비드 수사의 '커다란 충만함' 연습을 시도한다. 예를 들어 그날의 주제를 선택한다. 물을 주제로 택한 경우 무엇인가를 보고 물이 떠오르면 그것을 이유 없는 감사를 경험하는 실마리로 이용한다.
3. 리코처럼 매일 몇 분 동안 웃는 시간을 갖는다.
4. 심장 리듬 통일성을 습관화하기 위해 하트매스의 통일성 기법을

실천한다.
5. 용서 프로세스를 시도한다. 용서를 더 쉽게 만들어 주는 감정인 연민을 마음속에서 찾는다.
6. 자애 실천하기를 매일 실시한다. 어디에서든 당신의 생각과 행동을 통해 자애를 펼친다.

육체의 기둥

세포를 행복하게 하라

건강한 육체에 건강한 정신이 깃든다는 말은 짧은 문장이지만
행복한 상태를 완벽하게 표현하고 있다.
– 존 로크(17세기 영국 철학자)

행복이란 비단 마음 상태만을 뜻하는 것이 아니다. 육체 상태도 의미한다. 실제로 우리의 몸은 행복을 지원하기 위한 방식으로 만들어져 있다. 신경생리학자 캔디스 퍼트 박사는 베스트셀러 『감정의 분자Molecules of Emotion』에서 심신의 연계성을 증명해 보였다. 우리가 행복을 느끼면 긍정적인 경험의 기초가 되는 신체 및 두뇌의 화학 물질인 '행복 분비액'이 우리 몸에 생겨난다는 것이다.

우리는 머릿속에 이미 그 무엇보다 강력한 약을 가지고 있는 것이다! 두뇌에서는 초당 10만 개 이상의 화학 작용이 계속 일어나고 있다. 우리 두뇌는 엔도르핀(두뇌의 진통제. 모르핀보다 세 배나 강력하다.), 세로토닌(자연스럽게 화를 가라앉히고 우울증을 경감시킨다.), 옥시토닌(유대감 호르몬), 도파민(각성도와 기쁨을 증대시킨다.) 같은 천연 행복 증진 약물을 가지고 있다. 그것들은 당신 몸 안의 모든 세포와 기관으로 방출되기만을 기다리고 있다. 당신 두뇌의 약국은 24시간 열려 있기 때문에 언제든지 당신 스스로 이 행복 화학 물질들을 공급받을 수 있다. 세포들이 행복해지면 당신도 행복해진다.

앞의 두 장에서 우리는 생각과 감정이 행복 세트포인트에 미치는 영향을 살펴보았다. 이 장에서는 당신이 먹고 움직이고 숨쉬고 휴식하는 방식, 심지어는 당신의 얼굴 표정이 어떻게 두뇌 화학 물질들의 균형을 변화시켜 불행을 극복하게 만들어 주는지 살펴볼 것이다.

내가 '불행'이라고 언급할 때, 이는 다양한 종류와 형태의 불행을 의미하는 것이지 병적인 우울증을 말하는 것이 아님을 명심하라. 병적인 우울증은 전문가의 개입이 필요한 특수한 의학 상태다. 만일 당신이 병적인 우울증에 빠져 있다면 전문가의 도움을 받아 그 주요 원인이 되는 화학적 불균형 상태에 대해 조치를 취해야 한다. 하지만 이 장에서 소개하는 습관을 실천하여 육체의 기둥을 강화하는 것도 기본적인 우울증 치료에 대한 보조 도구로써 큰 도움이 된다는 사실을 기억하기 바란다.

신체의 행복 약탈자: 스트레스와 유해 요소

우리의 몸이 행복을 지원하기 위한 방식으로 만들어져 있다면, 우리 모두가 행복하지 못한 이유는 무엇일까? 당신의 삶을 한번 돌아보라. 우리는 카페인을 과다 섭취한 일벌처럼 정신없이 돌아다니면서 미친 듯이 여러 가지 일을 한꺼번에 처리하고, 뛰어다니면서 끼니를 해결한다. 건강하지 않은 식사, 운동이나 적절한 휴식의 부족 등 스트레스로 가득 찬 우리의 생활 방식은 행복한 세포를 만들어 내는 능력을 가로막는다.

스트레스는 행복과 건강의 가장 큰 약탈자다. 과학적인 증거들이 모든 질병의 구십 퍼센트가 스트레스와 연관되어 있다는 사실을 알려 준다. 우리 중 대다수가 스트레스로 지쳐 있다. 그러나 좀 더 깊은 원인은 생각해 보지 않은 채 고통을 완화시켜 주는 약을 먹으면서 증상을 무시해 버린다.

또 매일 노출된 환경적인 유해 요소들도 있다. 가공 식품의 화학 물질, 농산물 속의 농약, 고기와 우유의 환경 호르몬, 오염된 공기와 물 등. 우리 몸의 세포는 필요한 지원을 얻지 못하면 생명력과 행복의 즐거운 조화를 노래하는 대신 굶주려서 죽어 간다. 그 결과 신체의 에너지는 낮아지고 당신은 불행해진다. 하지만 다행히도 세포의 합창단이 다시 한 번 행복의 노래를 부르도록 북돋울 방법이 없지는 않다.

세포의 합창을 북돋워라

우리 몸의 세포를 행복하게 만드는 방법은 여러 가지다. 우리는 피로와 불편함을 억지로 참고 버티는 일을 멈추고, 몸속에 쌓인 유해 물질을 정화하고, 새로운 약물 복용을 줄이고, 우리 체내의 약국을 이용하여 더 많은 행복을 경험할 수 있다.

노래를 부르고, 편안한 음악을 듣고, 강아지와 산책하고, 마사지를 받고, 긴 포옹을 나누고, 정원을 가꾸는 등의 일상적인 활동이 체내의 행복 화학 물질을 증가시킨다는 사실을 보여 주는 많은 연구가 있다. 또한 웃는 것만으로도 행복 수준을 높일 수 있다.

모나리자의 미소를 잘 생각해 보기 바란다. 감정을 표현하기 위해 얼굴 근육을 사용하면, 우리의 두뇌는 특정한 신경 전달 물질을 만들어 낸다. 보톡스의 효과를 연구한 과학자들은 우울증 환자가 주름살 치료를 받자 전보다 덜 우울해졌다는 사실을 발견했다. 프랑스 생리학자 이즈라엘 웨인바움 박사의 연구는 얼굴을 찡그리는 것은 스트레스 호르몬인 코티솔, 아드레날린, 노르아드레날린의 분비를 유발한다는 사실을 증명한다. 이 화학 물질들은 혈압을 높이고 면역 체계를 약화시키며 우리 몸을 우울증과 불안에 취약하게 만든다. 반면 웃는 것은 이들 물질을 감소시키고 엔도르핀 같은 행복 화학 물질을 생성시키며 면역 세포인 T세포의 기능을 강화함으로써, 근육 긴장을 완화하고 고통을 감소시키며 치유를 가속시킨다.

웃음의 효과를 배가시키고 싶다면 가급적 크게 웃어라. 수십 건의 연구가 웃음이 최고의 명약이라는 사실을 확인해 주고 있다. 이 역시 스트레스 호르몬의 활동을 억제하고 행복 호르몬 분비를 가속시킨다.

행복: 신체의 건강을 가져다주는 묘약

행복을 느끼는 것은 건강에 유익한 영향을 준다. 지난 이십 년간 다양한 연구들이 만족감이 면역 시스템을 강화하고 질병을 예방한다는 사실을 보여 주었다.

- 행복한 사람은 보통 사람보다 감기에 걸릴 확률이 35퍼센트 낮고 독감 백신을 맞았을 때 항체를 50퍼센트나 더 만들어 낸다.
- 행복과 낙천성 평가에서 높은 점수를 기록한 사람은 심혈관계 질환, 고혈압, 감염의 리스크가 낮다.
- 내적 행복의 징후인 유머 감각을 가진 사람은 그렇지 못한 사람보다 오래 산다. 암에 걸린 사람들의 경우 유머 감각이 있으면 생존 확률이 더 높다. 한 연구는 유머 감각이 암환자의 조기 사망 확률을 70퍼센트 정도 감소시킨다고 밝혔다.

행복과 건강은 긍정적인 피드백 고리를 만든다. 즉 한 가지가 개선되면 다른 한 가지도 자동으로 개선된다는 뜻이다.

우리가 몸을 길들인 습관에 따라 에너지가 수축되고 피곤함을 느끼거나 아플 수도 있고, 확대의 느낌을 경험하고 행복과 안정감을 얻을 수도 있다.

수축	확대
스트레스를 느낀다.	안정감을 느낀다.
가공 식품을 먹는다.	신선한 무첨가 식품을 먹는다.
화학 물질 및 호르몬의 불균형	균형 잡힌 시스템
가슴으로 얕은 호흡을 한다.	복부로 깊은 호흡을 한다.
탈수된다.	물을 많이 마신다.
누워서 텔레비전만 본다.	활동적인 생활 방식을 가진다.
찡그린다.	웃는다.
신체의 신호를 무시한다.	신체가 무엇을 원하고 필요로 하는지 듣는다.

건강을 증진하기 위해 다양한 노력을 하는데도 신체에 이런저런 문제가 생길 수 있다. 그렇다 하더라도 이유 없는 행복은 가능하다. 내가 인터뷰한 행복한 100인 중 많은 이들이 건강에 문제가 있었다. 심지어는 말기암 환자도 있었다. 하지만 그들에게는 고통과 행복이 함께 공존하는 듯했다. 그들 삶에서 행복은 자연스럽게 나타났고, 그들에게는 평화와 안정감이 다른 모든 경험의 기반이 되고 있었다. 당신의 세포를 행복하게 만드는 다음의 행복 습관을 실천하면 당신 내면에도 그와 같은 흔들리지 않는 기반이 생겨날 것이다.

> **육체을 위한 행복 습관**
>
> 1. 육체에 영양을 공급하라.
> 2. 육체에 에너지를 불어넣어라.
> 3. 몸의 지혜에 귀를 기울여라.

— 육체를 위한 행복 습관 1 —
육체에 영양을 공급하라

당신이 무엇을 먹는지 말해 보라. 내가 당신이 누구인지 말해 주리라.
- 앙텔므 브리야 사바랭(18세기 프랑스 작가, 미식가)

오랫동안 내 몸의 세포들은 불행했다. 내가 영양을 잘 공급하지 않았기 때문이다. 아주 어릴 때 나의 식단은 주로 바삭한 베이컨, 소스를 잔뜩 넣은 햄버거, 컵케이크(할아버지가 매주 사다 주신 선물), '가공된 미국산 치즈 식품'이라는 수수께끼의 물질로 채워진 크래커, 눈같이 하얀 원더 브레드("열두 가지 방법으로 튼튼한 신체를 만들어 줍니다."라고 적혀 있는)로 구성되어 있었다. 과일이나 채소는 당근, 샐러리, 사과, 이렇게 세 가지만 들어갔다. 이것마저도 아주 최소한만 먹었기 때문에 내 뱃속에 맥도날드의 감자튀김과 셰이크를 집어넣을 공간은 여전히 넉넉했다. 나는 언제나 피로감을 느꼈기 때문에 설탕으로 힘을 보탰고, 에너지 충전을 위해 밤낮으로 냉장고의 아이스크림을 꺼냈다. 아이스크림을 먹을 때는 제로 칼로리 음료수를 한 캔 곁들였다. 누가 보통 콜라를 마셔서 필요 이상의 칼로리를 섭취하고 싶겠는가?

나는 너무나 '잘' 먹어서 지나치게 살이 찌고 말았다. 체중이 구 킬로그램이나 늘어난 것이다. 키 150센티미터의 열여섯 살짜리 소녀에게는 충격이었다. 통통해진 외모만 나를 괴롭히는 것이 아니었다. 나는 언제나 피곤했고 만사가 귀찮고 불만스러웠다. 일시적인 고혈당은 항상 체내 시스템의 이상을 가져왔고, 그러면 이전보다 더욱 피곤해졌다.

대학에 들어가면서 식습관을 고치기로 마음먹었다. 열일곱 살에 내 인생의 마지막 제로 칼로리 음료수를 마셨다. 설탕 섭취를 단계적으로 줄이고 채식주의자가 되었다. 가공 탄수화물 식품 대신 무첨가 자연 식품을 먹기로 결심했을 때, 나는 맛있는 과일과 채소가 세상에 그토록 많다는 사실에 놀라지 않을 수 없었다.

이렇듯 모범적인 식습관을 시작한 것은 사람들 앞에서 반바지를 입는 것이 두려워졌기 때문이었다. 그러나 나는 곧 체중 감량에서 오는 기쁨은 나쁜 식습관을 버린 후에 몸에서 솟는 에너지에 비하면 아무것도 아니라는 것을 깨달았다. 나는 전보다 훨씬 더 가볍고 행복했다. 그리고 나 자신을 더욱 또렷하게 느낄 수 있었다. 이제 나의 에너지와 기분과 음식의 관계를 누구보다 잘 안다. 그래서 '원더 브레드 시절'과 끊임없는 피로의 시간으로는 결코 돌아가고 싶지 않다.

나쁜 식습관만 불행한 세포를 만드는 것은 아니다. 때로는 두뇌 화학 물질이나 호르몬의 불균형도 중요한 원인이 된다. 내 친구인 여배우 캐서린 옥센버그의 경우가 그렇다. 언뜻 보기에 그녀는 모든 것을 가진 사람처럼 보인다. 아름다운 외모에 총명한 머리, 멋진 남편, 예쁜 아이들, 성공적인 경력까지. 그래서 사람들은 그녀가 피로와 질병, 계속되는 우울 증세를 극복하기 위해 고군분투했다는 사실을 알면 깜짝 놀란다. 그녀의 이야기를 들어 보자.

캐서린의 이야기
통증, 피로감과 이별하다

대부분의 여자아이들은 공주가 되는 것을 꿈꾼다. 그러나 내 경험에 비춰 보면 공주가 되는 것이 꼭 그렇게 근사한 일만은 아니다. 나는 유럽 왕실의 오랜 혈통을 이어받은 공주로 태어났지만 행복한 소녀는 아니었다. 내 어머니는 유고슬라비아 왕가의 엘리자베스 공주로 내가 여섯 살 때 뉴욕의 사업가인 아버지와 이혼한 뒤 나와 언니를 데리고 런던으로 이사했다. 언젠가 어머니가 "캐서린, 제발 그렇게 우울한 얼굴 좀 하지 마라." 하고 말하던 기억이 난다.

나도 그러고 싶었다. 하지만 늘 그런 기분이 드는 것을 어쩔 수 없었다. 지금 생각해 보면 그때 그렇게 '우울한 얼굴'을 한 이유는 행복에 영향을 주는 호르몬인 세로토닌 수치가 낮았기 때문이었던 것 같다. 이후 십 대가 되어서는 먹는 것을 통해 만족감을 얻기 시작했다. 겉으로 볼 때 나는 모든 면에서 멋진 여성이었다. 학교에서 뛰어난 성적을 거뒀고 하버드에 입학했다. 그 다음엔 일류 모델이, 그 다음에는 배우가 되었으며, 영화도 찍고 유명한 텔레비전 시리즈 「다이너스티」에도 출연했다. 그렇지만 바로 그 시기에 나는 엄청난 폭식과 구토를 반복하며 내면의 고통을 치료하려 애쓰고 있었다. 폭식증의 끔찍한 악순환 때문에 기분이 더 나빴다. 한번은 의사가 내 상태를 개선시키려고 항우울제를 처방해 주었다.

조금 기분이 나아지기는 했지만 항우울제는 내가 기대한 기적의 치료제는 아니었다. 그리고 얼마 후 임신 사실을 알았다. 의사와 나는 투약을 중지해야 한다는 데 동의했고, 딸이 태어난 뒤로는 항우울제를 복용하지 않았다. 그 후 몇 년간 이따금 나타나는 폭식증과 싸웠다. 이것저것 할 일이 많아지자 폭식증이라는 무서운 마수에서 간신히 벗어났지만, 여전히 툭하면 우울하고 불행한 감정으로 빠져들었다.

그 후 얼마 지나지 않아 배우 캐스퍼 반 디엔을 만나 사랑에 빠졌고 결혼했다. 그러나 결혼 후 일 년 만에 온몸이 아파오기 시작했다. 항상 약한 감기 기운이 있는 것 같았다. 나는 류머티스성 섬유조직염이라는 진단을 받았다. 근육, 인대, 힘줄에 광범위한 통증을 수반하는 만성 질환이었다. 문득 이런 생각이 들었다. 정신적인 고통과 불행이 육체적인 쪽으로 이동한 것이라고. 내 경우에 섬유조직염은 내 육체가 우울증을 겪는 방식이라고 말이다. 실제로 항우울제를 약간 복용하자 신체의 고통이 상당히 줄어들었다.

캐스퍼와 나에게는 이미 세 아이가 있었지만, 우리는 두 사람의 아이를 원한다는 것을 알고 있었다. 아이를 갖기로 결심한 이후 약 복용을 멈췄다. 한 달 만에 임신을 했고 섬유조직염은 사라졌다.

이후 두 아이가 태어났다. 다섯 아이를 가진(게다가 둘은 세 살도 안 된 갓난아기였다.) 마흔세 살의 엄마라는 육체적인 현실이 이미 허약한 내 건강과 행복에 큰 타격을 주기 시작했다. 나는 언제나 지치고 아팠다. 무언가에 집중하거나 전념하기도 불가능했다. 게다가 기억력은 또 어땠는가! 나는 알츠하이머 초기라고 확신했다.

아침 시간은 유난히 끔찍했다. 밤새 잤는데도 여전히 피곤했다. 그래서 캐스퍼가 아이들 아침을 챙겨 먹이고 학교에 보냈다. 그런데 어느 날 아침, 큰딸 인디아가 침실에 와서 나를 깨우고는 가족들이 다 함께 아침을 먹었으면 좋겠다고 하는 것이었다.

나는 딸아이에게 말했다.

"얘야, 엄마는 몸이 안 좋아. 정말 아프단다."

딸아이는 방을 나가기 전에 돌아서서 슬픈 표정으로 말했다.

"엄마는 항상 아프잖아요."

나는 참담한 기분이 들어 웅크리고 누운 채 눈물을 흘렸다. 아이의 말이 맞았다.

내게 뭔가 큰 문제가 있는 것이 분명했다. 그렇지만 어떤 의사도 문제의 원인을 밝혀내지 못했다. 내 혈행은 완벽하게 정상이었고,

의사들은 항우울제를 다시 복용하라는 말만 할 뿐이었다. 하지만 나는 그 괴로운 부작용들을 원치 않았다. 자연적인 방법으로 기분이 나아지는 길이 분명히 있을 것 같았다. 하지만 그게 뭔지는 알 수 없었다. 정말 어떻게 해야 할지 몰라 고민하던 중 상상도 못한 방법으로 도움이 찾아왔다.

새벽 3시였다. 나는 크리스마스에 친척들을 만나기 위해 플로리다행 비행기에 몸을 싣고 있었다. 눈이 시뻘게져서 장거리 비행을 하는 것은 정말 악몽이었다. 두 아이는 도통 잠잘 생각은 않고 싸우고, 울고, 그야말로 통제 불능이었다. 그러다 마침내 아이들이 잠들어 조용해졌다. 나도 숨을 깊이 쉬고 눈을 감았다. 피로와 절망감이 100킬로그램짜리 추처럼 나를 짓눌렀다.

아무래도 잠이 오지 않아서 내 앞 좌석 포켓에 있던 잡지에 손을 내밀었다. 그런데 잡지를 훑어보던 내 눈이 어떤 페이지 상단에 커다랗게 쓰인 제목에 멈추었다. "아프고 지치는 증세가 지긋지긋하십니까?" 소름이 돋으면서 머리카락이 쭈뼛거렸다. 나는 자세히 읽어내려갔다. "당신에게 아무 문제도 없다는 의사 얘기를 듣기도 이제 지쳤나요? 피로와 무기력, 띵한 머리에도 불구하고 당신의 혈행은 '정상'인가요? 늘 피곤해서 인생을 즐길 수가 없나요?"

뺨을 타고 눈물이 흘러내렸다. 그때까지 나 자신을 수치스러워했고, 내 문제는 모두 머릿속에 있다고 확신했다. 이런 피로와 무기력을 느끼는 사람이 나 하나뿐이 아니라는 사실을 알자 안도감이 느껴졌다. 나는 계속 읽어 내려갔다.

그것은 보조제, 천연 호르몬, 적절한 영양 공급을 통해 신체와 마음의 균형을 찾아 주는 자연 요법 전문 병원에 대한 설명이었다. 이 요법을 시도한 마흔다섯 살 여성의 경험담을 읽으면서 놀라지 않을 수 없었다. 그 여자는 꼭 나와 같았다. 나는 그녀가 나열한 모든 증상을 가지고 있었다. 그러나 병원의 처치를 따른 후 그녀는 끔찍한 상황에서 벗어나 이전에 느껴 보지 못한 행복을 누리고 있었다. 나는 의자에 등을 기대고 신의 섭리라고 생각되는 이 발견에 조용히 감사의 기도를 올리고, 곧 잠이 들었다.

플로리다에서 집으로 돌아오자마자 잡지에 나온 의사와 면담 약속을 잡았다. 내가 겪는 증상이 모든 연령대에서 극히 흔하게 나타난다는 사실을 알았다. 가장 중요한 문제는 내 호르몬이 균형을 잃었다는 점이었다. 그것이 파괴적인 도미노 효과를 일으키기 시작했으며, 갑상선과 부신에 영향을 주고 건강을 심각하게 위협하고 있었다. 나는 영양 보조제를 섭취하고 인체 친화형(합성이 아닌) 호르몬을 투여받기 시작했다.

식습관도 내 문제에 일조하는 요소였다. 호츠 박사의 조언대로 설탕, 유제품, 알코올, 곡물을 한 달간 먹지 않았다. 땅콩버터, 아보카도, 올리브 오일, 코코넛 오일의 형태로 건강한 지방을 적절히 섭취했고 채소와 유기농 고기, 달걀, 생선과 같은 여러 종류의 단백질을 먹었다.

처음에는 그리 많은 변화가 생기지 않았다. 그러나 정확히 2주가 지나자 오후 3시 슬럼프가 없어졌다.(나는 이때가 밤의 휴식을 준비하기 위해 신체가 세로토닌 생성을 멈추는 시간임을 알았다.) 30일이 되자 신체와 감정의 변화를 목격하며 더욱 의욕이 솟았다. 나는 새로운 영양 공급, 보조제, 호르몬 프로그램을 계속 유지하기로 결심했다. 한 달이 더 지나자 거의 기적에 가까운 변화가 느껴졌다. 몸과 마음 그리고 영혼까지 변하는 것을 느꼈다.

    요즈음은 식단이 더 다양해졌지만, 설탕과 가공 탄수화물 식품의 섭취는 가급적 제한하는 식습관을 계속 유지한다. 그런 것들을 먹었을 때와 먹지 않았을 때의 차이를 확연히 느끼기 때문이다. 이제는 전반적으로 건강한 느낌이다. 더 이상 피로감도 느끼지 않는다. 에너지도 넘치고 정신도 훨씬 맑아졌다. 기력도 돌아왔고 불었던 체중도 줄었다. 무엇보다 나는 이제 아이들과 함께할 수 있다. 이 프로그램을 시작하고 한 달쯤 지났을 때였다. 막내딸이 일어나자마자 침실에 들어와서는 아침을 만들어 달라고 했다. 나는 곧바로 이불을 젖히고 일어나 부엌으로 갔다. 나는 아침에 머리를 깨기 위해 늘 마시던 카페인 차로 손을 뻗었다. 하지만 이미 내 머리가 깨어 있다는 것을 깨달았다! 정신이 맑고 에너지가 넘쳤다. 그날 이후 나는 우리집 아침 식사의 정규 멤버가 되었다. 아이들이 좋아하는 것은 두말할 것도 없다.

    '지옥 같은 비행기 여행'이 지옥에서 빠져나오는 내 여정의 출발점이 되었다니 아이러니하지 않은가. 두뇌 화학 물질과 호르몬이 균형을 이루면서 이제는 아이들의 얼굴에서만 보던 자연스러운 행복감을 나도 경험할 수 있다. 건강하고 균형 잡힌 신체로 가는 열쇠를 찾음으로써 행복한 삶의 문을 열 수 있었던 것이다.

*

음식의 힘

캐서린이 깨달았듯이 정신적, 신체적 상태를 개선하는 가장 기본적인 방법은 몸 안에서 천연 화학 물질들이 균형 잡힌 방식으로 기능하게 만드는 것이다. 이때 당신이 먹는 것은 결정적인 역할을 한다. 이 책은 물론 다이어트 책이 아니다. 하지만 나는 건강을 증진할 뿐 아니라 당신의 세포까지 행복하게 만들어 주는 식습관에 대한 몇 가지 지침을 제시하려고 한다. 식습관이 행복에 점증적으로 미치는 커다란 영향력을 알고 난 이후 나는 아래의 행복 습관을 반드시 지켰다.

행복한 세포를 만들어 주는 영양 지침

1. **행복을 증진하는 음식, 즉 신선한 자연식품을 먹어라**: 신선한 자연식품으로 이루어진 균형 잡힌 식단은 매일 '행복 분비액'이 충분히 분비되는 데 필요한 원료를 두뇌에 공급해 준다. 이처럼 가장 기본적인 측면이 제대로 이루어지지 않으면 몸의 생화학 상태가 나빠지면서 혈당 수치가 올라가고 부신 기능이 악화되며 스트레스를 완화해 주는 필수 호르몬이 부족해진다.

인공 첨가물이 없는 자연식품을 먹는다는 것은 가급적 자연 상태에 가장 가까운 음식을 신체에 공급한다는 뜻이다. '가짜 음식', 즉 박스나 캔에 들어 있는 음식을 피하라. 이런 음식은 가공, 보존, 인위적인 포장 단계를 거치면서 원래의 영양소가 대부분 훼손된다. 과일과 채소, 신선한 고기, 생선, 가금류 등에 집중하라. 박스나 캔에 담기거나 포장된 식품들이 있는 구역은 발길도 들여놓지 마라. 정백하지 않은 곡물, 유기농 식품, 환경 호르몬이 없는 육류와 유제품을 구매하라. 물론 이런 식품은 값이 더 비싸다. 하지만 병원에 덜 가고 더 건강한 삶을 누리는 것으로 보충이 되고도 남는다.

2. **물을 많이 마셔라**: 물이 부족한 것은 행복한 세포를 위해 결코 좋지 않다. 우리 몸에는 물이 필요하다. 우리 몸의 대부분이 물로 이루어져 있지 않은가! 신체가 음식의 영양분을 충분히 흡수하기 위해서는 H_2O에서 얻어지는 수소와 산소가 필요하다. 몸에서 실제로는 물이 필요한데도 사람들은 종종 배고프다고 느낀다. 다음번에는 간식거리에 손을 대기 전에 우선 물을 한두 모금 마셔 보라. 또한 전문가의 충고대로 당신 체중의 30분의 1에 해당하는 물을 매일 마셔라.(체중이 60킬로그램이라면 약 2킬로그램, 즉 2리터)

3. **행복을 빼앗아 가는 음식을 멀리하라**:

- 설탕을 멀리하라: 건강 전문가들이 어떤 문제에 대해 합의하는 것이 얼마나 어려운지 아는가? 하지만 내가 인터뷰한 모든 전문가들은 우리 식단에서 가장 심각한 행복 파괴자가 백설탕이라고 입을 모아 말했다. 백설탕은 강력한 중독성을 가지고 있고, 두뇌에 혼란을 일으키며 우울한 기분과 불안을 유발한다. 또 오후 3시경 책상에 이마를 처박게 만드는 무기력감과 낮은 에너지 상태를 유

발한다. 불행히도 설탕을 대체하는 합성 물질들 역시 더 나을 것이 없다. 수많은 연구 보고서들이 설탕 대용 합성 감미료의 부작용을 지적했다. 과일 등 천연 상태로 당분을 섭취하는 것이 훨씬 몸에 유익하다.

- 탄수화물을 억제하라: 탄수화물에 대해서라면 '통'이라는 말이 중요하다. 흰빵, 흰쌀, 흰밀가루로 만든 파스타나 빵 등 정제된 곡물은 혈당을 빠르게 증가시키고 당신의 기분과 에너지 레벨을 빈번하게 변화시킨다. 미국인 표준 식단Standard American Diet에는 지나치게 많은 녹말과 정제 탄수화물이 담겨 있다(약자인 'SAD'는 얼마나 적절한 약어인가?). 현미, 기장 같은 통곡물로 바꾸면 간단하면서도 효과적으로 더 건강하고 행복한 기분을 얻을 수 있다.

- 카페인을 줄여라: 많은 사람들이 기운을 돋우고 싶을 때 카페인이 잔뜩 든 커피나 청량음료를 찾는다. 카페인은 두뇌 화학물질인 아데노신의 전달을 차단하며, 그 결과 혈류에 더 많은 아드레날린이 분비된다. 그래서 커피나 청량음료를 마시고 나면 정신이 맑아지고 자극을 받은 것처럼 느껴진다. 그러나 그러한 각성 상태는 30~60분 후에 최고에 달하고 그 뒤에는 다시 내리막길을 가게 된다. 커피나 청량음료 대신 카페인을 제거한 녹차(일반 녹차는 카페인을 함유하고 있다.)를 마셔 보라. 녹차는 항산화 작용이 있어 세포를 행복하게 만들 뿐 아니라 좀 더 지속적인 에너지를 제공한다.

두뇌와 신체의 행복을 증진하는 슈퍼 물질

우리 몸의 세포를 행복하게 하기 위해서는 신체의 영양 상태를 특별한 방법으로 개선하는 것도 도움이 된다. 영양심리학 전문가이자 『심리 치료The Mood Cure』의 저자인 줄리아 로스는 우리가 불행해지는 커다란 이유가 '영양학적 요구를 제대로 충족하지 못한 것'이라고 말한다. 그녀는 행복을 만들어 내는 네 가지 핵심 신경 전달 물질과 심리 상태 사이의 연관성에 대한 연구를 토대로 한 프로그램을 개발했다. 이들 신경 전달 물질의 생성과 역할에서 아미노산이 중요한 역할을 하는데, 아미노산이 풍부하고 이들 네 가지 신경 전달 물질 수치가 높으면 대체적으로 긍정적인 심리 상태가 만들어진다. 이들 중 어느 것이라도 부족하면 해당 물질 결핍에서 오는 특정한 증상이 나타난다.

네 가지 행복 신경 전달 물질과 두뇌

- 세로토닌 수치가 높으면 긍정적이고 자신감 있고 융통성 있고 편안한 상태가 된다.
- 세로토닌 수치가 낮으면 부정적이고 극단적이 되며 걱정이 많아지고 짜증스러워진다.
- 카테콜아민(노르에피네프린, 도파민, 아드레날린이 이 그룹에 속한다.) 수치가 높으면 활력 있고 쾌활하며 민감한 상태가 된다.
- 카테콜아민 수치가 떨어지면 우울하거나 무기력해질 수 있다.
- 감마아미노부티르산 수치가 높으면 이완되고 스트레스에서 해방된 기분을 느낀다.
- 감마아미노부티르산 수치가 낮으면 신경이 곤두서고 스트레스를 받는다.
- 엔도르핀 수치가 높아지면 편안하고 즐겁고 행복한 기분을 느낀다.
- 엔도르핀 수치가 저점에 달하면 광고를 보다가 눈물을 흘릴 정도로 과도하게 민감해지고 상처를 잘 받는다.

* 출처: 줄리아 로스의 『심리 치료』

이 장의 말미에 줄리아 로스의 심리 상태 조사표를 실었다. 당신의 아미노산 수치가 적절한지 판단하는 데 도움이 될 것이다.

몸속 청소하기

많은 사람들의 몸에는 행복 분비액의 생성을 막는 '독소'가 가득하다. 때로는 그 독소들을 제거함으로써 체내를 깨끗이 청소하는 것이 최선의 길이다. 몸속을 청소하면 빠른 시간 내에 세포를 행복하게 만들 수 있지만, 이를 위해서는 적절한 방식을 택할 필요가 있다. 대개 그 방법에는 일시적인 식습관 변경(때로는 단식), 해독 목욕, 독소 제거 약초의 사용 등이 포함된다. 동양 의학에 따르면 우리 몸의 각 기관은 특정한 감정과 관련되어 있으며(간은 분노, 신장은 두려움, 폐는 슬픔, 비장은 걱정) 장기마다 다른 종류의 정화법이 필요하다고 한다. 계절이 바뀔 때마다 정기적으로 체내를 청소하라고 권하는 전문가도 있다.

다만 건강 상태에 따라 몸에 미치는 영향이 다를 수 있으므로 몸속을 청소하기 전에 반드시 의사와 상의한다.

호르몬과 행복

캐서린이 건강해진 과정과 행복 프로그램에서 또 다른 중요한 부분은 호르몬이다. 호르몬은 남성보다 여성에게 더 큰 영향을 미치며, 누군가 인생에서 불행을 느끼고 있다면 호르몬 측면을 중요하게 고려해 봐야 한다. 호르몬은 모든 기관의 기능에 영향을 주지만 특히 두뇌에 대한 영향이 크다. 따라서 호르몬 불균형은 심리 상태와 행복에 심각한 영향을 줄 수 있다.

모든 호르몬 대체물이 똑같은 것은 아니다. 많은 사람들이 인체 친화형 호르몬, 즉 인간의 몸에서 생성되는 호르몬과 똑같은 화학 분자 구조를 가진 호르몬을 선호한다. 여성 건강 전문가인 크리스

티안 노스럽 박사는 "인체친화형 호르몬은 우리 몸이 인식하고 이용하는 호르몬과 아주 흡사하기 때문에 이들은 우리 몸의 정상적인 생화학 작용과 좀 더 안정적으로 조화를 이룬다. 또한 이러한 대체 호르몬을 보충할 경우, 합성 호르몬이나 비인체친화형 호르몬에 비해 예상치 못한 부작용이 일어날 확률이 낮다."라고 말한다. 당신이 호르몬 문제로 고통을 겪고 있다면 한방번 모든 걸 해결할 수 있다는 식의 사고방식을 가지지 않은 의사를 찾아가야 한다.

신체에 영양을 공급하는 여러 가지 방법을 탐구하는 것은 시간을 투자할 가치가 있는 일이며, 당신에게 행복을 안겨 줄 것이다.

• 연습 과제 •

심리 상태 조사표

아래에 열거한 증상들 가운데 당신이 공감을 느끼는 항목에 대하여, 그 항목 앞에 적힌 숫자를 점수로 매긴다. 파트별로 총계를 내고 이를 기준 점수와 비교한다. 당신의 점수가 기준 점수를 넘거나, 해당하는 증상은 몇 개 안 되지만 그것들이 평소에 당신을 괴롭힌다면 줄리아 로스의 『심리 치료』나 웹사이트 www.moodcure.com을 통해 아미노산에 대해 더 공부하기 바란다. 두뇌가 필요로 하는 아미노산은 영양 공급을 통해 쉽게 얻을 수 있으며, 신경 전달 물질에 필요한 연료인 아미노산을 얻으면 짧은 시간 안에 심리 상태를 개선할 수 있다.

파트 1: 늘 우울한 기분을 느끼는가? 그렇다면 당신의 세로토닌 수치가 낮을지도 모른다.

3) 당신은 부정적인 경향이 있는가? 즉 컵에 물이 절반이나 남았다고 보기보다는 절반이나 비었다고 생각하는가?

3) 걱정이나 근심이 많은가?

3) 낮은 자존감, 자신감의 부족을 느끼는가? 쉽게 자기를 비판하거나 죄책감을 느끼는가?

3) 강박적인 생각 때문에 행동을 하는 경우가 가끔(혹은 많이) 있는가? 변화를 가하거나 융통성을 발휘하는 데 어려움을 느끼는가? 완벽주의자거나 정리벽이 있거나 지배욕이 강한가? 컴퓨터나 텔레비전 또는 일에 중독되어 있는가?

3) 흐린 날씨를 매우 싫어하거나 가을/겨울에 뚜렷한 우울 증세를 보이는가?

2) 짜증스럽거나 조급하거나 안절부절못하거나 화를 내는 경우가 빈번한가?

3) 수줍거나 두려워하는 편인가? 높은 곳, 비행, 밀폐된 공간, 대중 앞에 서는 것, 거미, 뱀, 교각, 군중, 집을 떠나는 것 등 어떤 것이라도 신경 과민이나 공황 증세를 보이는 대상이 있는가?

2) 불안이나 공황 증세에 의한 발작(심장이 심하게 뛰고 호흡이 곤란한 상태)을 경험한 적이 있는가?

2) 월경 전 증후군이나 갱년기 증상(눈물, 분노, 우울)을 겪고 있는가?

3) 더운 날씨를 싫어하는가?

2) 올빼미족인가? 자고 싶은데도 잠들기 힘든 경우가 많은가?

2) 밤에 자다가 뒤척이거나 얕은 잠을 자는가? 혹은 새벽에 너무 일찍 깨는가?

3) 평소에 단 과자류나 탄수화물 위주의 고칼로리 음식을 자주 먹는가? (이른 낮 시간이 아닌) 늦은 오후나 저녁 또는 한밤중에 와인을 즐겨 마시는가?

2) 운동을 하면 위의 증상 중 어느 것이라도 다소 완화되는가?

3) 류머티스성 섬유조직염(전신의 근육통 수반)이나 악관절 장애(턱 부위에 통증이 있고 입을 벌릴 때 딸깍거리는 소리가 남)를 겪은 적이 있는가?

2) 자살을 생각하거나 계획한 적이 있는가?

합계 _____ 파트 1의 총점이 12점 이상이면 세로토닌 부족일 가능성이 있다.

파트 2: 무기력함으로 고통받고 있는가? 그렇다면 당신의 카테콜아민 수치가 낮을지도 모른다.

3) 종종 침울한 기분(답답하고, 지루하고, 무관심한 기분)을 느끼는가?

2) 신체적 혹은 정신적 에너지가 낮은가? 평소에 피로를 많이 느끼고 운동하기가 싫은가?

2) 당신의 진취성, 열의, 동기 부여의 정도가 낮은 쪽에 속하는가?

2) 집중하거나 전념하기가 어려운가?

3) 쉽게 오한이 드는가? 손발이 차가운가?

2) 쉽게 살이 찌는 편인가?

3) 다량의 커피나, 단 음식, 무설탕 청량음료, 마황 같은 '각성제'를

이용하여 정신을 맑게 하거나 자극받을 필요를 느끼는가?

합계 _____ 파트 2의 총점이 6점 이상이면 당신의 카테콜아민 수치가 낮을 수 있다.

파트 3: 늘 스트레스에 시달리는가? 그렇다면 당신의 GABA(감마아미노부티르산) 수치가 낮을지도 모른다.

3) 과로하거나 압박감 또는 시간에 쫓기는 기분을 자주 느끼는가?

1) 긴장을 풀거나 편안히 쉬기가 힘든가?

1) 몸이 뻣뻣해지거나 긴장되는 경우가 많은가?

2) 스트레스를 받으면 쉽게 화가 나거나 흥분하거나 공격적이 되는가?

2) 쉽게 오한이 드는가? 손발이 차가운가?

2) 쉽게 살이 찌는 편인가?

3) 압도되는 기분이나 모든 일을 처리할 수 없을 것 같은 느낌이 자주 드는가?

2) 때때로 허약하거나 위태롭다는 느낌이 드는가?

3) 밝은 빛이나 소음, 화학적인 냄새에 민감한가? 어두운 색 안경을 자주 쓰는가?

3) 끼니를 거르거나 먹지 않고 오랜 시간이 경과하면 심각하게 나쁜 기분을 느끼는가?

2) 긴장을 풀거나 평정을 찾고 싶을 때 담배나 알코올, 음식, 약물을 이용하는가?

합계 _____ 파트 3의 총점이 8점 이상이면 당신의 GABA 수치가 낮을 가능성이 있다.

파트 4: 고통에 지나치게 민감한가? 그렇다면 당신의 엔도르핀 수치가 낮을지도 모른다.

3) 당신 스스로 혹은 다른 사람들이 당신을 매우 예민하다고 여기는가? 감정적인 고통이나 신체적 고통이 당신을 너무 힘들게 하는가?
2) 쉽게, 예를 들어 텔레비전 광고를 보다가도 눈물을 흘리는가?
2) 고통스러운 문제에 대처하기를 기피하는 경향이 있는가?
3) 상실감을 극복하거나 슬픔에서 벗어나기가 어려운가?
2) 엄청난 신체적 혹은 감정적 고통을 겪은 적이 있는가?
3) 초콜릿, 빵, 와인, 애정 소설, 담배, 라테와 같은 기호 식품이 주는 즐거움, 편안함, 만족감, 유쾌함, 몽롱함을 탐닉하는가?

합계 _____ 파트 4의 총점이 6점 이상이면 당신의 엔도르핀 수치가 낮을 가능성이 있다.

* 줄리아 로스의 승인을 받고 사용함.

— 육체를 위한 행복 습관 2 —
육체에 에너지를 불어넣어라

당신에게는 행동으로 변환될 수 있는 활기, 생명력, 에너지, 활발한 기운이 존재한다.
항상 통로를 열어 두어라.
- 마사 그레이엄(20세기 무용가)

기름도 넣지 않고 차가 씽씽 잘 달릴 것을 기대할 수는 없다. 그런데 우리는 몸을 소홀히 관리해 놓고 우리 몸이 건전지 광고에 나오는 토끼처럼 힘차게 움직이기를 기대하곤 한다. 자연스러운 행복을 얻고 삶의 균형을 유지하기 위해서는 적절한 휴식과 운동으로 신체에 에너지를 불어넣어야 한다.

건강과 번영에 관한 동양의 이론 체계에서는 오랫동안 신체의 생명력과 에너지의 존재를 인식해 왔다. 중국에서는 이러한 생명력을 '기(氣)'라고 부르며 인도에서는 '프라나prana'라고 한다. 이 필수적인 생명력이 몸 안에서 증대되면, 치유력이 활성화되고 행복을 약화시키는 감정적 장애물이 제거되어 온몸의 시스템에 활력이 생긴다.

나는 생명 에너지 기(氣)를 배양하는 고대 동양의 수련법인 기공(氣功)에 대해 들어봤지만, 직접 시도해 본 적은 없었다. 그래서 기공 사범 추니 린의 수업을 듣기로 결심했다. 린 사범이 지닌 에너지와 기쁨, 생명력은 놀라웠다. 그는 쉰 살에 가까웠지만 삼십 대처럼 보였다. 나는 그를 인터뷰하고 곧바로 행복한 100인에 포함시켰다. 아래 소개하는 그의 이야기는 신체를 움직임으로써 생명 에너지를 해방시키고 더욱 행복해지는 방법을 알려 준다.

린 사범의 이야기
에너지를 움직이고 기쁨을 느껴라

나는 중국의 산악 지방에서 태어났다. 양친은 좋은 직업을 가지고 있었고, 부유한 가정은 아니었지만 우리는 친절하고 자애로운 부모님 밑에서 행복하게 살았다.

내가 여덟 살이 되던 해에 문화혁명이 시작되었다. 공산당 주석 마오쩌둥은 자신과 다른 정치 사상을 가진 사람들을 모두 제거하고자 했다. 훌륭한 사람들이 감옥에 갔고, 교사와 교수들은 강제로 농사를 지어야 했으며, 수많은 지식인들이 죽음을 당했다. 온 나라가 끔찍한 혼란에 휩싸였다.

하루는 가족과 저녁을 먹고 있는데 무장한 사람들이 우리집으로 들어왔다. 그들은 아버지를 붙잡아 손을 뒤로 묶고 집 밖으로 끌어내더니 체포해 갔다.(나중에 아버지는 억울한 누명을 쓴 것으로 밝혀졌다.) 우리는 반년 넘게 아버지를 볼 수 없었다. 아버지는 감옥에 갔다가 강제 노역지로 보내졌다.

그러더니 어느 날은 어머니가 사라졌다. 나중에야 우리는 어머니가 목숨을 구하기 위해 어쩔 수 없이 도망쳤다는 사실을 알았다. 부모님이 계실 때부터 함께 살았던 보모는 나이 많은 미망인이었다. 보모는 홀로 남아 우리 세 형제와 누이를 돌봐주었다. 우리는 갑자기 사라진 어머니의 빈자리 때문에 한동안 정서 불안에 시달렸다. 그러던 중 이웃 사람들이 무기를 들고 집으로 들이닥쳐 우리를 거리로 끌어냈다. 예전에 부모님이 친하게 지내며 도움까지 준 사람들이었다. 그 지역의 권력자에게 충성심을 보이기 위해, 그리고 우리 부모님과 같은 운명에 처하지 않기 위해서 한 일이었다.

그 사람들이 우리집을 봉쇄하는 광경을 지켜보는 동안, 차가운 비바람이 불어와 우리의 뺨을 때렸다. 우리 네 남매와 나이 든 보모는 서로 몸을 꼭 붙인 채 비를 맞으며 몸을 누일 곳을 찾기 위해 좁은 길을 걸어갔다.

우리는 주린 배를 움켜쥐고 사흘을 길거리에서 보냈다. 아무도 감히 우리를 집 안에 들이거나 먹을 것을 주려고 하지 않았다. 셋째 날 밤에는 체온을 잃지 않기 위해 길 한쪽에 서로 꼭 붙어 앉아 있는 동안 두 파벌 간에 총격전이 벌어졌다. 총알이 우리 주위를 날아다녔고 사방에서 무시무시한 폭발음이 들려왔다.

우리는 겁에 질린 채 필사적으로 숨을 곳을 찾아 이 집 저 집을 뛰어다녔지만, 아무도 받아 주지 않았다. 그러다 어느 집 문간에 웅크리고 앉아 두려움에 떨고 있을 때, 한 노파가 문을 열었다. 우리는 그녀가 지주인 것을 깨달았다. 정부에서 지주는 모두 악당이라고 떠들던 때였다. 나는 놀란 나머지 보모 뒤로 얼른 몸을 숨겼다.

노파가 우리를 보고 말했다. "불쌍한 것들. 이런 싸움 중에 밖은 너무 위험하지. 자, 어서 안으로 들어오렴. 안전할 게다."

이 친절한 노파는 큰 위험을 무릅쓰고 우리와 다른 많은 사람들을 집 뒤편의 창고에 숨기고 먹여 주었다. 몇 주 동안 우리는 발각될까 봐 두려워 창고 밖으로 나오지도 못했다. 그리고 얼마 후 마침내 부모님이 우여곡절 끝에 우리가 있는 곳을 알아냈다.

부모님은 친구를 보내 우리를 데려오게 했다. 길고 위험한 여행 끝에 우리는 시골에 있는 할머니 댁에 도착했다. 부모님이 우리와 함께 사는 것이 안전하다고 판단될 때까지 우리는 일 년 넘게 할머니와 함께 살았다.

문화혁명 중에 겪은 경험은 오랫동안 내 삶에 영향을 미쳤다. 모든 것이 뒤바뀌었다. 소위 '좋은' 친구였던 이들이 나중에는 내 생명을 위협하는 사람들로 바뀌었고, 악마라고 불리던 이들이 천사가 되었다. 나는 부모님조차 믿을 수가 없었다. 어린 나에게 그들은 그저 우리를 버린 사람들로만 느껴졌다. 모든 사람과 모든 것들에게 배반당했다는 절망감에 나는 가족과 친구들까지 멀리했다.

그러다 고등학교에서 기공을 배우기 시작했다. 기공은 몸의 동작을 통해 에너지 균형을 회복하는, 오래전부터 전해 내려온 치유 요법으로서 중국 전역에서 가르치고 있었다. 나 역시 어린 시절에 기공 사범과 기적적인 치유에 대한 많은 이야기를 들으며 자랐다. 나는 언제나 그 이야기들에 매료되었고 언젠가는 나도 그러한 치유자가 되기를 바랐다. 문화혁명 기간에는 기공을 가르치고 배우는 것이 금지된 터라 기공을 연습하는 사람은 누구나 체포되었다. 기공은 공산당 정부로부터 승인을 받지 못했기 때문에 저명한 기공 사범인 우리 스승님은 몰래 숨어서 나를 가르쳤다. 나는 몇 개의 기본적인 기공 동작을 배웠고, 그 동작을 하고 나면 대단히 평화로운 느낌이 찾아오는 것을 경험했다.

고등학교를 마친 후에는 나를 비롯한 많은 학생들이 군인에게 끌려가 시골 농장에서 생활해야 했다. 오 년 동안 우리는 농장에서 노예처럼 일했다. 먹을 것이 충분치 않을 때도 많았다. 일이 고되고 부상과 질병에 시달렸지만, 밤이면 몰래 혼자 빠져나가 기공을 연습했다. 하루 중 유일하게 편안함을 느끼는 시간이었다. 기공만이 나를 지탱해 주었다.

마침내 마오쩌둥이 죽고 문화혁명을 주도했던 사인방이 권력에서 물러나자, 중국은 차츰 정상으로 돌아오기 시작했다. 나는 대학에 다닐 수 있었고 삶도 나아지기 시작했다. 그러나 나는 여전히 아주 우울하고 성난 젊은이였다. 누구와도 이야기하고 싶지 않았다. 친구도 없었다. 밖으로 드러내지는 않았지만 사람들을 혐오했다. 사실은 모든 것을 혐오했다. 자살을 해서 이 세상을 영영 떠나고 싶을 때도 있었다. 그럼에도 불구하고 어쨌든 행복해질 수 있는 방법을 찾기 위해 열심히 탐색을 시작했다.

어느 날 농구를 하던 중에 사고가 일어나 양쪽 무릎 연골이 심하게 손상되었다. 끝없는 고통이 계속되었고 걸을 수도 없을 지경이었다. 진통제나 그 무엇도 고통을 없애 주지 못했다.

그러다 유명한 기공 사범이 우리 동네에 와서 워크숍을 연다는 소식을 들었다. 그의 워크숍에 참석하기만 했는데도 심각한 문제가 없어졌다는 사람들이 많았다. 믿기지 않는 이야기였지만 시도해서 손해 볼 것은 없다는 생각이 들었다. 기적이라도 필요한 상태였으니 말이다.

축구장에서 열린 워크숍에 1만 5000명이 참석했다. 행사는 정오에 시작되었다. 이 사범은 대단히 강력한 형태의 기공을 가르쳤고 우리를 여러 가지 동작과 명상으로 이끌었다. 나는 그 시간 동안 놀라운 경험을 했다. 내 안에서 화산 같은 에너지가 느껴졌다. 내 몸 안의 에너지 경로를 따라 기가 흐르기 시작하자 몸이 저절로 흔들리고 떨렸다. 처음에는 아이처럼 고함을 질렀다. 그리고는 나도 모르게 웃음이 나기 시작했다. 배가 아플 때까지 웃고 또 웃었다. 바로 기 반응이었다. 삼십 분쯤 흐르자 기 반응은 서서히 잦아들었고 나는 편안한 피로감을 느꼈다.

그리고 욱신거리는 감각이 느껴졌다. 발가락에서 시작되어 머리 꼭대기까지 계속되었다. 이 느낌은 피부에만 있는 것이 아니었다. 근육과 뼛속까지 느껴졌다. 마치 내 몸이 봄 햇살에 녹는 얼음이 된 것 같았다. 아주 평화롭고, 아주 아름답고, 아주 풍성한 느낌이었다. 몸 안의 생명력이 아무런 방해를 받지 않고 온몸을 흐르는 기분, 그것은 부드러운 봄바람이 뼛속을 훑고 지나가는 느낌 같았다. 나는 이완되고 행복한 느낌을 받았다. 생일 선물을 받거나 직장에서 승진했을 때 오는 행복과는 사뭇 다른 종류였다. 이 행복은 내 마음의 밑바닥에서 시작되는 것이었다. 저녁 7시 30분경 마침내 사범은 마무리 동작으로 우리를 이끌었다. 나는 자리에서 일어섰다. 그리고 기적이 일어난 것을 발견했다! 무릎의 부기가 사라지고 고통의 팔십 퍼센트가 없어진 것이었다. 나는 어린아이처럼 축구장 여기저기를 뛰어다녔다.

그 후 워크숍에서 배운 간단한 동작들을 계속 실천했다. 두 달이 지나자 무릎 통증이 완전히 사라졌다. 게다가 기 에너지가 몸에 들어오면서, 평화와 아름다움의 감정이 넘쳐 나고 내 삶의 모든 것이 제자리를 찾아가기 시작했다.

이 생명 에너지의 흐름 덕분에 오랫동안 우울, 분노, 감정적인 고통을 유발했던 내 마음속의 방해물을 인식할 수 있었다. 그 방해물을 느낄 때마다 용서의 감정에 집중했다. 그 후 수개월, 수년이 지나면서 힘들고 끔찍한 수많은 경험이 나에게 새겨 놓은 기억과 감정들이 점차 사라졌다. 그리고 몸속의 모든 세포에서 행복을 느꼈다. 나는 그야말로 여유로운 사람이 되었다. 나에게 상처를 주었던 사람들과 내 가족을 모두 용서할 수 있었다. 기공 동작을 통해 에너지를 증대시키고 균형을 잡는 연습을 매일 하면서 육체적으로나 정신적으로 완전히 치유되었다.

나는 기공을 다른 사람들에게도 알리고 싶었다. 그들 역시 내가 경험한 삶의 기쁨을 맛볼 수 있도록 말이다. 나는 나만의 기공 시스템을 개발했고, 결국 이 멋진 수련법을 중국뿐 아니라 미국에서도 가르치기 시작했다. 그러면서 사람들이 의식적으로 몸을 움직이면서 더 행복해지는 모습을 수없이 목격했다.

기의 힘을 처음으로 경험한 축구장의 그날 이후 이십 년이 흘렀다. 그리고 지금 나는 아주 만족스러운 삶을 살고 있다. 단란한 가정을 꾸렸고 수많은 사람들의 내면을 치유하는 의미 있고 신나는 일을 하고 있다. 매일매일이 행복하다. 무슨 일이 일어나든지.

*

몸을 움직여라

체육 시간은 '기초 행복학 시간'이라고 부르는 것이 옳다! 압도적으로 많은 연구 결과가 운동하는 사람이 더 행복하다는 사실을 보여 준다. 린 사범과 마찬가지로 당신도 걷기, 뛰기, 운동, 춤추기, 기공, 요가 등 어떤 형태의 운동이나 동작이든 습관적으로 실천함으로써 삶을 변화시킬 수 있다. 운동을 하면 두뇌는 더 많은 산소를 받아들인다. 하지만 더 중요한 것은 당신의 에너지, 기분, 건강에 영향을 미치는 중요한 화학 물질과 호르몬이 생성된다는 점이다. 운동선수들을 대상으로 한 최근 연구에서 하버드 대학의 정신과 전문의 존 레이티는 운동을 하고 난 후에는 도파민, 세로토닌, 노르에피네프린 등의 물질(모두 행복을 유도하는 화학 물질이다.)이 증가한다는 것을 발견했다. 실제로 수십 개의 연구들이 우울증 완화에 운동이 전통적인 투약 처방과 비슷한 효과를 낸다는 사실을 보여 준다.

또한 운동 후 네 시간 동안은 진정 효과가 발생하기 때문에 운동은 불안과 걱정을 예방하고 완화하는 데도 도움이 된다. 심한 운동 직후에 싸움을 시도해 보라. 여간해서는 싸움이 일어나지 않을 것이다! 또한 운동은 '축복'의 화학 물질인 엔도르핀을 무려 5,000퍼센트나 증가시킨다.

콜롬비아 대학의 의학 임상 조교수이자 『내년을 더 젊게 사는 연령 혁명Younger Next Year』의 공저자인 헨리 S. 로지는 운동이 세포에 어떻게 영향을 미쳐서 우리 몸의 활력과 건강을 유지하는지 설명한다. 그는 우리 몸 안에 있는 세포의 일 퍼센트가 매일 새로 교체되며 석 달마다 완전히 새로운 몸이 된다고 말한다. 운동을 하면 근육이 특정한 물질을 분비하여 우리 몸의 세포에게 성장하라고 알려 준다. 반면 매일 텔레비전 앞에만 앉아 있으면 우리의 근육은 세포를 죽이는 화학 물질을 조금씩 일정하게 분비한다. 이런 설명을 듣고도 소파에만 가만히 앉아 있겠는가! 당신이 1월에 운동을 시작하면 4월쯤에는 건강하고 행복한 세포로 이루어진 완전히 새로운 몸을 갖게 되는 것이다.

운동의 효과를 배가하기 위해서는 몸의 동작을 의식해야 한다. 기공이 그토록 효과적인 이유는 그것이 의식적인 의도를 갖고 몸을 움직이는 동작이기 때문이다. 이와 같은 접근 방식은 어느 운동에나 적용할 수 있다. 예를 들어 린 사범은 산책을 할 때 "걷는 동안 내 몸의 모든 채널이 더 깨끗해진다. 나는 자연을 향해 마음을 활짝 열 것이다. 산책을 마쳤을 때 내 에너지는 훨씬 강력해질 것이다."라고 자기 자신에게 말하라고 권한다. 그는 이러한 의도를 가지면 몸동작이 행복에 미치는 영향력이 극적으로 증대된다고 말한다.

의자에 앉아서도 당신의 몸에 에너지를 불어넣을 수 있다. '해너 소마틱스Hanna Somatics'라고 부르는 신경 근육 교육 프로그램 전문가인 접골사 브라이언 시다르타 잉글은 사람들의 일상적인 자세가 에너지와 행복의 수준에 적지 않은 영향을 미친다고 설명했다. 다음번에 당신이 스트레스를 받거나 불안하거나 우울할 때, 어깨가 귀 쪽으로 가깝게 올라오지 않았는지 살펴보라. 잉글 박사는 어깨를 끌어내리려고 노력하는 대신 어깨를 귀 쪽으로 더 가까이 가져감으로써 그 동작을 극대화한 후 '천천히' 내리라고 조언한다. 이것을 3~4회 실행하고 나서 스트레스나 화가 가라앉는지 살펴보라.

삶의 호흡

먹지 않고 몇 주 동안 살 수 있고 물 없이도 며칠은 살 수 있지만, 숨을 쉬지 않고는 단 몇 분도 살 수 없다. 호흡은 몸에 에너지를 불어넣는 가장 중요한 연료다. 수천 년 동안 많은 문화권에서 최적의 건강과 번영을 유지하기 위한 기술적이고 의식적인 호흡의 중요성을 이해해 왔다. 지난 삼십 년 동안 수천 명이 참가한 수백 개의 임상 연구들은 호흡 방식이 근심과 우울감, 만성적인 피로를 완화하고 명료한 정신 상태를 증진한다는 사실을 보여 주었다. FDA도 호흡 훈련을 고혈압 치료법으로 인정하고 있다.

지금 이 순간 하던 일을 멈추고 배에 손을 올려 당신이 어떻게 호흡하는지 관찰해 보라. 들숨에서 손이 올라가고 날숨에서 손이 내려가는지 살펴보라. 만일 당신도 대부분의 사람과 같다면 흉강으로만 호흡을 할 것이고 손에는 별로 움직임이 없을 것이다.

아유르베다(인도의 전통 의학) 치료사이며 『신체, 정신, 스포츠Body, Mind, and Sport』의 저자인 존 도일라드 박사는 이렇게 말했다.

"얕은 호흡을 할 경우, 생명 유지에는 지장이 없지만 산소가 세포 깊숙이 들어가지는 못합니다. 그래서 세포 경로를 깨끗이 청소하고 행복 증진 화학 물질들이 흐르는 길을 열어 주지 못하지요. 복식 호흡을 깊게 하는 것은 몸 안의 노폐물을 제거하는 매우 강력한 기법입니다. 복식 호흡은 우리 몸의 기를 증진시켜 행복하고 편안한 신체 상태를 만드는 데 도움을 줍니다. 하루에 2만 6000번씩 숨을 쉴 때마다 행복을 증진하는 기회가 있는 셈입니다."

호흡하는 방법은 감정과 밀접하게 관련되어 있다. 각각의 감정 상태는 고유한 호흡 패턴을 가진다. 불안할 때는 얕고 빠르게 숨을 쉬고, 슬플 때는 깊게 한숨을 쉬며, 화가 났을 때는 짧고 강력하게 터져 나오는 숨을 쉰다. 그러나 이러한 연관성은 그 반대로도 작동한다. 불안하거나, 슬프거나, 화난 것처럼 호흡하기 시작하면, 그 감정과 연관된 두뇌 영역을 자극하여 실제로도 곧 그 감정을 경험하고 만다. 흥분이 되거나 불안한 상황에 처하면 연달아 5~10회 깊게 '복식 호흡'을 시도하고 몸에서 즉각적인 안정 효과가 나타나는지 살펴보기 바란다.

행복을 돕는 수면

잠은 우리의 건전지를 재충전하는 자연적인 방법이다. 충분한 수면을 취하면 심신의 컨디션이 훨씬 좋아진다는 것을 누구나 알지만, 대부분의 사람들에게 하루에 8시간 자느냐고 물으면 코웃음을 친다. 그럴 시간이 어디 있느냐는 것이다. 심야 토크쇼도 봐야 하고, 청구서도 지불해야 하고, 아이도 돌봐야 하고, 그 밖에 걱정해야 할 문제가 산더미라고 말한다.

《포천》 500대 기업의 컨설턴트로 일하던 시절, 나는 사람들이 마치 콘테스트라도 되는 양 자신의 수면 시간에 대해 말하는 것을 듣고 놀라곤 했다. 한 중역이 "저는 하루에 다섯 시간 자면서 견디죠."라고 말하면, 그의 동료 간부는 "그래요? 나는 네 시간 이상 자는 날이 없는데."라고 말했다. 그들은 할 일이 많아지면 잠자는 시간을 줄여서라도 목표를 달성하려고 노력한다고 자랑스럽게 말했다. 잠을 적게 잘수록 성공의 문턱에 가까워진다고 생각하는 것이다.

잠을 지나치게 적게 자는 것은 절대 자랑거리가 아니다. 질병통제 및 예방 센터는 우리가 취하는 편안한 수면의 양과 행복 수준 사이에는 강력한 연관성이 있다고 말한다. 《사이언스》에 실린 2004년 12월 연구 보고서를 읽고 충격을 받은 적이 있다. 경제적 소득이나 결혼 생활 상태보다 수면의 질이 우리가 삶을 즐기는 능력에 훨씬 큰 영향을 미친다는 내용이었다. 수면이 월급이나 배우자보다 강력한 파워를 지녔다는 것을 아는 사람이 있을까?

나는 "자정 전의 한 시간 수면은 자정 이후의 두 시간 수면과 같은 가치가 있다."는 아유르베다의 지혜에 전적으로 동의한다. 나와 키가 비슷한 아유르베다 의사를 만난 적이 있다. 그는 적어도 백 살은 되어 보였다. 건포도같이 쭈글쭈글한 얼굴이었지만 머리가 전혀 빠지지 않았고 환한 미소를 지녔으며, 내가 본 사람 가운데 눈이 가장 빛났다. 그는 나에게 앞으로 불만족스럽거나 언짢은 기분이 들면 사흘 연속으로 10시 전에(9시 전이면 더 좋다고 했다.) 잠자리에 들어 보라고 했다. 그의 말대로 실천할 때마다 셋째 날이 되면 완전히 새로운 세상이 펼쳐지는 것을 발견한다. 나는 다시금 활력 있고, 즐겁고, 여유 있는 사람으로 돌아온다. 나는 이것을 "10시의 천국행 기차"라고 표현한다. 실제로 내가 가장 자주 실천하는 행복 습관이다. 나는 수년간 이 방법을 많은 사람들에게 권해 왔다. 내게 권유받은 사람들은 진심으로 고맙다는 인사를 전해 온다.

다음 한 주 동안 양질의 수면을 취하는 것을 당신의 최우선 목표로 삼아 보라. 데이비드 레터맨과 제이 레노는 당신이 보지 않아도 잘해 나갈 테고, 당신은 훨씬 더 행복해질 것이다.

당신의 몸에 에너지를 불어넣기 위해 가장 기본적인 것으로 돌아가라. 몸을 계속 움직이고, 숨을 깊게 쉬고, 충분한 휴식을 취하라. 아래에 당신이 의식적인 동작을 통해 행복 수준을 높일 수 있는 간단한 기공을 소개한다. 산꼭대기에 앉아 있건 업무 도중에 휴식을 취하건 시도해 볼 수 있는 방법이다.

• 연습 과제 •
우주를 호흡하는 법

다음의 동작이 간단해 보인다고 절대 우습게 여기지 마라. 린 사범은 '가장 강력한 것이 가장 간단한 것'이라고 말한다. 이 연습은 잔잔하고 조용해 보이지만 몸 전체, 특히 폐의 막힌 상태를 열어 주는 데 대단히 효과적이다.

1. 적절한 자세로 긴장을 푼다: 발을 어깨 넓이보다 조금 넓게 벌리고 선다. 무릎을 약간 굽히고 앞을 본다. 미소를 지으며 편안하게 긴장을 푼다. 척추를 곧게 펴기 위해서 턱을 약간 당긴다. 어깨에 힘을 빼고 팔꿈치를 약간 벌린다. 손을 펴고 손가락을 펼친다.
2. 깊게 호흡한다: 코를 통해 천천히 깊고 부드럽게 3회 호흡한다. 몸 전체를 사용해 호흡하고 있다고 상상한다. 에너지가 들어와 당신의 복부에 모이는 모습을 마음속으로 그려 본다. 숨을 내쉴 때, 당신의 고통이나 질병이 연기로 바뀌어 모든 세포로부터 우주로 뿜어져 나가는 모습을 상상한다.
3. 조용히 문구를 말한다: 눈을 감고 조용히 이렇게 말한다. "나는 우주 속에 있다. 우주는 내 몸 안에 있다. 우주와 나는 함께 결합한다." 우주의 정적과 고요를 잠시 느낀다.
4. 손을 움직인다: 숨을 들이쉬면서 손을 양쪽으로 넓게 벌린다. 숨을 내쉬면서 천천히 손을 다시 모은다.(손이 서로 부딪히지 않게 한다.) 팔을 벌릴 때 양손 사이의 공간에서 확장되는 에너지를 느

끼다. 손이 서로를 향해 움직일 때 양손 사이의 공간에서 압축되는 에너지를 느낀다.

이 연습을 5~6분간 시행한다. 마치고 나면 천천히 깊고 부드럽게 3회 호흡한다. 1~2분간 잠시 편안한 기분을 음미한다.

* 봄의 숲 기공의 승인을 받아 사용함.

— 육체를 위한 행복 습관 3 —
몸의 지혜에 귀를 기울여라

> 진정으로 몸을 사랑하고 존중해야만 몸과 조화를 이룰 수 있다.
> 적군과는 효과적인 커뮤니케이션을 할 수 없는 법이다.
> – 해리엇 러너(임상심리학자, 작가)

행복한 100인과의 인터뷰 결과, 그들이 건강에 영향을 미치는 선택을 할 때는 신체의 지혜에 끊임없이 귀를 기울인다는 사실을 알았다. 쉬어야 할 시간, 물을 더 마실 시간, 목욕이나 운동을 할 시간(이는 균형을 유지해 주며 스스로 영양을 공급하는 활동이다.) 등을 아는 것은 누구나 배양할 수 있는 습관이다.

우리 몸은 지금 이 순간 우리에게 무엇이 가장 필요한지, 무엇이 최선인지 정확히 알고 있는데도 우리는 거기에 귀를 기울이지 않는다. 몸이 알려 주는 지혜를 신뢰하기 시작하는 것은 우리의 세포를 무한히 행복하게 만드는 '아름다운 친교의 출발점'이 된다.

작가이자 의식 분야 전문가인 게이 헨드릭스는 중요한 이야기를 들려주었다. 이 스토리는 몸이 진정으로 원하는 것에 귀를 기울이는 삶이 얼마나 강력한 결과를 가져오는지 보여 준다.

게이의 이야기
마법의 열쇠

나는 태어난 순간부터 뚱뚱했다. 어린 시절 내내 그리고 성인이 되어서도 뚱뚱한 것은 저주라고 생각했다. 당연히 운명과 신과 부모님을 원망했다. 때로는 내 목구멍으로 넘어가고야 마는 유혹적인 음식들을 탓하기도 했다. 그러나 대부분의 경우 나 자신에게 책임을 돌렸다. 지칠 줄 모르는 식욕, 박약한 의지, 기름진 음식에 대한 욕구 말이다. 정말 심각해진 날이면 내 안에 구멍이, 너무나 깊어서 바닥이 보이지 않는 구멍이 뚫려 있다는 생각이 들었다. 뚱뚱해서 불행한 것인지, 불행해서 뚱뚱한 것인지도 헷갈렸다. 하지만 그것은 중요하지 않았다. 문제는 내가 몹시 뚱뚱하고 몹시 불행하다는 사실이었다.

이십 대 중반이 될 때까지 이런 상태가 계속되었다.

하루는 대학원 심리학 실습 중에 조지라는 친구가 내 눈을 보며 물었다. "네 체중이 왜 그런 거니?"

나는 너무나 당황해서 더듬거리며 물었다. "그게… 무슨 뜻이야?"

그는 다시 물었다. "그러니까 왜 뚱뚱한 거냐고? 그렇게 젊은 나이에 왜 스스로를 죽여 가느냐고?"

나는 큰 충격을 받았다. 그는 아무도 내게 물은 적이 없는 질문을 던지고 있었다. 그간 가족들은 나를 여러 명의 의사에게 데려갔지만 내 체중 문제를 해결하려는 모든 시도는 허사로 돌아갔다. 그러나 가족들은 병원에서 나온 이후에는 내 앞에서 결코 몸무게 이야기를 꺼내지 않았다. 조지는 이전에 누구도 하지 않았던 일을 한 것이다. 그는 내 눈을 똑바로 보면서 왜 뚱뚱한지 물었다.

나는 얼어붙은 채 그의 눈을 피하면서 내분비에 문제가 있고 비만한 가족력이 있다고 어물어물 대답했다.

그는 혐오의 색채를 띤 동정의 눈빛으로 나를 보며 물었다.

"그것뿐이야? 말할 게 그것뿐이란 말이야?"

내가 더 대답을 못하자 그는 한숨을 쉬었다. 그리고 다행히도 마침 실습 수업이 다시 진행되기 시작했다. 나는 그날 밤 잠이 오지 않았다. 마음속에서 그의 질문을 100번은 반복했을 것이다. 그렇지만 대답을 찾을 수가 없었다.

다음 주 내내 그의 질문을 마음속에서 지울 수가 없었다. 나는 점점 지쳐 갔다. 일은 엉망이 되어 갔고, 아내와 끊임없이 말다툼을 했다. 그러다 쌀쌀한 어느 날 아침 나는 밖으로 나가 한적한 시골길을 산책했다.

배가 불룩한 135킬로그램의 거구가 오렌지색 파카에 몸을 밀어 넣은 채 길을 따라 터벅터벅 육중한 발걸음을 옮기는 모습을 그려 보라. 늦은 오후의 햇빛이 희미하게 남아 있고 주변의 모든 것이 조용하고 평화로웠다. 들리는 소리라고는 생각에 잠겨 길을 따라 걷는 동안 내 부츠가 살 얼은 눈을 밟는 '사각사각' 소리뿐이었다.

그때 갑자기 발이 앞으로 쭉 미끄러지면서 넘어졌다. 쌓인 눈 밑에 숨어 있던 얼음 조각을 밟았던 것이다. 뒷머리가 차가운 땅에 쿵 하고 부딪혔다. 눈앞에 별이 보이면서 엄청난 고통이 느껴졌다.

그리고 잠시 후 고통이 사라지면서 아주 이상한 경험을 했다. 갑자기 내가 동시에 두 장소에 있는 기분이 들었던 것이다! 하나의 나는 공중에서 내 몸을 내려다보고, 또 다른 나는 바닥에 누워 하늘을 올려다보고 있었다.

이 기이한 두 관점에서 처음으로 나 자신을 깊이 들여다볼 수 있었다. 그때까지 늘 믿어 왔던 것처럼 내 정신과 육체와 마음과 영혼이 분리되어 있는 게 아니라는 생각이 들었다. 의식 상태가 천천히 변화하는 와중에, 내가 스스로를 보호하기 위해 매일 쌓아 올린 감정적 방어 기제들이 보였다. 갑자기 조지의 질문에 대한 대답이 떠올랐다. 먹는 것은 고통을 피하기 위해 내 신체가 택한 방식이었다! 나는 두려움, 슬픔, 상실감, 수치심과 같은 감정에서 스스로를 격리시키기 위해 지방으로 된 갑옷을 만들어 냈던 것이다. 이 전략의 문제점은 그것이 괴로운 내적 허무감을 안겨 주어서 음식에 대한 갈망을 더욱 부추긴다는 데 있었다. 한마디로 완벽한 악순환이었다.

그 자리에 누워서 긴장을 풀자 고통이 차츰 소멸되는 것이 느껴졌다. 그 순간 느껴지는 거대한 충만감은 곧 내 영혼의 속성이기도 했다. 그것은 나의 모든 부분, 정신과 몸과 감정 속으로 스며들었다. 그리고 역동적인 만족감으로 나를 가득 채웠다. 나는 이상한 감각을 느꼈다. 완전한 포만감이 느껴진 것이다. 아마도 내 삶에서 처음으로!

그것은 내가 과자와 샌드위치와 청량음료를 통해 얻으려고 늘 추구했던 완성의 느낌이었다. 나는 가득 찬 것 그 이상을 느꼈다. 나는 강화된 느낌을 받았다. 지금까지 고통스러운 감정을 피하기 위해 스스로를 격리함으로써 내 몸의 지혜와의 연결을 잃었고 영혼을 굶주리게 했다는 사실을 깨달았다. 나는 어떤 음식으로도 만족시킬 수 없는 굶주림을 갖고 있었던 것이다!

그 순간 깜박이며 두 눈을 뜨자 일상의 세계가 다시 눈앞에 돌아왔다. 나는 차가운 땅바닥에서 일어나 흙을 툭툭 털고 주위를 둘러보았다. 내 존재에 관한 결단을 내리고 나자 온몸이 유쾌한 콧노래를 흥얼거리는 듯했다. 나는 생각했다. '이제 내 몸의 지혜에 귀를 기울일 거야. 그리고 내면에서부터 나 자신을 기름지게 만들 거야.' 새롭게 되찾은 기쁨 덕분에 나는 웃으면서 집으로 향했다.

이후 일 년 동안 사십 킬로그램 이상을 감량했다. 농담이 아니다. 결코 쉬운 과정이 아니었지만 단순한 일이었다는 것은 분명히 말할 수 있다. 얼음에서 넘어졌던 일은 내게 마법의 열쇠를 보여주었다. 그 열쇠란 단 한 가지 물음을 던지는 일이었다. 어떤 행동이든 나는 그것을 하기 전에 내 몸의 내적 지혜에게 다가가서 묻는다. "이것이 나에게 정말 바람직한가?"

오랫동안 나는 단백질, 탄수화물, 칼로리, 다이어트에 대한 모든 것을 알고 있었다. 그러나 내면으로부터 나에게 양분을 공급하는 방법은 전혀 알지 못했다. 마법의 열쇠는 음식과 나와의 관계를 포함하여 내 삶의 모든 것을 바꾸었다. 얼음길에서 넘어진 다음 날 아침 평소에 먹는 아침 식사에 대해 생각해 보았다. 우유와 설탕 몇 스푼을 곁들인 시리얼. 시리얼을 다 먹고 나서 그릇 바닥에 녹지 않고 남은 설탕을 먹는 순간이 가장 좋았다. 나는 그 달콤한 우유의 맛을 좋아했다. 한 시간 후면 짜증스러워질 것이라는 사실을 알면서도 말이다.

그날도 습관 때문에 자연스럽게 시리얼이 있는 찬장으로 걸음을 옮겼다. 그러나 잠시 멈추고 몸이 진정으로 원하는 것에 귀를 기울이겠다는 내 다짐을 떠올렸다. 나는 시리얼 상자를 보며 물었다. "이것이 나에게 정말 바람직한가?" 내 몸은 즉시 "아니."라고 대답했다. 목과 배가 약간 수축되는 기분이 들었다. 마치 자동차의 브레이크를 밟아서 끼익 하는 금속음이 나는 순간 같았다.

나는 냉장고로 가서 안을 들여다보았다. 내 눈길은 곧 신선한 블루베리가 담긴 상자에 가 닿았다. 전 같으면 100만 년이 지나도 절대 먹지 않을 종류의 음식이었다. 하지만 그날은 횃불처럼 드러나 보였다. 아름답기까지 했다. 나는 상자를 꺼내서 찬찬히 들여다보았다. 그리고 블루베리를 하나 들고 같은 질문을 했다. "이것이 나에게 정말 바람직한가?" 내면이 확장되고 가벼워지는 느낌과 함께 내 몸은 "그래."라고 대답했다. 나는 블루베리를 입안에 넣고 천천히 씹었다. 정말로 맛있었다. 지금도 나는 입안에서 신선한 생동감이 터지던 그 순간을 기억할 수 있다. 나는 생각했다.

'나에게 정말 바람직한 것이라면 다른 것들도 이렇게 맛있을까?' 나는 블루베리를 하나 더 집었다. 그러나 첫 번째 것이 맛있다는 이유만으로 그것을 먹으려고 했다는 생각이 들어 잠시 멈추었다. 나는 자신에게 다시 물었다. "이 두 번째 블루베리도 나에게 정말 바람직한 것인가?" 내 몸이 "그래."라고 대답하자 나는 블루베리를 입안에 넣었다. 네 번째 물음에 내 몸은 "아니."라고 대답했다. 그래서 내 새로운 삶이 시작되는 첫날 아침에, 아침 식사로 블루베리를 세 개까지 먹었다. 기분이 너무 좋았다! 한 시간 뒤에 배가 고파지자 나는 그 과정을 되풀이했다. 그것은 마법과 같았다. 위장뿐만 아니라 내 존재의 모든 부분이 충만함을 느꼈다.

마법의 열쇠는 내 삶을 놀라울 만큼 간단하게 만들어 주었다. 그것은 어떤 음식을 먹어야 하는지, 언제 산책을 해야 하는지, 언제 불을 끄고 잠자리에 들어야 하는지 알려 주었다. 또한 어떤 친구를 멀리해야 하는지, 어떤 친구와 계속 사귀어야 하는지, 훌륭한 경력을 쌓기 위해서 어떤 변화가 필요한지도 알려 주었다. 나는 선택이 필요할 때마다 마법의 열쇠를 사용했다. 그리고 그것은 언제나 효과를 발휘했다.

지금 와서 생각해 보면 내가 뚱뚱했다는 사실이 차라리 잘된 일이었던 것 같다. 체중과 싸우면서 언제나 알고 싶었던 것에 대한 해답에 이르렀기 때문이다. 나는 모든 것들과, 특히 내가 조화를 이루어 본 적이 없는 나 자신과 조화를 이루며 활기 있게 사는 방법을 터득했다. 지금은 어떤 순간에나 자연스럽게 내 몸의 지혜에 귀를 기울이고, 덕분에 항상 생명력과 충만한 기쁨을 느끼며 살아간다.

마법의 열쇠는 내면으로부터 풍요로운 삶을 사는 방법을 알려줌으로써 나의 몸과 나의 인생을 완전히 변화시켰다. 결혼 생활, 경력, 내가 쓴 책들, 강의는 모두 거기에서 나오는 자양분에 토대를 두고 있다. 마법의 열쇠는 마치 커다란 망치처럼 내 머리를 강타했지만, 그 덕분에 나는 온전한 정신을 되찾고 꿈꾸던 삶을 살고 있다.

*

몸이 하는 말

어떤 상황에서든 "이것은 내 몸이 진정으로 원하거나 필요로 하는 것인가?" 하고 스스로 질문을 던져서 몸이 하는 말에 귀를 기울여라. 또는 다음처럼 구체적인 질문을 던질 수도 있다. "나는 무엇에 굶주린 것인가?" "나는 스트레스에서 벗어나 휴식이나 안정을 원하는 내 몸의 외침에 귀 기울이고 있는가?" "내 건전지를 다시

충전하기 위해 필요한 것은 무엇인가?" 주의 깊게 잘 들어 보면 몸은 당신의 건강과 행복을 위해 무엇이 최선인지 언제나 말해 준다. 게이가 경험했듯이 때로는 마음속으로 질문을 던지고 난 후 신체적인 감각의 형태로 즉각적인 답이 나타나기도 한다.

이때가 바로 당신 내면의 GPS를 사용하여 당신이 하려는 행동이 당신을 확대하는지 수축하는지 살펴봐야 할 때다. 확대의 상태를 가져오는 것들을 선택할수록 당신이 행복과 안녕을 경험하는 순간은 현저히 많아질 것이다.

새로운 언어를 배우다

노화 과정을 되돌리고 싶은가? 라이프 코치이자 작가인 마사 벡 박사는 사람이 자신의 몸과 연결감을 형성하면 '노화 되돌리기'가 시작된다고 한다. 이 연결감은 당신의 몸에서 일어나는 모든 일(마음에 들지 않는 것까지도)을 받아들이고 수용할 때 생겨난다. 많은 사람들은 자신의 몸에 대해 부정적 감정을 강하게 갖고 있기 때문에 몸의 언어에 귀를 기울이려 하지 않는다. 인터뷰에서 벡 박사는, 우리가 현재 느끼는 감정들을 거부하는 대신 그것들에 깊은 연민을 느끼면 우리가 몸과 조화를 이룰 수 있고 몸이 원하는 바를 들을 수 있다고 말했다. 아기나 사랑스러운 애완동물에 대해 느끼는 것과 똑같은 다정함과 애정을 당신 몸이 느낀다고 상상해 보라. 자신의 몸에 대해 이 같은 수용의 느낌을 가지면 행복, 사랑에 빠지는 것, 주변과 하나 되는 일체감을 느끼는 것 등과 관련된 두뇌 영역이 활성화된다.

몸이 쓰는 언어를 배우고 스스로를 너그럽게 대할 때, 우리는 몸에 대해 더욱 편안한 느낌을 가지며, 이것은 이유 없는 행복을 경험하도록 지원해 준다.

• 연습 과제 •

몸의 지혜에 귀를 기울여라

1. 눈을 감고 조용히 앉는다. 코를 통해 몇 번 심호흡을 하며 몸을 이완시킨다.
2. 몸에서 불편이나 긴장이 느껴지는 부분을 감지한다. 무엇인가 하려고 시도하지 말고 그저 그 부분을 있는 그대로 느끼고 받아들여라. 불편함은 몸이 우리에게 보내는 메시지다. 그러나 우리는 그것을 무시하고, 억지로 밀어내고, 진통제로 없애 버리려 할 때가 많다.(특별히 불편한 부분이 없다면 몸의 편안하고 유쾌한 감각에 집중하는 연습을 한다.)
3. 그 불편한 부분을 향해 상태가 나아지려면 무엇이 필요한지 묻는다.(혹은 최적의 건강을 위해 무엇이 필요한지 몸 전체를 향해 묻는다.)
4. 이제 무슨 일이 일어나는지 관찰한다. 머릿속에 대답이 떠오를 것이다. 혹은 어떤 느낌을 받거나, 몸이 원하는 것이 눈앞에 그려질 수도 있다. 예를 들어 산책하거나 풀밭에 누워 있거나 마사지를 받

는 자신의 모습이 그려질 것이다. 갑자기 목이 마르거나 특정한 음식이 먹고 싶어질 수도 있다. 웃거나 울고 싶을 수도 있다.
5. 여기까지의 과정이 끝나면 당신 몸 전체 특히 불편한 부위에 사랑의 에너지를 보낸다. 당신과 소통해준 데 대해 몸에게 감사를 전한다.

· 6장 요약 및 행복 실천 방안 ·

몸에 적절한 영양을 공급하고, 에너지를 불어넣고, 몸의 지혜에 귀를 기울이면 당신의 세포는 행복해진다. 이로써 육체의 기둥이 강화되고 삶에 좀 더 커다란 행복이 찾아온다. 육체를 위한 행복 습관을 실천하기 위해 다음의 실행 단계를 이용하라.

1. 당신의 식습관을 점검하여 그것이 세포의 행복에 기여하는지 살펴본다. 늘 행복을 증진하는 음식을 먹는다.
2. 일주일 동안 카페인을 멀리하고, 설탕을 떼어 버리고, 탄수화물을 억제하면서 몸에 생기는 변화를 관찰한다.
3. 매일 충분한 물을 마시고(체중의 30분의 1) 좀 더 활력을 느끼는지 관찰한다.

4. 건강 전문가와 상담하여 당신 몸에 호르몬의 균형이 잡혀 있는지, 당신 몸이 아미노산 변화나 단식으로 효과를 볼 수 있는지 알아본다.
5. 평소 하던 것과 다른 종류의 운동을 시도해 보고 당신에게 에너지를 주는 것을 찾는다. 몸의 동작에 의식적인 자각을 동반하는 린 사범의 수련법을 이용한다.
6. 깊은 복식 호흡을 실천한다. 특히 스트레스를 느낄 때 자주 한다.
7. 사흘 연속으로 '10시의 천국행 기차'를 타고 어떤 변화가 있는지 관찰한다.
8. 몸이 필요로 하는 것을 주고 있는지 정기적으로 체크함으로써 몸의 지혜에 귀를 기울인다.

영혼의 기둥

영성(sprit)과 연결을 강화하라

> 삶을 사는 데는 두 가지 방법이 있다. 하나는 기적이란 없는 듯이 사는 것,
> 또 하나는 모든 일이 기적인 듯이 사는 것이다.
> - 알베르트 아인슈타인

삶이 기적이라고 생각한 순간을 떠올려 보라. 이른 아침 햇살이 계곡을 가득 채우는 광경을 보았을 때, 갓 태어난 아이를 처음 품에 안았을 때, 빛나는 별이 총총 박혀 있는 밤하늘을 올려다보았을 때. 삶의 가치가 너무도 강렬하게 다가와 경외감을 느껴 본 순간이 누구나 한 번쯤은 있을 것이다. 그 순간 우리는 우리 존재가 겸허히 낮아진 느낌과 고귀해진 느낌을 동시에 경험한다. 이때가 바로 우리가 영성과 연결되어 있는 상태다.

영성, 초자연적 존재, 우주적 원천, 창조적인 지성, 통일장, 자연 혹은 신…. 어떤 이름으로 부르는가는 중요하지 않다. 영성과의 연결은 자신보다 커다란 어떤 에너지와 연결된 느낌을 경험하는 것이다. 그 연결을 좀 더 깊이 경험할수록 인생은 더 풍부해지고 더 큰 기쁨으로 가득 찬다.

　우리의 영혼은 이렇듯 좀 더 큰 영(靈)의 개인적 표현이다. 당신 주변에 있는 아름다움과 신비로움이 당신 안에도 있다는 것을 경험하면, 당신의 삶은 완전히 다른 국면을 맞는다. 당신은 그저그런 삶을 그럭저럭 살아가는 것이 아니라는 사실을 깨달을 것이다. 차를 몰고 출근하는 것, 저녁 식사, 친구와의 대화, 나쁜 소식에 대한 당신의 반응까지, 당신의 모든 행동과 일상에 은총이 속속들이 배어든다. 경이로움과 기쁨을 느끼는 삶은 당신과 당신의 영혼을 연결하는 끈을 한층 강화하며, 이로써 '행복의 집'을 위한 마지막 기둥이 세워진다.

　행복한 100인 한 사람 한 사람이 나를 고무시켰지만, 그중에 단연 두드러지는 이들은 영성과의 일체감과 조화를 이룬 사람들이다. 그들의 문화적, 종교적 배경은 다양하다. 기독교인, 유대인, 불교 신자, 힌두교 신자도 있고 회교도도 있다. 어떤 이들은 종교가 없으면서도 삶과 일체감을 경험한다. 그들의 공통된 특징은 살아 있다는 사실 자체를 놀라운 선물로 여기며 그것에 감사와 경이로움, 외경을 느낀다는 점이다. 행복한 100인인 브라이언 힐리아드는 행복 세트포인트가 측정할 수 없을 정도로 높은 사람으로, 매일 얼굴에 환한 웃음을 띠고 아침을 맞는다.(그의 아내 아리엘은 그는 잘 때도 웃는다고 말한다!) 내가 인터뷰한 많은 사람들과 마찬가지로, 브라이언은 자신의 지속적인 안정과 평화는 좀 더 커다란 근원과 연결되고 삶에 감사하는 습관 때문이라고 설명한다.

이유 없이 행복한 사람들은 언제나 모든 것을 이해할 필요도 없고 누군가의 통제를 받을 필요도 없다. 그들은 삶의 흐름 속에서 살며, 좀 더 커다란 영성과 전체가 지닌 자비와 지혜를 신뢰하기 때문이다.

많은 이들이 인간의 고통과 불행의 가장 중요한 원인이 우리가 신과 단절되었기 때문이라고 말한다. 지금 생각해 보면 젊은 시절에 내가 불행했던 이유는 영성과 단절을 느꼈기 때문이다. 나는 인생에서 육체나 생각, 감정 그 이상의 무언가가 반드시 존재할 것이라고 생각했다. 나는 영혼에 대한 갈증을 느꼈지만 그것을 어떻게 충족시켜야 할지 알지 못했다. 그러다 영적인 영역의 첫 변화는 열여섯 살에 명상을 배우면서 일어났다. 명상은 곧 내가 어린 시절부터 느껴 오던 실존적 고뇌와 우울감을 완화시키기 시작했다. 나는 매일 아침 이십 분 일찍 일어나 가부좌를 하기에 적당한 커다란 의자에 앉아서 자세를 잡고 학교 가기 전에 명상을 했다. 처음에는 내가 제대로 하는 건지 궁금해지기도 했다. 그러나 확장과 평화, 안정감을 느끼기 시작하면서 제대로 하고 있음을 알았다. 나는 내 존재의 본원으로 돌아오는 듯한 느낌을 자주 받았다.

나는 명상에 완전히 매료되었다. 양치질처럼 내 일상에서 꼭 필요하고 중요한 일부가 되었다. 불행에서 벗어나기 위해 내가 중독이나 다른 건전치 못한 행동을 택하는 것을 막아 준 것은 다름 아닌 명상이었다. 주변의 많은 아이들이 그러한 행동에 빠져 있었다. 이유 없는 행복으로 가는 나의 여정은 아직 끝나지 않았지만, 분명히 명상은 나에게 올바른 방향을 가르쳐 주었다. 내 내면에서 일어난 변화를 알아차리신 부모님도 명상을 배우기 시작하셨다. 지금도 명상은 내가 영성과 연결되게 도와준다. 더 행복해지기 위해 내가 실천하는 모든 일 중에서 명상은 가장 큰 도움이 되었다.

연구 결과를 봐도 삶에서 영적인 차원을 가지고 있는 사람들(특정 종교 조직에 참여하는 사람이 아니라 삶의 영적인 의미에 대한 내적인 자각을 지닌 사람)은 그렇지 못한 사람들보다 더 행복하다고 한다. 그들은 더 행복한 결혼 생활을 하고, 보다 바람직한 부모이며, 인생에서 일어나는 모든 일에 잘 대처할 수 있다고 느낀다. 자신을 영적인 사람이라고 여기는 젊은이는 학교에서 좋은 성적을 내고 알코올이나 약물에도 덜 의존한다.

영성은 신체에도 유익한 영향을 준다. 영성이 혈압을 개선하고 면역 시스템을 강화하며 심장 발작이나 암, 심장 질환 발생의 확률을 낮춘다는 사실이 밝혀졌다. 이러한 사실은 이미 폭넓게 받아들여지고 있으며, 현재 미국 의과 대학의 이십오 퍼센트가 영성과 건강에 대한 강의를 개설하고 있다!

요컨대 당신이 좀 더 고차원적인 존재와 연결되었다고 느끼면, 더 행복하고 더 건강해질 수 있으며 인생에 닥쳐 오는 문제들을 쉽게 해결할 수 있다.

세속에 물들어

무엇이 우리가 영성과 연결되는 것을 막는가? 영성이 언제든 쉽게 도달할 수 있는 것이라면 왜 그토록 많은 사람들이 공허함과 불만을 느끼는가?

문제는 현대인의 생활이 정신없이 빠른 속도로 돌아가며 물질적인 성취를 강조한다는 점에 있다. 시인 윌리엄 워즈워스는 이렇게 노래했다.

"우리는 세속에 너무 물들어, 자나 깨나 벌고 쓰느라 우리의 힘을 낭비해 버린다."

그는 이 시를 1888년에 썼다. 그가 지금 세상을 보면 어떻게 생각할까?

처음으로 걷고 말하기 시작한 순간부터 당신의 머릿속에는 "가만히 있지 말고 뭔가 해!"라는 생각이 계속 울리고 있다. 당신도 다른 많은 이들과 마찬가지로 건설적인 사고를 하고 바쁘게 뛰어다니며 무언가를 이룩하지 않으면 가치 있는 사람이 아니라고 느낄지도 모른다.

무엇보다 우리는 무료함에 대해 강한 반감을 갖는다. 우리는 할 일 목록의 항목들을 해치우거나 그렇지 않은 때는 즐거움을 느낄 오락거리를 찾는다. 잡지, 책, 신문을 읽고 컴퓨터 게임을 하고 낱말 맞추기나 스도쿠 퍼즐을 하고 라디오나 아이팟을 듣고 웹서핑을 하고 텔레비전이나 영화를 보는 등 말이다. 텔레비전 스크린이 갈수록 커지듯이 이들 목록도 갈수록 길어진다. 하루 중에 비어 있는 순간이 있어서는 절대로 안 되는 것이다! 우리는 우리를 진정으로 충만하게 만드는 것을 추구하기보다는 우리를 즐겁게 해 주는 것을 찾는다.

게다가 우리가 어디에 있든 하루 24시간 내내 접촉이 가능해야 한다는 강박 관념이 전 세계적으로 생겨났다.(전 세계인 가운데 6명 중 1명이 휴대전화를 가지고 있다는 사실을 아는가?) 물질적인 세상에서 길을 잃은 우리가 자신의 영혼에게 내줄 시간은 더욱 줄어들었다. 삶은 멀티미디어, 다차원적 활동, 멀티태스킹이 만들어 내는 광시곡이 되어 버렸다!

광적인 수준에 이른 과다한 활동들은 삶에 의미와 깊이를 주는 내적 고요함으로부터 우리를 단절시킨다.

영성과 연결하는 것을 가장 중요한 일로 여기자. 그러기 위해서는 바쁜 생활에서 벗어나 휴식 시간을 가져야 하고 조용한 시간을 누리겠다는 의지가 있어야 한다. 그러한 고요 속에서 당신은 더욱

수축	확대
끊임없이 무언가를 한다.	고요와 명상을 위한 시간을 갖는다.
외부에서 답을 찾는다.	내면의 지혜에 귀를 기울인다.
분노와 무력감을 느낀다.	기도하고 맡긴다.
고립감과 외로움을 느낀다.	보다 커다란 전체와 연결된 느낌을 갖는다.
모든 것을 통제하려고 노력한다.	더 높은 존재와 영성을 신뢰한다.

숭고한 존재와 대화할 수 있으며, 이는 수용과 내맡김, 신뢰와 같은 감각을 배양시킨다.

영혼과의 연결을 느낄 수 있는 방법은 여러 가지가 있다. 이는 대단히 개인적인 것이지만, 나는 행복한 100인을 대상으로 한 연구와 인터뷰를 통해 일반적인 지침 몇 가지를 발견했다. 다음의 행복 습관을 실천하면 누구나 영성과 쉽게 교감하는 데 도움이 될 것이다.

> **영혼을 위한 행복 습관**
>
> 1. 내면의 고귀한 영성과 교감하라.
> 2. 내면의 목소리에 귀를 기울여라.
> 3. 당신 앞에 펼쳐지는 삶을 신뢰하라.

― 영혼을 위한 행복 습관 1 ―
내면의 고귀한 영성과 교감하라

신은 고요의 친구다. 나무, 꽃, 풀, 모든 자연이 고요함 속에서 자라나는 모습을 보라. 별과 달과 태양이 고요하게 운행하는 것을 보라. 영혼에 닿으려면 고요가 필요하다.
― 마더 데레사

우리는 아름다움과 신비의 바다에서 헤엄치고 있다. 그런데도 하던 일을 멈추고 그것을 돌아보는 경우가 좀처럼 없다. 내면을 향해 돌아서는 것은 영혼과의 의식적인 연결을 촉진하는 가장 강력한 방법이다. 하루에 단 십오 분만으로도 엄청난 변화를 만들어 낼 수 있다. 아마도 많은 사람들이 어려운 주문으로 여길 테지만, 이것은 당신이 할 수 있는 가장 가치 있는 시간 투자다. 당신이 더 강해지고, 더 행복해지고, 더 내면에 집중하면, 당신 인생에 관련된 모든 사람, 특히 당신에게 혜택이 돌아갈 것이다.

고귀한 영성과의 연결을 강화하는 방법은 매우 많다. 정규적인 명상법 배우기, 자연 속에서 산책하기, 고요하게 앉아 있기, 영혼을 자극하는 음악 듣기, 기도하면서 자신보다 더 큰 능력을 지닌 존재와 소통하기 등등. 어떤 방법을 택하든 상관없다. 당신에게 효과가 있고 그것을 규칙적으로 행하기만 한다면 말이다. 행복한 100인은 일상의 삶에서 늘 영성과 연결을 유지하는 방법을 알고 있었다.

영화배우 골디 혼은 그러한 '영혼과의 교감'을 가진 사람이다. 나는 코미디 버라이어티 쇼 「래프 인」에서 그녀를 처음 본 이후 팬이 되었다. 그녀의 자서전 『연꽃은 진흙 속에서 피어난다』는 그녀가 처음 명상을 경험한 과정을 담고 있다. 눈을 감고 내면 깊숙이 들어감으로써 영혼과 연결되는 일이 얼마나 아름다운지 알게 될 것이다.

| 골디의 이야기

생각들 사이의 공간

나는 생각들 사이에 존재하는 공간에서 기쁨을 느낀다.

아름다운 여성이 나를 조용한 방으로 인도한다. 캘리포니아의 따뜻한 산들바람이 열린 창문을 통해 들어와 부드럽게 커튼을 부풀리고 내 머리카락과 살갗을 간질인다.

방에는 의자가 놓여 있다. 그녀는 내게 앉으라고 권하고 비밀의 만트라(주문)를 속삭인다. 그리고 방을 나가기 직전에 이렇게 말한다. "그걸 마음속으로 계속 반복하세요." 그녀는 나와 비밀 만트라만 남겨둔 채 문을 닫고 나간다.

나는 살아오면서 언제나 보이지 않는 힘, 신비로운 무언가에 끌렸다. 그녀의 도움으로 나는 내 정신이 지닌 힘을 발견하려는 참이다.

눈을 감고 바람이 내 피부를 가볍게 어루만지는 것을 느낀다. 마음속에서는 나의 만트라를 충실하게 반복한다. 향이 타는 냄새와 주변에 흩어져 있는 장미꽃 향기가 느껴진다. 정신을 고요하게 만들기 위해 처음으로 시도하는 시간이다.

처음에는 혼자 쿡쿡거리며 웃는다. 이 얼마나 진부하고 우스운 짓인가. 1970년대에 꽃향기가 진동하는 방에 앉아 있는, 초월 명상법의 물결에 가장 늦게 합류한 유명 인사라.

이런! 이건 생각이잖아. 쉿, 만트라로 돌아가야 해. 그녀는 생각이 마음속에 들어왔다 나가곤 할 것이라고 말했다.

"생각들이 들고나는 것을 그저 지켜보세요. 판단하려 하지도, 믿으려고 하지도 마세요. 그저 흘러가게 놔두세요. 그리고 다시 만트라로 돌아가세요."

이것이 말처럼 그렇게 쉬운 일은 아니다.

만트라를 반복할수록 몸이 점점 이완되는 것을 느낀다. 호흡이 거의 감지할 수 없을 정도로 고요해진다. 심장 박동이 더 느려지고 내 혈관을 따라 움직이는 혈액의 압력이 줄어든다.

상념이 다시 비집고 들어온다. 전화해야 할 사람들, 방문할 곳들…. 나는 그것들을 밀어 버린다. 다음번에 생각의 물결이 찾아올 때까지 평온의 시간이 좀 더 길게 지속되기를 바라면서.

내 정신이 만트라를 말하는 것을 듣고 그것이 머릿속에 운율과 근원적인 소리를 만들어 내는 것을 감지하면서, 뭐라 설명할 수 없는 신비로운 느낌이 나에게 밀려들기 시작한다.

깊숙한 내면으로부터 차분해지면서, 마치 오랜 친구처럼 내가 잘 아는 무엇인가와 다시 연결되는 기분을 느낀다. 언제나 한결같고, 언제나 기쁨이 넘치고, 언제나 생기로 가득한 마음 깊은 곳 말이다. 무언가를 알고 있는 것은 나의 깊숙한 내면이다. 굉장한 연결감이 나를 온통 즐거움으로 가득 채워 저절로 웃음이 나올 것만 같다.

생각의 유혹을 떨쳐 내고, 그러한 기분을 다시 느끼길 기대하며 계속한다. 만트라를 반복하면 할수록 나는 더 많은 것을 놓아준다.

생각들이 흘러들고 나가면서 정신이 더욱더 고요해진다.

나의 의식은 마치 뜨거운 물에 담갔다가 꺼낸 티백 같다. 나의 의식이 무(無)에 흠뻑 젖어 드는 것을 느낄 수 있다. 내가 말하는 무란 아무런 생각도 일어나지 않는, 시간 속의 한 공간 같은 것이다.

만트라를 반복할 때마다 그 현상은 점점 강력해지고 티백은 점점 무거워져서 깊게 가라앉는다. 그것의 강렬한 본질이 서서히 물속으로 침투해 들어간다.

잠시 후 나는 장소에 대한 감각을 잃는다. 풍요롭고 좋은 것들로 가득 찬 깨끗한 유리컵이 눈앞에 그려진다. 그것은 곧 나의 인생의 모습이다. 내게 아주 익숙하고 안전하며 내 기쁨의 원천을 고무하는 어떤 것과 내 영혼이 동화되고 있음을 느낀다.

나는 이전에 경험해 보지 못한 순수하고 명료한 감각으로 가득 차 있다. 자아도, 생각도 존재하지 않는다. 다만 내가 있을 뿐이다. 지금 이 순간 아무것도 중요하지 않다. 나는 존재의 가장 순수한 상태로 돌아가고 있다. 나는 오염되지 않은 순수한 환희를 느낀다.

*

아무것도 하지 않음으로써 모든 것을 얻다

골디가 뿜어내는 행복은 그녀 내면 깊숙한 곳에 있는 영적인 본성에 그 뿌리를 두고 있다. 나는 사람들에게 명상을 가르치면서, 명상을 규칙적으로 하면 삶에서 행복이 자라나는 것을 수없이 목격해 왔다.

동양의 영적 전통에 기반을 두고 있는 명상법은 1970년대에 서양에서 인기를 끌기 시작했지만, 사실 명상은 수천 년간 기독교와 아메리카 원주민 전통의 한 부분이었다. 명상을 통해 내면으로 돌아가는 과정은 영혼과 자신을 교감시키는 방법으로 널리 인식되고 있다.

명상은 만트라나 호흡에 집중하는 것, 묵상, 심상화, 소리 이용하기 등 여러 가지 형태를 취한다. 어느 것이나 마음을 고요하게 하고 당신의 근원과 가장 깊숙한 본질, 순수한 진리와 사랑의 상태에 연결되는 것을 돕는다.

나는 명상의 원리를 설명한 다음의 이야기를 아주 좋아한다.

현명한 스승이 학생들에게 명상을 지도하면서 말했다. "명상은 체에 물을 채우는 것과 같다."
학생들은 어리둥절했다. 어떻게 체에 물을 채우는 것이 가능하다는 말인가? 어떤 학생들은 명상이 대단히 어렵다는 뜻이라고 받아들였다. 또 다른 학생들은 명상을 통해 일시적인 효과만을 기대할 수 있다는 뜻이라고 생각했다. 낙담한 그들은 낙담하여 명상을 중단했다. 그렇지만 한 학생이 스승에게 다가가 이유를 물었다.
스승은 그 학생을 넓은 바다 끝자락으로 데리고 가서 체를 주고 그것을 물로 채워 보라고 했다. 학생은 체로 물을 떴다. 당연히 물은 곧 빠져나갔다.
스승은 체를 집어 들고 말했다. "어떻게 하는지 보여 주마." 스승은 체를 물에 던졌다. 체는 곧 물에 가라앉고 말았다. 그는 학생에게 말했다. "이제 체는 물로 가득하다. 그리고 그 상태가 영원히 계속될 것이다. 명상도 같은 방식으로 작용한다. 너의 삶에 적은 양의 영성을 떠 넣는 것이 아니다. 너 자신을 영성의 바다에 빠뜨리고 매일 점점 더 거기에 녹아 들어가는 것이다."

명상과 행복한 두뇌

당신이 인식했든 못했든, 당신이 그것들을 영적인 것으로 받아들였든 아니든,
당신은 고요함, 초월성, 신성(神性)을 경험한 적이 있을 것이다.
시간을 초월하는 것 같았던 몇 초, 몇 분 말이다.
평범한 것이 아름답고 빛나게 보이는 찰나, 이유 없는 행복을 느끼는 평화롭고 깊은 감각.
이러한 경험이 다가오면 그것을 믿어라. 그것은 당신의 진정한 본성을 반영한다.
– 라비 샹카(영적 지도자, 인도주의자)

명상은 그 자체로도 편안하고 즐겁지만 명상 이후의 당신 삶에 끼치는 영향 역시 엄청나다. 지난 사십 년간 행해진 수백 개의 연구는 명상이 몸과 정신과 감정에 미치는 강력한 효과를 보여 준다. 1970년대에 생리학자 로버트 키스 월러스는 특히 초월 명상의 효과를 연구하여 이것이 혈압 정상화, 불안 감소, 면역 기능 강화를 비롯한 많은 신체적, 심리학적 이익을 제공한다고 밝혔다. 여러 종류의 명상법에 대한 수많은 다른 연구들도 행해졌으며, 현재 명상은 전 세계에서 스트레스 관리법의 한 형태로 받아들여지고 있다.

명상은 스트레스에 대처하는 이상의 효과를 낸다. 최근에 행해진 흥미로운 연구들은 명상이 행복이나 연민과 관련된 두뇌 영역

을 활성화시켜서 빠른 시간 내에 행복한 상태에 이르게 한다는 사실을 보여 준다.

UC 샌프란시스코 메디컬 센터에 있는 심리학자 폴 에크먼은 명상 전문가인 불교 승려들을 관찰한 후, 그들의 명상법이 두뇌의 편도(4장에서 이야기했던 아드레날린 조절 스위치)를 평온하게 만드는 것처럼 보인다고 밝혔다. 명상을 하는 도중과 하고 난 다음에 승려들은 한층 더 차분해졌다. 그들은 무슨 일이 일어나든 당황하거나 화를 내는 경우가 거의 없었다.

리처드 데이비슨 박사(신경가소성에 대한 그의 연구를 4장에서 소개했다.) 역시 불교 승려들을 대상으로 놀라운 연구를 했다. 당시 명상과 신경가소성, 두뇌 활동 사이의 관계를 연구하기 위한 실험에 자원해달라고 달라이 라마가 승려들을 직접 설득했다. 데이비슨 박사는 지난 삼십 년간 명상에 1만 시간 이상을 보낸 승려들뿐 아니라 명상을 시작한 지 얼마 안 된 승려들도 참여시켰다. 그는 그들을 다섯 가지 종류의 명상에 몰두시키고 두뇌 활동을 측정했다. 그 가운데 가장 큰 효과를 낸 것은 연민에 집중하도록 구성된 '자애' 명상이었다. 실험 결과, 명상을 하는 동안 경험이 많은 승려들은 불안, 우울과 관련된 영역인 우측 전두엽 피질보다 행복, 공감 등 긍정적인 감정과 관련된 좌측 전두엽 피질에서 훨씬 높은 두뇌 활동성이 나타났다. 이러한 긍정적인 유형의 두뇌 활동은 명상이 끝난 후에도 나타났다.

과학 저널리스트 샤론 베글리는 『정신을 단련하고 두뇌를 바꿔라 Train Your Mind, Change Your Brain』에서 명상이 지속적이고 영속적인 효과를 내는 이유는 두뇌의 신경가소성 때문이라면서 다음과 같이 설명한다.

"부정적인 감정을 만들어 내는 두뇌 회로는 약해지고 연민과 행복을 만들어 내는 두뇌 회로는 더 강해진다."

지난 삼십 년 동안 불교 승려가 아니었으므로 행복해질 수 없다는 생각이 들어 낙담하고 있는가? 그럴 필요는 없다. 데이비슨 박사는 연구를 통해 하루에 이삼십 분간 불과 석 달 동안 명상을 한 사람들도 증진된 행복과 건강을 보여 주는 상당한 생리학적 변화를 경험했다고 한다. 효과를 보기 위해 수십 년간 명상할 필요는 없으니 다행이지 않은가.

사람마다 명상법은 다를 수 있다

매일 자리에 앉아서 이삼십 분간 명상하는 것은 영성과 연결을 형성하는 아주 좋은 습관이다. 그러나 그것만이 유일한 방법은 아니다. 행복한 100인이며 티베트 라마승인 아남 투브텐 린포체는 누구나 언제든지 실천할 수 있는 명상법을 가르쳐 주었다. 나는 그것을 '멈춤 연습'이라고 부른다. 하루에 일곱 번 잠시 멈춰서 그저 '존재하기만' 하는 것이다. 호흡을 의식하면서 일이 분 동안 현재의 순간, 즉 행복을 진정으로 경험할 수 있는 유일한 시간을 느끼도록 자신을 내버려 둔다. 나는 멈춤 연습을 규칙적으로 실천하면서 평온함과 통찰력과 새로워진 에너지를 느낀다.

자연 속에서 고요와 평정을 찾을 수도 있다. 행복한 100인인 카렌은 숲이나 해변에서 홀로 오랫동안 산책을 할 때마다 자신의 호흡 리듬에 자연스럽게 빠져든다고 말한다. 바람과 새와 물소리를 들으면 정신과 마음이 고요해진다는 것이다. 밖에 나갈 수 없는 날은 몇 분 동안 창밖의 나무나 구름을 조용히 바라보면 긴장이 스러지고 내면 깊숙한 곳의 무언가에 가 닿는다고 한다.

이 장의 말미에 내적인 고요와 이완을 경험하는 데 누구나 사용할 수 있는 명상법을 제시할 것이다.

기도의 힘

세계의 모든 영적인 전통에는 기도가 포함되어 있다. 수천 년 전부터 사람들은 신과 연결되는 일종의 핫라인인 기도를 통해 초월적인 존재를 향해 마음을 열었다.

명상과 마찬가지로 기도 역시 여러 형태를 취할 수 있다. 삶의 어려운 시기를 겪을 때, 우리는 기도를 하며 자기 자신이나 사랑하는 사람들의 안정과 보호, 치유를 기원한다. 너무나 커다란 아름다움이나 사랑, 감사를 느낄 때도 감사와 찬양의 기도를 올린다. 무엇 때문에 기도하게 되느냐는 중요하지 않다. 기도하는 행위 그 자체가 우리와 영성을 연결시킨다는 사실이 중요하다.

기도가 행복에 큰 영향을 미친다는 사실을 많은 연구가 보여 주고 있다. 수많은 사람들이 기도가 안정감과 만족, 전반적인 행복을 높여 주었다고 증언한다. 심지어 기도는 멀리 있는 사람에게도 영향을 준다. 연구 결과 먼 곳에서 한 기도가 환자의 치료와 회복 정도에 긍정적인 영향을 준다고 한다.

영성과 건강의 연관성에 관한 세계 최고의 전문가인 래리 도시 박사는 『치유의 말Healing Words』에서 오리건 주 살렘에 있는 스핀드리프트 단체Spindrift Organization가 수행한 실험을 소개했다. 이 실험은 씨앗의 발아나 효모 배양 같은 간단한 생물학적 시스템에 기도가 미치는 영향을 측정한 것이다. 반복적인 실험 결과, 기도를 보낸 씨앗이 보내지 않은 동종의 씨앗에 비해 더 빨리 발아했으며 기도의 양도 중요한 영향을 미쳤다. 이 연구에서 밝혀진 가장 놀라운 사실은 특정한 결과를 간구하는 '지시적인directed' 기도보다 좋은 일이 일어나거나 신의 뜻이 이루어지길 바라는 '비지시적인nondirected' 기도가 훨씬 강력한 효과를 발휘한다는 점이었다.

5장에서 소개한 에모토 마사루가 찍은 아래의 두 사진에서도 기도의 힘을 확인할 수 있다. 왼쪽은 일반적인 수돗물에서 형성된 물의 결정이다. 오른쪽은 사람들이 멀리서 기도를 보낸 후 찍은 같은 수돗물의 결정이다.

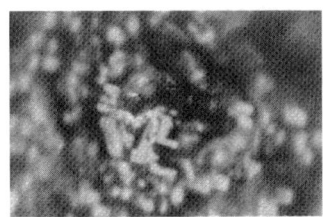
기도 전의 수돗물

기도 후의 수돗물

기도가 만들어 내는 아름다운 에너지가 얼마나 놀라운가!

고귀한 영성과 연결되기 위해 노력할수록, 당신은 그 영성이 당신 주변의 모든 것들 안에 내재하고 있다는 사실을 점점 강하게 깨달을 것이다. 매일 시간을 내어 T.S. 엘리엇이 말한 '회전하는 세계의 정지점 the still point of the turning world'을 찾는 것은 이유 없는 행복이라는 퍼즐을 완성시키는 중요한 조각이다.

• 연습 과제 •

간단한 명상

다음의 연습은 내적 평화와 안정감의 근원인 당신 내면의 고요한 장소를 경험하게 이끌어 줄 것이다.

1. 조용한 장소에 편안히 앉아서 눈을 감는다.
2. 숨을 들이마시고 내쉬는 것을 인식하면서 5~6회 심호흡을 한다.
3. 밝게 빛나는 하얀 기둥이 당신 머리 위에서 내려온 뒤, 정수리를 통해 들어와 머리를 빛으로 가득 채우는 것을 상상한다.
4. 머리에서 흘러넘친 빛이 목을 타고 가슴으로 흘러들어 마음을 밝게 비추는 것을 느낀다. 가슴 부분에서 따뜻함과 확장을 느낀다.
5. 계속해서 그 빛이 팔과 상체, 척추, 엉덩이를 타고 내려가며 각 부분을 빛으로 채우는 것을 그려 본다. 빛이 다리와 발로 내려가고 발바닥까지 환하게 만든다고 생각한다.

> 6. 몸 전체가 따뜻하고 밝은 빛으로 넘치는 것을 느낀다. 이 상태로 10분간 앉아서 어떤 생각이나 경험이 떠오르든 그대로 놔둔다. 생각을 밀어내거나 정신을 통제하려 들지 않는다. 무엇이든 떠오르는 것과 함께한다. 주의가 흐트러지지 않기 위해 무언가에 집중하고 싶다면 숨을 들이마시고 내쉬는 것에 집중해 본다.
> 7. 명상을 끝내야겠다는 생각이 들면 당신이 느끼는 평화와 평온을 다시 한번 인식한다. 이 평화로운 느낌을 잠시 음미한다. 심호흡을 몇 번 하면서 음미한다. 이것이 이유 없는 행복의 정수다.
> 8. 천천히 눈을 뜬다. 일상으로 돌아가서도 이 경험과 느낌을 늘 지니겠다고 생각한다.

― 영혼을 위한 행복 습관 2 ―
내면의 목소리에 귀 기울여라

인생에서 올바른 선택을 하려면 당신의 영혼과 만나야 한다. 이를 위해서는 고독을 경험해야 한다. 고요 속에서 진리가 들리고 해답이 보이기 때문이다.
– 디팩 초프라(의사이자 작가, 연설가)

앞장에서 '몸'의 지혜에 귀 기울이는 것에 대해 이야기했다. 이번 장에서는 '영혼'의 지혜에 귀를 기울이는 데 초점을 맞출 것이다. 어떤 상황에서든 당신 내면의 목소리는 무엇을 해야 할지 알고 있다. 어떤 이들은 내면의 목소리를 들으며, 언제나 가졌으면 하고 바라던 지혜로운 부모님을 만난 기분을 느낀다. 또 어떤 이들에게는 내면의 지혜를 인식하는 일이 광대하고 우주적인 것과 관련된다. 행복한 100인은 어떤 종류이건 내적인 목소리에 귀를 기울이는 사람들이다.

엘리자베스 길버트의 『먹고 기도하고 사랑하라』를 읽으면서 그녀가 신과 처음으로 '대화'한 이야기에 매료되었고 큰 감명을 받았다. 책을 다 읽고 나자 리즈(엘리자베스의 애칭)가 행복한 100인이라는 사실이 분명해졌다. 나는 그녀에게 전화를 걸어 인터뷰 약속을 잡았다. 리즈는 책에서처럼 아주 유쾌하고 즐거운 사람이었다. 인터뷰를 하는 내내 그녀가 책에 쓴 내용뿐 아니라 훨씬 놀랍고 흥미로운 얘기도 들을 수 있었다. 다음 이야기는 리즈가 내면의 '고요하고 작은 목소리'를 듣는 법을 배우면서 경험한 변화를 들려준다.

리즈의 이야기
하느님, 안녕하세요. 저 리즈예요

나는 남편과 함께 얼마 전 구입한 뉴욕 근교 커다란 저택의 2층 욕실에 있었다. 11월의 어느 추운 날 새벽 3시경이었다. 남편은 침대에서 자고 있었다. 나는 마흔일곱 밤을 연속으로 욕실에 숨어 있었다. 그 이전의 밤들과 마찬가지로 그날 역시 흐느끼면서. 너무

울어서 욕실 바닥이 눈물로 흥건했다. 내 모든 수치심과 두려움과 혼란과 비탄이 만들어 낸 호수였다.

'이런 결혼 생활은 더 이상 계속하고 싶지 않아.'

이런 내 마음을 모르는 체하려고 무던히 애썼지만, 진실은 끊임없이 고개를 들었다. 낮에는 그 생각을 뿌리칠 수 있었다. 하지만 밤이 되면 다시 그 생각에 사로잡혔다. 팔 년 동안이나 결혼 생활을 한 후에 결국 이혼을 고려하는 바보가 어디 있는가? 우리는 겨우 일 년 전에 이 집을 샀다. 나는 이 멋진 집을 원하지 않았던가? 이 집을 너무나 좋아하지 않았던가? 그런데 지금의 나는 왜 마치 메데이아(그리스 신화에 나오는 마녀)처럼 복도를 방황하며 울부짖는 것일까? 허드슨밸리의 값비싼 집, 맨해튼의 아파트, 친구들, 야유회와 파티, 주말이면 우리가 좋아하는 창고형 매장을 돌아다니며 다양한 가전제품을 고른 시간들…. 나는 우리가 함께 쌓아 온 모든 것들을 자랑스러워하지 않았던가? 나는 지금의 삶이 이루어지기까지 거쳐 온 모든 순간에 적극적으로 참여했다. 그런데 왜 그것들 중에 나와 공통점을 지닌 게 아무것도 없다고 느끼는 걸까?

'이런 결혼 생활은 더 이상 계속하고 싶지 않아.'

남편은 침대에서 자고 있었다. 나는 그를 사랑했지만 동시에 그를 참을 수가 없었다. 내가 더 이상 이 남자의 아내로 살고 싶지 않은 이유들은 너무 개인적이고 슬픈 내용이라 여기에서 밝힐 수가 없다. 그 이유 중 많은 부분은 내 문제와 관련이 있지만, 우리 갈등의 상당 부분은 그의 문제와도 관련된 것이었다. 그리고 내가 우리의 이야기를 객관적인 시각으로 전달할 자신이 없기 때문에 결혼 생활의 실패에 관한 구구절절한 이야기는 여기서 하지 않겠다.

또한 내가 왜 여전히 그의 아내이길 바랐는지, 내가 왜 그를 사랑했는지, 왜 그와 결혼했는지, 그리고 왜 그 없는 삶을 상상할 수 없었는지 등의 이유도 여기서 이야기하지 않겠다. 그날 밤도 역시 그는 나에게 등대인 동시에 골칫거리 같은 존재였다는 사실까지만 얘기해 두겠다. 떠나긴 싫었지만 머물기는 더욱 싫었고, 머무는 것도 힘들었지만 떠나는 것은 더욱 불가능했다. 나는 누구도 무엇도 망치고 싶지 않았다. 어떤 소란이나 문제도 일으키지 않고 뒷문으로 조용히 빠져나가 그린란드에 도착할 때까지 쉬지 않고 달리고 싶었다.

이것들이 행복한 이야기가 아니라는 사실을 나도 잘 안다. 그럼에도 내가 이 이야기를 하는 것은 그 욕실에서 일어난 일이 내 인생을 영원히 바꾸었기 때문이다. 우주의 행성이 아무 이유 없이 뒤집히고, 그 안의 융해된 핵이 변화하여 행성의 극 지점이 바뀌고 모양도 완전히 변화하여, 행성의 덩어리 자체가 갑자기 구형에서 직사각형으로 변하는 기이한 천문학적 대사건처럼 말이다. 바로 그런 느낌이었다.

나는 기도를 하기 시작했다. 하느님께.

내게 처음 있는 일이었다. 나는 신학적인 기독교인이 아니라 문화적인 기독교인이다. 나는 예전부터 모든 종교의 초자연적인 신비론에 관심을 가져왔다. 하느님은 성서 속이나 머나먼 하늘의 옥좌에 앉아 있는 것이 아니라 우리가 상상하는 것보다 훨씬 가까이에, 우리의 심장을 통해 숨쉬면서 우리 바로 곁에 계신다고 누군가가 말하면, 나는 그에게 전적으로 공감을 표하곤 했다. 나는 마음의 중심으로 여행을 떠난 뒤 세상으로 다시 돌아와 '신은 곧 지고한 사랑의 체험'이라고 알려 주는 이들에게 감사를 표한다.

하지만 그 어두운 11월의 새벽, 나는 내 견해를 신학적으로 정리하는 데는 관심이 없었다. 오로지 내 삶을 구하는 데만 관심이 있었고, 마침내 내가 삶을 위협하는 좌절과 절망의 상태에 이르렀다는 것을 깨달았다. 이러한 상태에서 때때로 사람들은 도움을 구하기 위해 하느님께 다가간다는 생각이 문득 떠올랐다.

울음 섞인 목소리로 나는 하느님에게 말을 건넸다. "안녕하세요, 하느님. 어떻게 지내세요. 전 리즈예요. 뵙게 돼서 기뻐요."

그렇다. 나는 우주만물의 창조주에게 마치 칵테일 파티에서 막 소개를 받은 사람처럼 인사를 건넸다. 하지만 우리는 누구나 자신이 아는 방식으로 무언가를 하는 법이다. 그 말들은 내가 누군가와 인간관계를 시작할 때 늘 사용하는 말이었다. 사실 "저는 언제나 당신의 열렬한 팬이었어요."라는 말이 튀어나오는 걸 막기 위해서는 그렇게 말할 수밖에 없었다. 나는 계속했다. "이렇게 늦은 시간에 귀찮게 해드려서 죄송해요. 그렇지만 저는 문제가 심각하답니다. 예전에는 당신께 이렇게 직접 말을 건네지 않았던 점 죄송해요. 하지만 당신이 제 인생에 허락하신 은혜와 축복들에 대해 제가 항상 충분한 감사 인사를 드렸다고 여겨 주셨으면 해요." 이런 생각을 하자 눈물이 더 솟구쳤다. 하느님은 내가 가라앉기를 기다려주셨다. 나는 감정을 추스르고 다시 계속했다. "아시다시피 저는 기도를 썩 잘하진 못해요. 그렇지만 좀 도와주실래요? 저는 도움이 몹시 필요해요. 어떻게 해야 할지 모르겠어요. 대답이 필요해요. 어떻게 해야 하는지 알려 주세요. 어떻게 해야 하는지 제발 알려 주세요."

그리고 기도의 내용은 점점 '어떻게 해야 하는지 제발 알려 주세요.' 하는 애원의 반복으로 이어졌다. 얼마나 많이 간청했는지 모른다. 마치 목숨을 살려 달라고 비는 사람처럼 간청하고, 또 간청했다. 그리고 눈물이 끝없이 흘렀다.

그러다가 어느 순간 갑자기 눈물이 멈추었다.

나는 더 이상 울고 있지 않았다. 나는 울음을 멈추었다. 사실은 훌쩍이는 중이었다. 고통이 내 안에서 감쪽같이 사라졌다. 나는 놀라서 바닥에서 고개를 들고 일어나 앉았다. 내 눈물을 가져간 어떤 위대한 존재를 보게 될까 싶었다. 그렇지만 아무도 없었다. 나는 혼자였다. 그렇지만 동시에 혼자가 아니었다. 나는 작은 고요함에 둘러싸여 있었다. 좀처럼 경험하기 힘든 고요함, 혹시 놀라서 달아날까 두려워 숨소리도 내고 싶지 않을 만큼 소중한 고요함이었다.

그때 어떤 목소리가 들렸다. 놀라지 않기 바란다. 구약성서를 소재로 한 할리우드 영화에 나오는 찰턴 헤스턴의 목소리도, 영화 「꿈의 구장」처럼 우리집 뒷마당에 야구장을 만들어야만 한다고 말하는 목소리도 아니었다. 그것은 내 내면으로부터 들리는 나 자신의 목소리였다. 하지만 전에는 전혀 들어 보지 못한 것이었다. 분명히 내 목소리였지만 더없이 지혜롭고, 조용하고, 연민 어린 목소리였다. 그리고 삶에서 사랑과 확신을 경험할 때 들릴 법한 목소리였다. 거기에 담긴 따뜻한 애정, 신에 대한 믿음을 영원히 굳건하게 만든 대답을 보여 준 그 목소리의 느낌을 어떤 말로 표현할 수 있을까?

그 목소리는 말했다. '리즈, 잠자리로 돌아가.'

나는 조용히 숨을 내쉬었다.

그것이 내가 할 유일한 일이라는 사실이 단번에 선명해졌다. 나는 다른 대답이라면 받아들이지 않았을 것이다. '너는 남편과 이혼해야 해!' 또는 '너는 남편과 이혼해서는 절대 안 돼!' 하는 목소리가 시끄럽게 울렸다면 나는 믿지 않았을 것이다. 그것은 진정 나를 위한 지혜가 아니기 때문이다. 진실한 지혜는 어떤 주어진 순간에 가능한 한 개의 해답만을 준다. 그날 밤 잠자리로 돌아가는 것은 그 순간에 가능한 유일한 해답이었다. 내 내면의 목소리가 '잠자리로 돌아가.'라고 말한 것은 그 자리에서, 그러니까 11월의 어느 목요일 새벽 3시에 당장 최종적인 해결책을 알아야 할 필요는 없기 때문이었다. 목소리는 말했다. '네게 필요한 유일한 일은 최종적인 해답을 발견할 때까지 휴식을 취하고 스스로를 추스르는 거야. 그러니 잠자리로 돌아가. 그래야만 폭풍우가 몰아칠 때 그것에 대항할 만큼 강해질 수 있어. 폭풍우는 곧 찾아올 거야. 하지만 오늘밤은 아니야. 그러니 잠자리로 돌아가, 리즈.'

나는 그날 밤 일어난 일을 종교적인 '귀의'라기보다는 종교적인 '대화'의 시작이라고 부르고 싶다. 궁극적으로는 나를 하느님 아주 가까이로 데려다줄 활짝 열린 대화의 시작점 말이다.

그 이후 수년간 나는 적색 경보급의 고민거리가 생길 때마다 그 목소리를 찾았다. 그리고 그것에 도달하는 가장 좋은 방법이 글로 적어 가면서 대화하는 것임을 깨달았다. 나는 급박한 문제에 처할 경우를 대비해 침대 옆에 보관해둔 비밀 노트를 꺼내서 글을 쓰기 시작한다. 최악의 고통을 겪을 때도 그 고요하고 연민과 애정이 어린 한없이 지혜로운 목소리는(그것은 나일 수도 있고, 꼭 내가 아닐 수도 있다.) 밤이든 낮이든 항상 종이 위에서 나와 대화를 나누어 준다.

영적인 실험이 시작될 무렵에는 그 지혜로운 목소리를 전적으로 신뢰하지 못했다. 한번은 심한 분노와 비탄에 휩싸인 채 비밀 노트를 꺼내 놓고는 나의 내면의 목소리를 향해, 내게 위안을 주곤 했던 신성한 내면을 향해 한 페이지 가득 이렇게 휘갈긴 적도 있다.

"나는 너의 존재를 못 믿겠어!"

잠시 후 여전히 무겁게 숨을 몰아쉬고 있을 때, 작지만 또렷한 불꽃이 내 안에 일어나는 것을 느꼈다. 그리고 명랑하면서도 차분함이 느껴지는 대답을 종이에 적는 나 자신을 발견했다. "그렇다면 네가 지금 이야기를 나누고 있는 존재는 누구지?"

그 후로는 결코 그 목소리의 존재를 의심해 본 적이 없다.

요즈음 신과 나의 관계, 내 내면의 목소리와 나의 관계는 내 삶에서 가장 중요한 관계다. 그 목소리를 들을 수 있도록 가능한 한 삶을 차분하게 유지함으로써 나는 그 관계를 소중하게 지켜 간다. 나는 이것이 내 신앙에서 가장 중요한 실천이라고 여긴다.

하지만 아직은 더없는 기쁨과 환희를 늘 지켜 내지는 못한다. 다른 사람들과 마찬가지로 나도 위기가 다가오면 동요하고 충격을 받는다. 나는 분명히 현실 속에서 살고 있다. 예상치 못한 사건, 설명할 수 없는 사건들에 반응하면서 말이다. 예전과 차이가 있다면 이제는 내가 처한 상황이나 어떤 사건과 싸우려고 하지 않는다는 점이다. 대신 눈앞의 상황을 받아들이려고 노력한다.

그렇게 하기가 언제나 쉽다는 뜻도 아니고, 삶이 망쳐지고 있는 것처럼 보일 때도 마냥 행복하고 즐거울 수 있다는 뜻도 아니다. 내가 해야 할 일은(그것을 깨닫는 데 기도가 중요한 역할을 한다.) 내면의 목소리와 언제나 연결되어 있으려 노력하고, 우주(우주든 신이든 어떤 이름이든 상관없다.)를 향해 다음과 같이 묻는 것이다. "내가 아직 모르는, 당신이 내게 하라고 요청할 행동이 무엇인가요? 이 상황에서 어떻게 해야 하는지 깨달을 수 있도록 내 눈을 열어 주세요."

기도를 할 때면 하소연하고 한탄하는 대신 무언가를 알려 달라는 질문을 던진다. "제가 지금 이 순간 무엇을 해야 하는지 알려 주실 수 있나요?"와 같이 말이다. 비록 그 순간에는 당장 내가 알지 못하더라도 나는 항상 내가 해야 하는 행동 또는 이해해야 하는 어떤 것이 존재한다고 가정한다.

그러면 대개는 나의 반응을 더 명확하게 인식한다. 나 자신을 단층 촬영하여 내 몸에서 저항감이 존재하는 부분을 보는 것과 비슷하다. "난 이것을 받아들이지 않을 거야."라고 말하는 곳, 내가 집착하고 버티는 부분, "나는 온전히 우주와 일체되어 있고 신의 힘을 믿어. 하지만 이것만은 아니야. 절대 수용할 수 없어."라고 말하는 부분 말이다. 이것은 상황을 받아들이는 현명한 방법이 아니다.

일어난 일에 대한 저항을 멈추고 그것을 받아들이면 다시 행복해진다. 그리고 그러한 수용은 질문과 대답의 과정, 기도를 통한 물음을 통해 내게 찾아오는 것 같다.

하느님과 처음 인사를 나눈 욕실에서의 그날 밤 이후 내 삶은 완전히 변화했다. 노이로제와 비탄이 있었던 곳에 이제는 평화와 충족감이 들어와 있다.

애정이 깃든 지혜로운 그 목소리는 이제 내 일부가 되었다. 불안하거나 화가 난 자신을 발견하면 그 목소리는 항상 내게 묻는다.

"지금까지 겪어 온 그 모든 것에도 불구하고 지금 여기에 말려들 거야? 더 나은 것을 알지 않아? 그동안 배운 게 있잖아."

나는 더 나은 것을 알고 있다. 그리고 나는 배운 것이 분명히 있다.

그래서 기도는 매순간 실천하는 습관이자 어떻게 살 것인지 알기 위해 충실하게 이행하는 약속이 되었다. 이처럼 하느님과의 대화를 반복함으로써(묻고 귀를 기울이고 대답을 들음으로써) 좀 더 커다란 행복으로 향하는 길을 계속 걸어간다. 어제는 이렇게 말했다.

"하느님, 하느님의 고마움에 대해 제가 어떻게 보답해야 할까요?"

그러자 다음과 같은 고요하고 즐거운 내면의 목소리가 들려와 나는 미소 짓지 않을 수 없었다. "앞으로도 계속 연락해."

*

소통의 길을 열다

우리는 대개 결정을 내려야 할 때면 다른 사람이나 엄마에게 달려가 어떻게 해야 하느냐고 묻는다. 우리 '자신'에게 물어보면 확실한 대답을 얻을 수 있다는 사실을 까맣게 잊은 채 말이다. 리즈가 깨달은 것처럼 우리 모두에게는 영성과 연결된 내면의 지혜가 존재한다. 그리고 우리는 언제든지 그것을 이용할 수 있다.

당신 자신보다 커다란 힘과 교감하게 해 주는 내면의 목소리에 귀를 기울여라. 내면의 목소리에게 삶의 목적, 인간관계, 일, 당신이 원하는 그 무엇에 관해서든 물을 수 있다. 그 목소리의 대답을 들으면 평화와 용기를 경험할 것이며, 이로써 더욱 커다란 힘과 진정한 연결을 이루었다는 사실을 깨닫는다.

내면의 목소리에 귀를 기울이는 방법에는 여러 가지가 있다. 질문을 던지고 내면의 목소리가 주는 대답을 듣는 데 도움이 되는 몇 가지 방법을 소개한다.

글로 적는다: 리즈의 경우처럼 종이 위에 적는 행위를 통해 내면의 목소리에 가장 효과적으로 다가가는 사람들도 있다. 질

문이 생기면 조용히 자리에 앉아 마음속으로 질문을 다시 던져 본 후 어떤 비판도 가하지 말고 떠오르는 것은 무엇이든 적는다. 그 내용을 볼 사람은 당신 말고 아무도 없다. 당신 존재의 깊숙한 부분이 당신을 통해 흐르도록 놔두어라.

책을 본다: 도움이 되는 또 다른 방법은 책을 활용하는 것이다. 당신이 끌리는 책을 집어 들고 임의로 한 페이지를 펼친 후 거기서 눈에 띄는 메시지에 주목해 보라. 이 방법을 얕잡아볼지도 모르지만 이 방법은 굉장히 유용하고 적절할 때가 많다. 이렇게 하면 때로는 자신만의 고정적인 생각을 깨고 새로운 각도와 관점에서 상황을 바라보게 된다. 내게 필요한 정확한 해답을 책장 한가운데서 발견하고 놀란 적이 한두 번이 아니다.

징조sign를 찾는다: 당신은 이 방법을 시큰둥해 할지도 모른다. 하지만 나는 『영혼을 위한 닭고기 수프』 시리즈를 집필하면서 많은 사람들이 징조에 대한 이야기를 보내오는 것을 보고 무척 놀랐다. 사람들이 징조로서 주목하는 가장 흔한 대상은 파랑새나 홍관조였다. 저자인 우리들이 '파랑새/홍관조 이야기'라는 이름의 서류철을 별도로 만들었을 정도다. 그것들 가운데 많은 이야기들이 대단히 인상적이었기 때문에 나는 징조를(그리고 파랑새나 홍관조를) 찾는 것을 완전히 새로운 시각으로 보았다.

남편과 나는 어떤 집을 보고는 임대해야 할지 말아야 할지 심각하게 고민한 적이 있다. 그 집에는 장점이 아주 많았지만 우리는 왠지 마음을 정하지 못하고 망설였다. 나는 '선뜻 결정이 안 내려지는 이유가 뭘까?'라고 생각하면서 징조를 찾았다. 다시 한번 그 집을 보기 위해 찾아가던 날 나는 길 한가운데에서 죽은 새를 보았다. 그것은 파랑새도 홍관조도 아니었다. 하지만 나는 집주인에게 전화를 걸어 임대 계약을 맺기 전에 하루만 더 기다려 보기로 결심했다.

다음 날 아침 신문을 보니 썩 괜찮아 보이는 집이 새로 나와 있었다. 남편과 나는 곧바로 집을 보러 찾아갔다. 집 대문을 향해 걸어가고 있을 때 예쁜 사슴 한 마리가 길을 가로질러 지나갔다. 사슴은 내가 가장 좋아하는 동물이다. 나는 그것을 징조로 받아들였고, 그 집은 완벽했다. 우리는 바로 임대 계약을 맺고 지금 사는 집을 구입하기 전까지 이 년간 행복하게 살았다. 그것이 정말 징조였을까? 누가 알겠는가? 나는 좀 더 커다란 지혜에 마음의 문을 열고 있었기 때문에 집에 대한 나의 진정한 감정을 알았고 결국 더 나은 결정을 내릴 수 있었다.

당신이 언제든지 내면에 귀를 기울여 방향과 지혜를 얻을 수 있다는 사실을 깨달으면 흔들리지 않는 굳건한 평화와 자신감이 생겨나기 시작할 것이다. 다음을 통해 내면에 귀를 기울이는 연습을 해 보자.

• 연습 과제 •

내면에 귀를 기울여라

1. 조용하고 편안한 장소를 찾아 펜과 종이를 준비하고 앉는다.
2. 종이 맨 위에 당신이 답을 찾고 있는 질문이나 고민 중인 문제를 적는다. 가능한 한 명확하게 표현한다.
3. 눈을 감고 몇 번 심호흡을 한다.
4. 종이에 쓴 질문을 내면의 목소리에게 던진다. 준비가 되었다고 느낄 때까지 조금 시간이 걸릴 수도 있다. 준비가 되면 눈을 뜨고 무엇이든 떠오른 생각을 적기 시작한다. 앞뒤나 논리가 맞느냐 맞지 않느냐는 중요하지 않다. 손이 더 이상 움직여지지 않는다고 느껴질 때까지 계속 적는다. 조금 전에 쓴 내용들을 읽어 보지 말고 계속 적는다.
5. 이제 당신이 적은 것을 읽는다. 거기에 드러나 있는 지혜에 놀랄지도 모른다. 단어 한 개 또는 문장 한 줄이 당신이 찾는 대답의 열쇠가 될 수도 있다.

— 영혼을 위한 행복 습관 3 —
당신 앞에 펼쳐지는 삶을 신뢰하라

은총의 바람은 언제나 불고 있다. 그렇지만 돛을 올려야만 한다.
- 라마크리슈나(19세기 인도 성인)

나는 인터뷰를 진행하면서 행복한 100인 중 대다수가 삶에서 순종의 느낌을 경험하며 우주적인 힘의 보호를 받는다고 느낀다는 사실을 발견했다. 그들은 우주가 자신을 지원하기 위해 애쓰고 있다고 믿는다.(길잡이 원칙 2)

우리는 삶의 모든 것을 통제하기 위해 애쓰느라 우주에 신뢰를 보내고 삶을 내맡기는 것이 지니는 심원한 힘을 잊고 산다. 자신이 할 수 있는 최선을 다한 다음 좀 더 높은 초월적 힘에 순종하고 모든 것이 최선을 향해 움직여 간다고 믿으면, 당신은 이유 없는 행복의 특징인 더 깊은 평화와 안정감을 경험할 수 있다.

로스앤젤레스에 있는 아가페 영성 센터의 창립자인 마이클 벡위스는 행복한 100인이자 높은 존재를 믿고 자신을 맡기며 살아온 인물이다. 그를 만나거나 텔레비전에서 보았거나, 또는 그의 설교를 들어 본 사람은 누구나 그가 영성과 깊이 연결되었음을 느낄 수 있다. 마이클은 나와 함께 『시크릿』에도 참여한 적이 있으며, 변혁적 리더십 협회의 동료이기도 하다. 이 단체는 정기적으로 만나 세상에 대한 영향력과 기여도를 높이기 위해 노력하는 100명의 우수 변혁적 리더들로 이루어져 있다. 마이클을 만날 때마다 나는 크게 고양되는 느낌을 받아서 "아멘!"이라고 외치고 싶어진다. 마이클을 인터뷰하는 것은 내게 커다란 즐거움이었다. 그의 스토리는 자신을 우주에 내맡기고 새로운 길을 신뢰하도록 끊임없이 나를 자극한다.

| 마이클의 이야기
사랑-아름다움

어린 시절 나는 나 자신이 주변의 모든 것들에 깃든 신성(神性)과 자연스럽게 조화되어 있다는 느낌을 가졌다. 존재의 근원에서 나온 지 얼마 안 되는 아이들은 이런 감정을 느끼기가 쉽다. 때로는 높은 초월적 자아, 신적인 본질과 대면하고 있음을 느끼기도 했다. 물론 당시에는 그런 어려운 이름을 알지 못했지만 말이다.

열한 번째 생일날, 내가 그처럼 영성과 연결되어 있음을 보여 주는 사건이 일어났다. 나는 엄마와 함께 할머니 댁에 있었는데, 엄마가 근처 상점에서 몇 가지 물건을 사오라고 심부름을 보냈다. 어떤 것을 고를까 생각하면서 빵이 진열된 통로에 서 있던 중 갑자기 시간이 정지한 듯한 기분이 들었다. 공간이 녹아내리고 내 시야가 눈앞에 있는 빵과 과자들을 뛰어넘어 어디론가 확장되는 기묘한 느낌이었다. 그때 옆 통로에서 유아용 식품이 담긴 병이 막 땅에 떨어지려고 하는 모습이 '보였다.' 나는 재빨리 모퉁이를 돌아

뛰어가 병이 땅바닥에 닿기 전에 간신히 받아 냈다.

선반에 있는 그 병을 건드렸던 남자가 놀라서 믿기지 않는다는 표정으로 더듬거리며 물었다. "너… 어떻게 알았니?"

"몰라요. 그냥 보였어요." 나는 천진하게 대답했다.

할머니 댁으로 돌아가는 동안, 나는 눈앞의 모든 사물들과 활짝 열린 일체감을 느꼈다. 나무들은 노래했고, 풀들은 자신들만의 언어로 이야기하고 있었다. 모든 것이 고주파의 생명력을 빛내며 살아 숨쉬고 있었다. 할머니 댁에 도착하니 엄마, 할머니, 삼촌이 다정한 미소로 나를 바라보며 현관에 서 계셨다. 그때 기이한 아픔이 느껴졌다. 그들이 보는 마이클은 내가 아는 마이클과 다른 아이라는 것을 깨달았기 때문이다. 그 순간부터 나는 우주와 연결된 자아의 문을 의식적으로 닫고 모든 사람들이 편안하게 느낄 수 있는 존재가 되기 위해 나 자신을 순응시켰다. 그 대가로 신성과 나의 연결은 끊어졌다.

그 후 십 년 동안 세상에 순응하는 존재로서 신성과 단절된 상자 안에서 살았다. 영적 의식이 확장되는 것이 불쑥불쑥 느껴질 때가 있었지만, 어떻게든 그럭저럭 수습하곤 했다. 중학교 1학년 때 그러한 영적 의식이 불쑥 발현된 사건이 있었다. 학생회 회계 담당자로 추천되었을 때였다. 나는 사람들 앞에 나가 연설하는 것을 두려워하는 성격이었음에도 불구하고, 반마다 돌아다니며 선거 유세를 하고 마지막에는 전교생 앞에서 '백위스와 함께하는 학생회 경제'라는 네 가지 요지의 계획안까지 발표해야 했다. 발표가 있는 날, 두렵고 초조한 마음으로 내 차례를 기다리며 자리에 앉아 있었다. 내 이름이 호명되었고 나는 연단에 올라 겨우 말문을 열었다. 다음 순간 내 입에서 나오는 얘기를 듣고 나조차도 놀라고 말았다. 우리 모두의 내면에는 우수함과 뛰어남이 잠재되어 있고, 그것들은 밖으로 발현되길 기다린다는 주제의 얘기를 하고 있었던 것이다. 네 가지 요지는 하나도 언급하지 않고 말이다! 나보다도 더 놀란 것은 청중들이었다. 수백 개의 휘둥그레진 눈이 내가 자리에 들어와 앉을 때까지 시선을 떼지 않았다. 나 자신을 가두고 있던 존재의 틀에서 나도 모르게 뛰쳐나온 것이었다. 나는 창피함과 당혹감을 감추기 위해 다음 주 내내 평소의 나답지 않게 방정치 못한 태도를 보이고 싸움에도 끼어들었다. 그 나이 또래 평범한 소년이라면 으레 할 행동, 사춘기 직전의 아이들에게 어울리는 행동이라면 무엇이든 했다. 나는 그때까지도 평범해지겠다는 자신과의 약속을 깰 준비가 되지 않은 것이었다.

 종교 활동은 어릴 적의 신비한 체험을 설명해 주지 못했다. 고교 시절에는 설교하는 내용을 실천하지 않는 성직자들과 도저히 이해할 수 없는 교리에 환멸을 느낀 나머지 무신론자가 되겠다고 선언했다. 모어하우스에 있는 대학에 다닐 때 나의 무신론은 불가지론으로 변화했다. 나는 여전히 내면의 경험과 조화를 이루는 영적인 길에 들어서지 못하고 있었다.

 이후 나는 남부 캘리포니아 대학으로 옮겨 심리학을 전공했다. 나는 마리화나를 피우는 것이 다소 정상적인 것으로 여겨지던 시대에 자랐기 때문에 난 다른 아이들처럼 마리화나를 피웠다. 그리고 이 추가적인 지출을 위한 돈을 마련하기 위해, 직접 마리화나를 팔기 시작했다. 소규모로 시작한 것이 로스앤젤레스, 애틀랜타, 내슈빌, 뉴욕으로 이어지는 네트워크가 형성되면서 일주일에 수천 달러를 벌어들였다.

수업을 듣거나 과제를 하고 있을 때, 사업을 하는 동안에도 나는 각성 상태에 진입했다. 수시로 환영이 보였고 환청이 들렸다. 그런데 심리학 인턴 과정 중에 정신 질환이 있는 죄수들도 환청과 환영을 경험하는 것을 보고, 나는 내 경험이 병적인 것이라고 생각하기 시작했다. 첫 번째 해결법은 마리화나의 양을 줄이는 것이었다. 그러나 양을 줄여도 환청과 환영은 더욱 강렬해질 뿐이었다! 그리고 얼마 후 더 이상 신에게 등을 돌릴 수 없는 일이 일어났다.

그 즈음 일 년 동안 나는 세 사람에게 쫓기는 꿈을 되풀이해서 꾸고 있었다. 항상 그들에게 붙잡히기 전에 잠에서 깼지만, 꿈을 꿀 때마다 그들과 나의 거리가 가까워지더니, 마침내 어느 날 밤 그들에게 잡히고 말았다.

꿈속에서 나를 붙잡은 사람들에 맞서 안간힘을 쓰고 있을 때, 내가 아는 수백 명의 사람들이 어떤 천막 앞에서 들어가려고 줄을 서 있는 게 보였다. 나는 그들에게 도와 달라고 외쳤지만 그들은 모두 내게서 등을 돌렸다. 두 사람이 나를 잡고 있는 사이 세 번째 사람이 내 가슴에 칼을 꽂았다. 극심한 통증이 밀려왔다. 나는 비명을 질렀고, 죽음을 맞았다.

나는 식은땀을 흘리며 잠에서 깨어났다. 꿈에서 깨어나자 내가 알고 있던 현실 세계가 완전히 다른 느낌으로 다가왔다. 모든 사물과 모든 사람을 연결하는 빛나는 존재가 명확히 감지되었다. 그것은 완전하고 무조건적인 사랑으로 내 영혼을 관통했다. 주위에 있는 모든 생명체와 생명이 없는 물체들 사이를 움직이는 그 존재의 아름다움을 나는 도저히 뭐라 말로 표현할 수가 없었다. 불가지론자인 나는 그 존재에 이름을 붙일 수 없었기에 그저 '사랑-아름다움'이라고 불렀다. 신과의 연결을 잊어버린 채 오랜 세월을 보낸 사람은 이제 죽었고, 나는 신성과 단절된 상자 안에 다시 들어갈 수 없는 존재가 되었다.

나는 동양과 서양의 영성과 신비주의를 연구하기 시작했다. 그리고 세계에 존재하는 다양한 종교의 문화와 역사를 한 꺼풀 벗기고 나면 보편적으로 적용할 수 있는 영적인 원칙이 존재한다는 것을 발견했다. 이러한 자의식 탐구는 마약 장사를 끝내는 자극제가 되었다. 처리해야 할 마약이 딱 한 꾸러미 남아 있었다. 내 집에 남아 있는 유일한 마약이었다. 그러나 나는 그것을 없애기 전에 체포되고 말았다.

사업의 규모 때문에 죄가 무거웠고 상당한 시간을 감옥에서 보내야 할 상황이었다. 친구들이 좋은 뜻으로 충고를 해 주었다. "사전 형량 조정을 알아보라."라고 말하는 친구도 있었고 "돈을 챙겨서 이 나라를 떠나라."라고 하는 친구도 있었다. 그렇지만 '나'라는 사람은 더 이상 마약 거래상이 아니었다. 영적인 변화는 이미 나를 새로운 사람으로 만든 상태였고, 나는 새로운 나 자신이 감옥에 가지 않을 것임을 알고 있었다.

공판이 있던 날 나는 법정에 조용히 앉아 영적 주제에 관한 책을 읽고 있었다. 다른 재판 날과 별반 다를 바 없는 평범한 법정이었다. 그런데 그날 내 변호사가 갑자기 자리를 박차고 일어나 뭔가 절차상의 문제점을 지적했다. 판사는 사흘간의 휴정을 선언했다. 재판이 다시 시작된 날 판사가 의사봉을 두드리며 "소송을 기각합니다!"라고 외치던 소리를 나는 절대 잊지 못할 것이다. 그게 끝이 아니었다. 판사는 내게 앞으로 다가오라고 하더니 이렇게 말했다.

"아주 운이 좋았군. 다시는 내 법정에서 젊은이를 만나는 일이 없기를 바라네."

나는 그의 눈을 똑바로 보며 대답했다.

"절대 그럴 일은 없을 겁니다."

나는 집으로 돌아갔다. 바람이 사납게 불고 있었다. 그 때문에 나는 현관으로 가다 말고 이웃집의 풍향계를 올려다보았다. 무엇으로든 내 영적 변화를 마지막으로 검증받고 싶은 충동이 가슴에서 밀려올라왔다. 그래서 나는 풍향계에 집중하면서 내면의 힘을 실어 이렇게 말했다.

"나는 믿습니다. 내 불신의 어떤 잔재라도 치유하십시오. 그 빛나는 존재가 내가 알고 있는 것만큼 진실한 것이라면 풍향계가 바람과 반대 방향으로 나를 가리키게 해 주십시오. 그러면…."

내가 말을 마치기도 전에 풍향계가 나를 정면으로 가리켰다. 바람의 방향이 바뀌지 않았는데도 말이다. 나는 울음을 터뜨렸다. 그 순간 나는 그 존재에 내 삶을 온전히 내맡겼다. 어떤 방법으로든 내 삶을 통해 그 존재가 자신의 모습을 드러낼 것임을 믿으면서.

스물일곱 살이 되면서 진리를 알아내기 위해 열중했다. 진정으로 그 존재와 함께하는 스승이나 지도자에 관한 이야기를 들을 때마다 직접 찾아가 만났다. 조용한 묵상, 긴 시간의 명상, 영적인 강연들에 이르기까지 이 심원하고 은밀한 길을 걷는 나의 환희에 찬 발걸음의 속도를 늦출 수 있는 것은 아무것도 없었다.

그러던 어느 날 내면의 목소리가 부드럽지만 굳건한 어조로 이렇게 말했다. "이제 사람들 앞에 나설 시간이야."

아마도 내 영적인 변화의 진정성을 말해 주는 가장 확실한 증거는 내가 그 내면의 목소리에 기꺼이 "네!"라고 대답했다는 사실일 것이다. 나는 혼자만의 영적 여행을 접고 뉴 소트-에인션트 위즈덤 신학교에 입학했다. 목사가 되기 위해서가 아니라 그 영적인 존재에 대한 나의 "네!"라는 대답을 성실하게 지켜 가기 위해서였다. 마침내 나는 공인받은 영성 카운슬러가 되었고 오랫동안 일대일 기도 수업과 영적 치유에 대한 일을 했다.

하지만 여전히 내면의 목소리는 더 많은 대중 앞에 나서라고 나를 몰아댔다. 조금씩 조금씩 나의 저항은 사라져갔다. 점차 더 많은 청중 앞에서 우주의 지혜에 대해 이야기하면서 내적인 평온함과 신이라는 존재를 더욱 강렬하게 느꼈다. 그리고 그 존재가 나를 관통해 흐를 수 있다는 것을 경험했다.

1985년에는 내적인 계시를 통해 종교와 종파를 초월하며 신의 유일한 종교인 '사랑'을 가르치고 찬양하는 영적 공동체를 구상했다. 1986년에 내가 설립한 아가페 영성 센터는 이제 수천 명의 신도들과 함께하는 공동체로 성장했다.

지금도 그 "네!"라는 대답은 언제나 내 안에 존재한다. 때로는 그 존재를 섬기는 것을 바라보는 일부 사람들의 시각이 나의 시각과 다르기도 하지만, 나는 언제나 그것을 신뢰하고 믿는다. 그 존재에 나를 온전히 내맡기면 언제나 행복이 찾아온다.

그 존재는 나를 저버리지 않을 것이다. 내가 이렇게 살아서 그 존재를 드러내지 않는가. 우주는 나를 진정한 나 자신으로 살게끔 이끌어 준다. 나뿐만 아니라 모든 이들에게도 마찬가지다.

*

"네!"라고 대답하는 마음

때때로 스스로 자청하여 우주의 '총지배인'이 되려는 시도를 하다가 기진맥진해지면 나는 마이클을 떠올린다. 그리고 나도 '사랑-아름다움'에 의해 보호받고 있다는 사실을 떠올리려 애쓴다. 그는 선천적으로 영성과 일체감을 느끼는 보기 드문 행운아일지도 모른다. 하지만 우리도 누구나 그와 같은 연결을 가지고 있다. 영성과의 연결을 신뢰하고 그것이 삶을 인도하도록 허락할 때, 우리는 이유 없는 행복을 한층 풍부하게 경험할 수 있다.

역사상 현인들은 최고의 선과 지혜가 순종과 받아들임에서 온다는 사실을 알고 있었다. 싸움에서 지는 의미의 순종이 아니라 자신의 개인적 한계를 인정하고 놓아주며 자신보다 훨씬 큰 지혜로운 존재와 온전하게 조화한다는 의미의 순종 말이다. 스핀드리프트의 실험을 기억하는가? 가장 효과가 큰 기도는 특정한 결과를 요구하는 기도가 아니라 단순히 초월적인 힘을 지닌 존재를 불러들이고 그것이 영향력을 발휘하길 바라는 기도라고 한다. 이것은 "당신 뜻대로 이루어지소서."라는 순종의 고전적 표현이 지닌 힘을 보여 주는 것이다.

이렇게 신뢰하고 나를 내맡기면 엄청난 평화와 자유가 찾아오고 "네!"라고 대답하는 마음이 길러진다. 아니라고 말하고 눈앞의 상황에 저항하는 대신 그저 "네!"라고 말하라. 나는 오래전에 즉흥 연기 수업을 들으면서 "네!"라고 대답하는 마음을 처음으로 경험했다.

즉흥 연기 규칙 중에 즉각적으로 기꺼이 "좋아!"라고 대답하는 것이 있었다. 상대방 배우가 당신에게 어떤 것을 요청하든지 말이다. 첫 번째 수업에서 내 파트너는 나에게 나이 많은 록스타를 요구했다. 나는 즉시 팔십 대 노인처럼 움직이며 기타줄을 퉁기는 척하고 허리를 부여잡은 채 크게 노래를 부르기 시작했다. 그 다음엔 갑자기 은행을 털러 지구에 온 외계인이 되어야 했다. 나는 "좋아!"라고 말하고 또 그대로 연기했다. 그 연습은 내 한계를 부수고 나의 에너지를 자유롭게 만들었다. 나는 그것이 삶을 사는 방법에 대한 훌륭한 연습이라는 것을 깨달았다.

"네!"라고 말하는 것은 공중그네 곡예사가 되는 것과 같다. 잡고 있던 그네를 놓아야 공중을 날아 반대편에서 다가오는 다음 그네를 붙잡을 수 있는 것이다. 원래 잡고 있던 그네를 놓지 않으면, 다음 그네가 온다는 것을 신뢰하지 않으면 두 번째 동작은 불가능하다. 순종과 신뢰는 매 순간 흐름의 느낌을 만들어 낸다.

놀라운 은혜

내 훌륭한 영적 멘토 중에 빌 바우만이란 사람이 있다. 그는 성직자이며 내가 만난 사람들 중에 가장 중심이 있고 기본이 튼튼한 사람이다. 빌은 믿을 수 없을 만큼 겸손한 태도를 지녀서 월마트 입구의 손님맞이 직원 같은 느낌이다. 하지만 그의 편안한 카디건 밑에는 영적인 영웅의 심장이 뛰고 있다. 그래서 나는 그를 현명한 미스터 로저스라 부르고 싶다.(미스터 로저스는 미국의 어린이 프로그램 진행자로 모직 스웨터 차림에 차분하고 다정한 음성으로 어린이들에게 교육적인 이야기를 들려준 것으로 유명하다.—옮긴이)

빌은 행복한 100인 가운데 초반 인터뷰 그룹에 속할 뿐 아니라, 내가 이 책을 쓰기 시작할 때 개인적으로 알던 사람이다. 빌을 생각하면 은혜로 충만한 삶이 저절로 떠오른다.

빌은 설명한다. "은혜는 우리 삶에 넘치는 무한하고 무조건적인 사랑, 언제나 빠르게 응답을 주시는 하느님의 사랑을 나타내는 아름다운 말이다." 그는 갓 태어난 아기에게 느끼는 어머니의 무조건적인 사랑을 비유로 사용한다. "어머니는 아기에게서 단점을 보지 못하고 오로지 완벽함과 소중한 가치만을 본다. 사랑이 넘치는 어머니는 주고 또 주는 것 외에는 아무것도 원치 않는다. 이제 그 예를 영적인 수준으로 옮겨 보자. 우리의 초월적 존재는 우리 존재에서 완벽과 가치와 절대적인 경이로움을 본다. 사랑이 넘치는 그 존재는 우리에게 선물을 주고, 축복을 내리고, 해답을 주는 것 외에는 아무것도 원치 않는다."

인터뷰를 하면서 빌은 자신의 삶에 은혜가 흘러넘치게 된 사연을 들려주었다.

오래전에 아내 도나와 나는 완전히 새로운 곳에서 '다시 시작하기로' 했다. 우리는 그때까지의 삶을 뒤로하고 떠났다. 새로운 지역에 정착하고 일 년쯤 지나자 살림이 쪼들리기 시작한다는 것을 깨달았다. 우리는 최선을 다했지만 아직은 충분한 돈이 들어오지 않았다.

우리는 하루만 일을 접고 근처의 트라피스트 수도원에서 시간을 보내기로 했다. 수도원을 거닐면서 은혜를 향해 우리 자신을 열어 두는 시간을 갖기로 말이다.

도나와 나는 예배당에 앉아 있을 뿐 특정한 것을 간구하지 않았다. "우리에게 돈을 주세요."라고 말하지 않았던 것이다. 우리는 그저 은혜를 구하며 열린 마음과 수용하는 태도로 조용히 앉아 있었다. 그리고 신의 은총 안에, 충만함의 존재 안에, 우주의 힘이 보내는 어머니 같은 사랑 안에 우리 자신을 내맡겼다.

나는 이렇게 생각했다. '나는 이상적인 해결책을 알지 못합니다. 당신의 대답은 내가 생각해 낼 수 있는 것보다 언제나 훨씬 더 현명합니다. 당신과의 온전한 연결에 나를 맡깁니다. 이 상황에서 당신이 어떤 대답을 보내시든 나는 그것을 받아들일 겁니다.'

그것이 1단계였다. 한 시간 후 우리는 수도원을 떠나 2단계를 시작했다. 모든 것을 놓아주는 단계였다. 우리는 완벽한 대답이 나타날 것이라고 믿으면서 다시 일상으로 돌아갔다.

바로 다음 날 우리는 회계사의 전화를 받았다. 지금 막 자신이 한 실수를 발견했으니 우리에게 6,000달러를 보내 준다는 내용이었다. 같은 날 오후, 도나는 그 지역의 대학에서 여름 학기 일자리와 다음 해의 정규직 자리를 제안하는 전화를 받았다.

그리고 이틀 후 들어본 적도 없는 보험 회사에서 3,500달러짜리 수표를 받았다. 우리가 가입한 줄도 몰랐던 보험 상품이 있었던 것이다. 한 시간 뒤 나에게 컨설팅 일자리를 제안하는 또 다른 전화가 왔다. 좀 놀랐지만 동시에 놀라지 않았다. 어떤 응답이 있으리라는 것을 의심하지는 않았지만, 그토록 후한 응답이 그토록 빨리 올 줄은 몰랐다. 사람들이 말하는 '놀라운 은혜'를 이해할 수 있었다.

어떻게 하면 은혜 속에서 살 수 있느냐고 묻자 빌은 이렇게 대답했다. "순종을 연습하면 됩니다. 축복을 향해 열려 있는 기회를 찾으세요. 꼭 이러저러해야 한다고 너무 명확하게 정의하지 말고요. 그냥 신뢰하고 맡기세요."

우리 대부분은 인생에 대해 "내 책임이야." "내가 통제해야 해."

라는 식의 접근 방식에 묶여 있다. 순종은 고귀한 초월적 존재가 우리의 간구에 응답할 것임을 믿고 다가오는 은혜의 흐름에 자신을 열어 둠으로써 시작된다. 이는 상황에 얽매이는 데서 벗어나고 눈앞에 펼쳐지는 삶을 신뢰하는 방법이다.

항상 순종하고 신뢰하는 삶을 사는 사람들은 그들 삶에서 동시성을 자주 경험한다고 말한다. 놀라운 우연, 불가사의한 행운, 예기치 못한 도움, 적절한 시기에 적절한 장소에 있게 되는 완벽한 타이밍 같은 것들 말이다. 만일 당신이 이러한 동시성을 자주 경험한다면 그것은 당신이 영성과 연결되어 있다는 증거다.

• 연습 과제 •

은혜를 초대하라

아래의 연습은 2장에서 소개한 비밀 공식('목표, 주의, 긴장 완화'로 구성됨) 가운데 '긴장 완화'를 보강, 강화한 것이다.

1. 조용히 앉아서 초월적 존재에게 도움이 필요한 당신의 상황에 대해 편지를 쓴다.(예: 인간관계, 건강, 직업 등) 마음에서 우러나오는 편지를 쓴다.
2. 그 상황에 필요한 도움을 가장 훌륭하게 충족시키는 사람이나 장소, 환경이 당신에게 주어지기를 청한다. 필요하다면 올바른 이해

나 용서를 구할 수도 있다.
3. 타인에게 방해받지 않을 수 있는 동시에 당신에게 의미 있는 장소에 편지를 보관한다. 특별한 책의 책갈피, 집 안의 비밀 장소, 정원의 돌 밑 등 어디든 말이다. 얼마간 그것을 다시 꺼내 보지 않는다.
4. 이제 놓아준다. 그 상황을 초월적 존재에게 맡긴다. 감사와 이완되는 상태를 느끼면서 우주가 언제나 당신을 지원한다는 것을 믿으려고 노력한다.
5. 다음 날 혹은 다음 주에 어떤 일이 일어나는지 주목한다. 한두 달 안에 편지를 다시 보면 우주가 어떻게 응답했는지 알 것이다.

· 7장 요약 및 행복 실천 방안 ·

고요한 시간을 가지며 영성에 연결되도록 노력하고, 내면의 목소리에 귀를 기울이고, 눈앞에 펼쳐지는 삶을 신뢰하면, 이유 없는 행복을 경험하는 순간은 늘어나는 법이다. 영혼과의 교감은 행복을 위한 집의 마지막 기둥을 강화한다. 영혼을 위한 행복 습관을 익히기 위해 다음의 실천 방안을 활용하라.

1. 고요, 명상, 기도를 일상생활의 일부로 만든다.
2. 일주일 동안 하루에 일곱 번씩 '멈춤 연습'을 하고 어떤 느낌인지 알아본다.
3. 일기에 질문을 적고, 책을 펼쳐 보고, 징조를 구함으로써 방향을 알려 줄 지침을 찾는다.
4. 순종을 실천한다. 우주가 나를 지원하기 위해 애쓴다고 믿고, 좀 더 높은 존재에게 당신의 의도를 전달한다. 이제 그 존재에게 모든 걸 맡긴다.

8

지붕

목적에 맞는 삶을 선택하라

인간의 삶에는 위대한 날이 두 번 있다. 하나는 우리가 태어난 날이고
다른 하나는 태어난 이유를 깨닫는 날이다.
– 윌리엄 바클레이(20세기 스코틀랜드 신학자)

살아오면서 한 번쯤은 "우리는 누구나 목적이 있어서 태어난 것이다."라는 말을 들어 봤을 것이다. 그러나 길에서 만난 100명에게 그 목적이 무엇이냐고 묻는다면 아마도 대부분은 한숨을 쉬며 "모르겠어요."라고 대답할 것이다. 분명한 방향 감각을 가지고 삶이라는 배에 올라 항해하는 사람도 있지만, 그렇지 못한 많은 사람들은 배를 놓쳤다고 느낀다.

행복한 사람은 목적을 위해 세상에 태어났다고 믿는다. 행복한 100인을 인터뷰하는 동안 같은 말을 수없이 되풀이해 들었다. 그들은 매 순간 목적과 의미에 고취된 삶을 산다고 말했다.

그렇다면 당신의 존재 목적은 무엇인가? 일반적인 통념과 달리 당신이 존재하는 목적은 직업이나 지위 때문이 아니다. 그보다 훨

씬 더 큰 무엇이다. 당신이 존재하는 것은 인생에서 당신에게 의미 있는 일을 하기 위함이다. 예를 들어 내 삶의 목적은 다른 사람들이 가능한 한 가장 고귀한 인생을 살도록 도와주며 나의 사랑과 에너지를 나누는 것이다. 어쩌다 보니 나는 인생 변화 강사와 작가로서 이 자리에 있지만, 다른 방법으로도 얼마든지 나의 목적을 이룰 수 있다. 이를테면 나는 교사나 음악가, 비서, 의사, 정원사가 될 수도 있다. 목적이 고취하는 삶은 다양한 형태를 띨 수 있다. 중요한 것은 우선 당신 안에서 목적과 의미를 발견하는 것이다.

행복에 대한 연구 결과는 어떤 것이든 자기 삶에 의미를 부여하는 데 충실한 사람이 목적에 대한 감각이 없는 사람에 비해 훨씬 더 행복하다는 것을 보여 준다. 어바나 샴페인 일리노이 대학 심리학부에서 주관적 행복에 대해 연구한 심리학자 에드워드 디너는 행복의 필수 요소는 "삶에서 의미를 갖는 것, 당신이 추구하고 당신이 즐거운 마음으로 받아들일 수 있는 장기적인 가치관에 입각한 목적을 갖는 것"이라고 말한다. 건강과 장수에 대한 연구는 크든 작든 목적의식을 갖고 사는 사람이 더 오래 더 건강하게 산다는 것을 보여 준다.

목적, 의미 그리고 일

목적은 행복이라는 집의 지붕에 해당한다. 목적의식이 없으면 지붕이 새는 것과 같다. 삶의 모든 면에 불행의 비를 흩뿌릴 수 있다는 얘기다. 불행히도 요즘은 비 새는 지붕이 상당히 많은 것 같다. 리서치 전문 회사인 해리스 인터랙티브가 발표한 2005년 연구를 보면 자기 일에 열정을 갖고 있는 사람은 이십 퍼센트에 불과하다고 한다. 다섯 명 중 네 명은 자기 일에 의욕을 느끼지 못한다는 의미다. 이 통계는 심장 발작이 월요일 아침에 가장 많이 발생하는 이유를 말해 준다. 말 그대로 일하러 가느니 차라리 죽는 편이 나은 것이다.

많은 사람들이 그저 입에 풀칠하고 쌓인 청구서를 처리하기 위해서 출근한다. 진정으로 원하는 일자리를 찾기에는 자유와 시간과 기회가 부족하다고 느끼면서 말이다. 그들은 나쁜 상황을 그럭저럭 견뎌 나가고 주말만을 기다리면서 체념하는 듯한 태도로 깊은 목적의식 없이 살아간다. '자신에게 딱 맞는' 완벽한 직업을 수년 동안 찾아다니는 사람도 있다. 그들 중 일부는 운 좋게도 만족스러운 직업을 찾지만 내면의 목적의식에 의해 고취되지 않는 한 그 충족감은 오래가지 못한다. 그들의 행복은 직업에 달려 있다. 따라서 직업을 잃거나 은퇴하면 그들은 단절된 느낌을 받고 곧 인생의 만족감과 방향을 잃는다.

은퇴에 대한 통계가 이 사실을 증명해 준다. 은퇴한 이후에도 여전히 목적의식을 갖고 사는 사람이 가장 행복해 한다는 보고가 있었다. 이러한 사람은 자신이 지닌 기술을 발휘할 무대를 또다시 찾는다. 퇴직한 은행가라면 직업 훈련 센터에서 일할 수 있을 것이다. 손재주 좋은 직장인이었다면 이웃집의 소소한 문제를 해결해 주는 사람이 될 수도 있을 것이다. 중요한 점은 당신의 목적이 길을 인도한다는 것이다.

일, 직업 혹은 소명

당신은 당신이 매일 하는 그것을 무엇이라고 생각하는가? 일, 직업, 아니면 소명? 다음 이야기는 그 셋의 차이를 보여 준다.

어느 날 웬 노파가 먼지 쌓인 공사장에서 벽돌을 쌓고 있는 건장한 세 젊은이에게 다가갔다. 노파는 첫 번째 남자에게 무엇을 하고 있느냐고 물었다. 그는 조금 무례하게 대답했다. "안 보여요? 벽돌 쌓고 있잖아요. 하루 종일 이놈의 일을 한다고요. 벽돌 쌓는 거요." 노파는 다시 두 번째 젊은이에게 무엇을 하고 있느냐고 물었다. 그가 대답했다. "저는 벽돌공이에요. 지금 내 일을 하고 있죠. 내 기술에 자부심을 가지고 있답니다. 그리고 이 일로 가족들을 먹여 살릴 수 있으니 행복해요." 마지막 사람에게 다가가면서 노파는 그의 눈이 기쁨으로 충만하고 얼굴이 햇살처럼 빛나는 것을 보았다. 노파가 같은 질문을 던지자 그는 의욕에 가득 찬 표정으로 대답했다. "아, 저는 세상에서 가장 아름다운 성당을 짓고 있어요."

목적의식을 결정하는 것은 당신이 하는 활동의 내용이 아니라 당신의 시각(관점)이다. 뉴욕 대학의 조직심리학자 에이미 위르제스니스키는 일, 직업, 소명이라는 세 카테고리에 근거하여 사람들의 작업 성향을 연구했다. 그녀는 일의 내용이나 성격에 관계없이,

자신이 소명을 따르고 있다고 느끼는 사람이 일에서 더 큰 만족감을 경험하고 삶에서 더 큰 행복감을 누리는 것을 발견했다.

당신이 사랑하는 일을 하지 않는다면 당신이 하는 일을 사랑하라

이유 없이 행복한 사람은 원하는 직업이나 소명을 수행하든 아니든 상관없이 자신이 가는 곳, 자신이 하는 일에서 늘 목적의식을 찾는다. 아무리 평범하고 일상적인 일이라도 말이다. 그들은 차의 오일을 갈 때나 가족의 식사를 준비할 때나 늘 목적에 고취된다. 그들의 목적의식은 '멀리' 있지 않다. 행복한 사람은 현재 하는 일이 없어지더라도 곧 자신의 목적을 고취하는 다른 것을 찾아낸다.

나는 위대한 지휘자 아르투로 토스카니니의 이야기를 들은 적이 있다. 그의 여든 번째 생일에, 어떤 이가 그의 아들 월터에게 당신 아버지는 무엇을 가장 중요한 업적으로 꼽느냐고 묻자 월터가 대답했다. "아버지에게 그런 것은 없습니다. 무엇이든 그 순간에 하는 일이 아버지 인생에서 가장 중요한 일입니다. 오케스트라를 지휘하든 오렌지 껍질을 까든 말입니다."

이 장을 쓰는 동안 캐럴은 목적의식이 맘에 들지 않았던 직업으로부터 자신을 구한 이야기를 들려주었다.

내가 문학사 학위를 받으며 대학을 졸업했을 때 취업 시장에는 문학 전공자에 대한 수요가 많지 않았다. 인생에서 내가 하고 싶은 일이 무엇인지 아직 확실치 않았지만, 나는 집세를 내야 했다. 그래서 증권 회사의 안내원으로 취직했다. 그 일은 부수입도 많았지만 한 가지 큰 문제가 있었다. 나는 안내원이라는 직업이 싫었다. 하루 종일 전화를 받는 것은 스트레스거나 따분하거나 둘 중 하나였다. 입사 한 달 만에 아침에 일어나 출근하는 일이 지긋지긋해졌고, 일터의 불행은 내 삶 전체를 어둡게 만들었다. 나는 두 가지 선택이 있다는 것을 알았다. 하나는 다른 일을 찾는 것이었고 다른 하나는 내가 하는 일을 좋아할 방법을 찾는 것이었다. 나는 양쪽 모두를 해 보기로 결정했다. 한편으론 다른 일자리를 찾아보면서, 한편으론 지금 있는 자리에서 좀 더 행복해지는 방법을 연구했다.

나는 '세계 최고의 안내원'이 되어 보기로 했다. 타인에게 봉사하고 긍정적인 기여를 하고 싶은 마음이 강했기에 큰 글씨로 '봉사'라고 적어 책상머리에 붙여 두었다. 밝은 목소리로 전화를 받고 자주 전화하는 사람들은 목소리를 기억해 두었다가 그들의 이름을 불러 주었다. 화장품업계의 거물인 메리 케이 애시는 이렇게 말했다고 한다. "당신이 만나는 모든 사람이 '나를 중요한 사람으로 느끼게 해 주세요.'라는 표지판을 목에 걸고 있는 것처럼 행동하라." 나는 그 개념을 실천에 옮겼다. 증권 브로커나 다른 직원들과 농담을 나누었고, 일하는 것을 파티처럼 즐겼다. 그러자 행복 수준이 급격히 높아졌을 뿐 아니라 한 달 만에 회사 내에서 더 맘에 드는 직위로 승진했다. 결국 내게 훨씬 더 잘 맞는 일을 했지만, 내가 그 일을 맡기까지의 과정(그리고 행복의 수준이 향상된 과정)을 결코 잊지 않는다.

목적과 연계하면 에너지가 확대되고 매 순간 고양된 느낌을 갖게 된다. 더불어 더 큰 성공으로 나아가게 된다.

알베르트 슈바이처는 이렇게 말했다.

"성공은 행복의 열쇠가 아니다. 행복이 성공의 열쇠다. 당신이 하는 일을 사랑하면 성공하게 된다."

수축과 확대의 징표를 살펴보고 당신이 목적과 관련하여 적절한 방향으로 가고 있는지 생각해 보라.

수축	확대
목적 없이 마지못해 행동한다.	목적에 고취되어 행동한다.
방향을 잃고 지루해 한다.	흐름을 타며 의욕적으로 임한다.
목적이 불분명하고 체념한 느낌이다.	목적과 열정을 느낀다.
오로지 자기 이익을 위해 행동한다.	타인에게 봉사한다.

목적에 고취된 삶은 당신의 행복을 증진하며 당신에게 감화를 받는 주변 사람에게도 행복을 가져다준다.

목적 있는 삶을 위한 행복 습관

1. 열정을 발견하라.
2. 순간의 영감을 따르라.
3. 자신보다 더 큰 무언가에 기여하라.

― 목적 있는 삶을 위한 행복 습관 1 ―
열정을 발견하라

정말 중요한 문제에 진지하고 열정적인 마음으로 "예"라고 답하는 법을 배우면,
금빛 햇살이 숲속으로 스며들듯 평화가 우리 삶에 자리 잡기 시작한다.
- 토머스 킨케이드(화가)

당신은 이렇게 말할지도 모른다. '오, 마음에 들어! 나도 목적에 고취된 삶을 살고 싶어. 하지만 어떻게 시작하지?' 당신만의 특유하고 개인적인 목적으로 이끌어 줄 실마리를 지닌 사람은 바로 당신이다. 필요한 일은 잠시 멈추는 것뿐이다.

그렇다, 그저 멈추면 된다.

바쁜 일상에서 잠시 빠져나와 당신의 내면을 들여다보는 시간을 가져라. 정직하고 용기 있는 태도로 자신에게 물어라. 나는 어떤 것에 열정을 느끼는가? 내가 좋아하는 일은 무엇인가? 내게 '정말로 중요한' 일은 무엇인가? 그 대답은 당신을 조금씩, 그러나 확실하게 목적으로 이끌어 줄 것이다.

행복한 100인의 한 사람인 재닛 애트우드가 개발한 열정 테스트는 열정을 발견하는 데 커다란 도움을 준다. 재닛은 이십사 년간 나의 절친한 친구였다. 나는 열정 테스트가 그녀와 다른 많은 이들의 삶을 변화시키는 것을 직접 목격해 왔다. 그녀는 목적과 연결되는 데서 오는 기쁨을 보여 주는 살아 있는 본보기다. 재닛의 스토리는 그녀가 전남편이자 좋은 친구이고 사업 파트너인 크리스 애

트우드와 함께 베스트셀러 『열정 테스트The Passion Test』를 쓰기까지의 과정을 보여 준다.

재닛의 이야기
가로등 밑에서 춤추고 노래하며

모든 것과 모든 사람을, 특히 엄마를 사랑한 소녀가 있었다. 소녀와 엄마는 몇 시간씩 함께 책을 읽고 영화를 보고 웃으며 노래하곤 했다. 그들이 함께하는 모든 순간은 행복과 기쁨으로 가득 차 있었다.

그 행복한 시절에 어린 소녀는 저녁이면 때때로 밖에 나가 집 앞 가로등 밑에서 춤을 추며 노래를 불렀다. 소녀는 미래의 언젠가 수천 명의 사람들 앞에서 공연을 하며 그들에게 감동을 전해 주는 자신의 모습을 상상했다.

소녀가 일곱 살이 될 무렵 엄마는 술을 마시기 시작했다. 그녀에게 애정 어린 자장가를 불러주던 부드럽고 다정한 목소리는 사라졌다. 대신 서로를 향해 목청껏 소리 지르는 엄마 아빠의 목소리가 들려왔다. 소녀의 엄마는 헤아릴 수 없이 여러 번 약속을 했지만, 곧 다시 술을 마셨다. 상황은 점점 나빠졌고 어느 날 소녀의 엄마는 정신 병원에 수용되었다.

엄마는 병원에서 나오자마자 다시 술을 마시기 시작했다. 이후 엄마는 소녀를 떠나 적응 시설을 들락날락하며 지냈다. 엄마와 연락이 끊겼고 소녀는 신문의 부고란을 읽으며, 거기서 엄마의 이름을 발견할까 봐 불안해 했다. 자신이 느끼는 분노를 이해할 수 없었던 소녀는 그 분노를 주위의 모든 사람에게, 그리고 자기 자신에게 퍼부었다.

시간이 흐르면서 소녀는 점점 더 불행해졌다.

열일곱 살에 그녀는 성폭행을 당했다.

열여덟 살에 그녀는 약물을 상용하고 있었다.

열아홉 살에 그녀는 헤로인 중독자와 동거했고 오토바이 폭주족과 어울렸다. 삶은 약물과 섹스, 우울증의 기나긴 순환이었다. 소녀는 인생을 바꾸지 않는다면 엄마와 똑같이 되고 말 것임을 알고 있었다.

그 소녀가 바로 나다.

스무 살 때 나는 엄마와 같은 운명을 거부하기로 마음먹고 나쁜 행동들을 깨끗이 정리했다. 오빠의 도움으로 다행히 살 곳을 찾고 직업을 구하고 명상법을 배웠다. 나는 영적인 변화와 관련된 책을 읽고 개인적 성장에 대한 테이프를 듣기 시작했다. 내 삶은 조금씩 나아졌다. 그렇지만 여전히 무엇인가 빠진 느낌이었다. 이런저런 일들을 하면서 어떤 것은 맘에 들고 어떤 것은 별로였지만, 전반적으로 괜찮은 편이었다. 하지만 가까스로 집세와 청구서를 지불하는 정도였다. 어느 순간엔 실리콘밸리의 회사에서 디스크 드라이브 엔지니어를 모집하는 일을 하고 있었다. 그것은 나를 위한 일이 아니었다. 나는 한층 더 낙담했고 인생을 어떻게 살아야 할지 알 수 없었다.

어느 날 샌프란시스코에서 「성공에 "네"라고 대답하라Yes to Success」라는 세미나가 열린다는 포스터를 보았다. 나는 생각했다.

'긍정적인 태도를 조금만 키우면 내 상황은 더 좋아질 거야.'

세미나가 열리던 날, 세련된 옷을 입은 삽십 대 초반의 여인 데브라가 연설을 하기 시작했다. 나는 호기심이 일었다. 단 몇 분 만에 그녀는 우리 모두를 완전히 매료시켰다.

데브라는 미국에서 가장 성공한 100인을 대상으로 이루어진 조사에 대해 이야기했다. 그 조사에서는 지속적인 성공을 누리는 사람들에게는 한 가지 공통점이 있다는 것을 보여 주었다고 했다.

"그 한 가지가 무엇인지 짐작할 수 있는 분이 있나요?" 그녀는 청중을 돌아보며 물었다. 아무도 손을 들지 않자 그녀는 말을 이어갔다. "그들 모두 인생에서 성공과 성취를 위해 필요하다고 '스스로' 느끼는 가장 중요한 다섯 가지를 성취했다는 사실입니다."

그 순간 지구가 멈추어선 것 같았다.

"다시 한번 말씀해 주시겠어요?" 내가 부탁했다. 스스로를 억제하기가 힘들었다.

"그들 모두 인생에서 성공과 성취를 위해 필요하다고 '스스로' 느끼는 가장 중요한 다섯 가지를 성취했다고요."

내 머릿속에서 어떤 목소리가 소리쳤다. "바로 그거야! 내가 알아야 했던 건 그거야. 내가 원하는 삶을 살기 위해 가장 중요한 다섯 가지라고 '내가 느끼는' 것을 알아내야 해. 그럼 나도 그 성공한 사람들처럼 될 수 있는 거야."

데브라의 강연을 들으면서 내가 원하는 삶을 사는 데 필요한 것들을 생각해 보았다. 그리고 데브라처럼 인생의 변화를 위해 도움이 되는 방법들을 사람들에게 알려 주는 것이 내가 가장 하고 싶은 일이라는 것을 깨달았다. 너무나 강렬한 깨달음이라서 온몸의 세포에 고통이 느껴지는 듯한 기분까지 들었다. 완전히 새로운 인생으로 다시 태어나는 느낌이었다! 그리고 바로 다음 순간 믿을 수 없는 내면의 고요가 찾아오고, 뒤이어 지금껏 느껴 보지 못한 행복감이 밀려왔다. 그 행복은 나에게 가장 중요한 무언가와 연결되는 순간 내 존재의 핵심으로부터 나오는 것이었다.

차 안이 쩌렁쩌렁하게 음악을 틀고 목청껏 노래를 하며 집으로 돌아오는 길에 나는 곧 뭔가 기적적인 일이 곧 벌어질 것이라는 직감이 들었다. 다만 아직 무엇인지는 알 수 없었다.

그로부터 삼 주 내로 엔지니어 모집 일을 그만두고 데브라를 설득해 「성공에 "네"라고 대답하라」 세미나와 관련된 일에 참여하기 시작했다. 그 다음 몇 해 동안 내가 원하는 삶을 이루기 위해 필요한 다섯 가지를 점점 더 명확하게 만들려고 노력했다. 나는 실험을 해 보았다. 때로는 '해야 한다'고 생각하는 것을 따랐고(별로 결과가 좋지 않았다.), 때로는 내 마음이 원하는 일을 따랐다.(언제나 결과가 좋았다.) 내면에서 애정을 느끼는 일을 하면 외적으로 성공과 행복의 흐름이 커져 갔다.

내게 가장 중요한 다섯 가지를 명확하게 정하는 일은 '열정 테스트'의 시작이었다. 내가 직접 개발한 열정 테스트는 당신이 진정으로 사랑하고 소중하게 생각하는 것이 무엇인지 밝힘으로써 인생의 목적을 발견하는 방법이다. 나는 내가 좋아하는 것과 나에 대해 하느님이 뜻하신 바가 동일함을 굳게 믿는다.

몇 년 뒤, 수천 명에게 열정 테스트를 소개하고 수많은 이들이 극적인 결과를 경험하는 것을 보면서, 나는 친구이자 사업 파트너이고 전남편이기도 한 크리스 애트우드와 함께 『열정 테스트』라는 책을 썼다. 이 책은 베스트셀러 1위에 올랐다. 우리는 개인의 변혁적 성장을 돕는 통로로는 세계에서 가장 규모가 큰 온라인 매거진인 《헬시 웰시 앤 와이즈 매거진》도 공동 창간했다.

요즈음은 열정 테스트를 전 세계에 보급하고 각계각층의 사람들과 함께 협력한다. 나는 열정에 따라 살고 있고, 내게 인생은 진정으로 신비한 모험이 되었다. 그러한 노력이 지닌 영향력을 가장 강렬하게 경험한 것은 몇 달 전 마이애미에서 200명의 집 없는 여성들에게 강연할 때였다. 그들은 아무것도 믿지 않았고, 꿈꾸지 않았으며, 모든 걸 포기한 상태였다. 무엇보다 자신의 인생이 끝났다고, 현세의 삶을 근근이 이어나가는 고통스러운 과정만 남았을 뿐이라고 여겼다.

나는 그들에게 내 어린 시절과 젊은 시절 이야기를 들려주었다. 그리고 열정 테스트를 하라고 권했다. 나는 매일매일 살면서 가장 소중하게 생각하는 것, 마음속의 불을 가장 잘 지펴 주는 것을 도와주는 방향으로 선택하라고 말했다. 내 말대로 실천하면 더 행복한 삶을 향해 움직일 수 있는 에너지가 조금씩 생겨날 것이라고 말해 주었다. 그들은 각자의 내면에 존재하는 위대함을 깨달을 터였다.

자신에 대해 무언가를 발견하고 흥분한 그 여성들이 기립 박수를 보내자, 내 눈에서 눈물이 솟았다. 아주 오래전 가로등 아래에서 웃고 춤추던 어린 소녀가 생각났다. 사람들에게 감동을 주고 싶어 했던 그 소녀 말이다. 나는 그 소녀의 꿈을 실현하고 있었다. 꿈을 이뤄 가는 여정은 결국 나를 여기로 이끌어 우리 엄마와 아주 닮은 아름다운 여성들에게 사랑의 선물을 주도록 만든 것이다.

※

당신이 사랑하는 일을 하라, 당신이 하는 일을 사랑하라

중요한 것은 많이 생각하는 것이 아니라 많이 사랑하는 것이다.
그러니 당신의 사랑을 가장 많이 불러일으키는 일을 하라.
- 아빌라의 성 데레사(16세기 스페인 수녀, 신비주의자)

무엇이 당신의 마음을 확장시키는가? 무엇이 당신의 영혼을 노래하게 만드는가? 대부분의 사람들은 일상을 되풀이하느라 너무 바빠서 그와 같은 것에 주의를 기울이지 못한다. 때로는 미묘해서 포착하기 어려울 때도 있지만, 뭔가 당신의 관심이 기울고 자꾸 이끌리고 호기심을 자극하는 것이 있다면, 당신은 열정의 실마리를 찾은 셈이다.

심리학자이자 작가인 미하이 칙센트미하이는 긍정심리학 분야의 선구적인 연구자다. 그는 무언가를 하는 데 완전히 몰두했을 때 경험하는 순수하고 온전한 기쁨의 감정을 '몰입'이라고 부른다. 몰입에 이르면 시간이 멈춘 것 같고 몇 시간이 단 몇 분처럼 지나가기도 한다. 자연스럽게 집중하게 되며 쉽게 다른 곳에 주의를 빼앗기지 않는다. 행복 연구의 중심 기관인 펜실베이니아 대학 긍정심리학 센터는 몰입을 만들어 내는 활동을 하는 것은 너무나 커다란 만족감을 주기 때문에 사람들은 외적인 인센티브(예: 돈)를 따라가기보다는 그 활동 자체만을 위해 기꺼이 그 일을 한다고 발표했다. 인생에서 몰입을 경험하는 지점을 찾으면 당신은 더욱 쉽게 열정을 향해 나아갈 수 있다.

재닛은 "일단 자신이 진정으로 원하는 걸 알아내면 매일매일의 행동을 당신의 열정을 지지하는 방향으로 선택하라."고 말한다. 삶은 선택으로 이루어져 있다. 당신에게 중요한 일을 하기로 선택하는 것을 되풀이하면, 삶의 모든 영역에서 당신의 독특한 목적이 표현되고, 결국 인생에서 당신이 원하는 것을 더 많이 끌어당기게 된다. 다시금 끌어당김의 법칙이 힘을 발휘하는 것이다!

나는 '내가 사랑하는 일을 하고, 내가 하는 일을 사랑해야 한다.'는 것을 아버지한테 배웠다. 아버지는 치과의사라는 직업을 진정으로 사랑했다. 아버지는 일흔둘에 어쩔 수 없이 은퇴하셨지만 재능을 발휘할 수 있는 새로운 통로를 찾았다. 그래서 치과의사 일 가운데 어떤 부분을 가장 좋아했는지 생각해 보았다. 아버지는 이런저런 소재들로 치아를 때우고 봉하는 일을 좋아했다기보다는 예술적이라고 느끼는 방식으로 미세하고 정교하게 작업하는 일 자체를 좋아했다.

아버지는 일흔둘의 나이에는 자수를 선택했고, 그 일을 몹시도 사랑했다. 마침내 자수 예술 전문가가 되었고 캘리포니아 지역에서 상까지 수상했다. 아버지가 여든다섯 살이던 어느 날, 아버지 댁을 찾아갔던 일이 기억난다. 아버지는 내가 본 중에 가장 크고 정교한 자수 프로젝트를 시작한 참이었다. 에덴 동산 중앙에 있는 생명의 나무를 자세히 묘사한 작품이었다.

나는 아버지께 물었다. "이걸 끝내려면 얼마나 걸려요?"

"진행되는 속도를 계산해 보니 사 년은 걸리겠구나."

상상해 보라. 사 년이 걸리는 프로젝트를 시작하는 여든다섯 살의 노인을. 그러나 예술 작품을 완성하려는 아버지의 열정은 강한 목적의식을 가져다주었다. 아버지는 그 프로젝트를 완성했을까? 물론이다! 아버지의 작품 중 가장 훌륭한 작품이며, 부모님이 오십삼 년간 함께 사신, 지금은 어머니가 사시는 집 거실에 자랑스럽게 걸려 있다.

목적의식이 있으면 어떤 일을 하든 기쁨을 느낄 수 있다는 사실을, 아버지는 몸소 가르쳐 주셨다.

· 연습 과제 ·

당신의 열정을 발견하라

재닛 애트우드와 크리스 애트우드가 개발한 이 연습은 자신에게 진정으로 중요한 것을 명확하게 인식하기 위한 첫 번째 단계다. '열정 테스트'의 전체 과정을 거치면 삶에서 중요한 다섯 가지를 발견하고 그것들을 당신의 삶과 조화시키는 방법을 배울 수 있다. '열정 테스트'의 전체 과정을 알고 싶은 독자는 재닛의 저서 『열정 테스트』를 참조하라.

1. 종이 위에 당신의 삶이나 일과 관련하여 원하는 것을 최소한 열 가지 적는다. "내가 원하는 삶 속에서 나는 _____." 하는 식으로 적는다.
   (예: "내가 원하는 삶 속에서 나는 다른 사람들도 나처럼 글쓰기를 사랑하는 마음을 갖도록 돕고 있다." "내가 원하는 삶 속에서 나는 건강하고 날씬하고 에너지가 넘친다." "내가 원하는 삶 속에서 나는 친구나 가족과 바람직한 관계를 맺고 있다.")
   적을 내용이 생각나지 않는다면 삶에서 절대로 원치 않는 것들을 생각한다. 그리고 그것을 반대로 표현한다. 예를 들어 당신이 주변에 거짓말하고 속이고 훔치는 사람이 없기를 바란다면 다음처럼 바꾼다. "내가 원하는 삶 속에서 나는 언제나 정직하고 성실하며 베풀 줄 아는 사람들에게 둘러싸여 있다."
2. 당신이 아는 사람들 중에 자신이 하는 일에 열정이 없는 네 사람을

떠올려 본다. 그들은 무슨 이야기를 하는가? 그들의 관심은 어디에 집중되어 있는가? 그들은 자신과 시간을 보내는 사람을 어떻게 대하는가? 그 사람들의 행동 특징을 최소한 다섯 개 적는다.

그 행동들 중에 당신에게서 발견되는 것이 있는가? 그러한 행동이 목적이 있는 삶을 사는 데 어떻게 방해가 되는지 이해할 수 있는가?

3. 이들 행동을 바꾸기 위해 다음 주에 할 수 있는 일 다섯 가지, 1단계에서 적은 사항들을 당신 삶의 일부로 만들기 위해 할 수 있는 일 다섯 가지를 적는다. 이로써 당신은 당신에게 맞는 열정적이고 목적이 있는 삶을 살 수 있다.

* 재닛 애트우드와 크리스 애트우드의 승인을 받아 사용함.

― 목적 있는 삶을 위한 행복 습관 2 ―
순간의 영감을 따르라

당신이 환희를 따르면 문이 있다고 생각지도 못한 곳에서 문이 열릴 것이며,
다른 누구에게도 드러나지 않을 문이 모습을 드러낼 것이다.
- 조지프 캠벨(20세기 학자, 교수)

당신의 열정을 확실히 알면 매 순간 무엇을 해야 하는지 보여 주는 내면의 횃불이 당신 앞을 밝혀 준다. 그리하여 목적과 열정에 고취된 행동을 택하게 된다. 하지만 당신은 삶에서 하고 싶은 일이

'무엇'인지는 인식하지만, 그 일이 '어떻게' 실현될지는 모를 수도 있다. 영감은 바로 당신을 그 '어떻게'에 이르게 해 준다.

영감을 따른다는 것은 쉬운 일만 하게 된다는 의미가 아니다. 영감은 당신이 목적을 이루기 위해 해야 하는 어떤 일이든 수행할 수 있는 용기와 인내력을 준다. 설령 그것이 도전적이고 두려운 일이라 할지라도 말이다. 영감에 이끌리면 의무 때문에, 또는 타인의 동의를 얻기 위해서가 아니라 내면의 목적의식 때문에 행동하게 된다.

행복을 발산하는 훌륭한 본보기가 되는 인물인 론다 번은 온전히 영혼의 영감에 인도되는 삶을 살고 있다. 영감은 그녀가 '시크릿'이라는 영화와 책을 만들도록 이끌었다. 《뉴욕타임스》는 『시크릿』을 자기 계발 분야의 가장 커다란 혁신이라고 평가했다. 또 론다는 2006년 《타임》이 선정한 세계에서 가장 영향력 있는 100인에 들기도 했다. 론다는 인터뷰에서 그녀의 독특한 영화가 세상에 나온 과정 뒤에 있는 영감에 대한 스토리를 들려주었다.

론다의 이야기
'시크릿'을 퍼뜨리다

나는 항상 행복했다. 훌륭한 가족과 좋은 친구가 있고, 내가 진정으로 좋아하는 텔레비전 프로듀서 일을 하면서 성공적인 경력도 쌓았다. 그러나 2004년, 십이 개월 동안 영화 분량만큼 긴 텔레비전 특집 프로를 여섯 개나 만들고 나서 녹초가 되었다. 더구나 그 얼마 전에 아버지가 돌아가셨고, 나 자신의 슬픔을 추스르는 동시에 아버지의 죽음으로 유난히 힘들어 하시는 어머니도 돌봐야 했다. 어느 날 밤 어머니와 통화를 끝내고 너무나 가슴이 아파 눈물을 멈출 수가 없었다.

내가 슬퍼하는 모습을 보고 스물세 살짜리 내 딸이 "엄마, 이게 좀 도움이 될 거예요."라고 말하며 책 한 권을 건네주었다. 월러스 워틀스의 『부자가 되는 과학적 방법』이었다. 나는 당황스러웠다. 부자가 되는 것에 관한 책이 어떻게 슬픔을 달래는 데 도움이 될 수 있단 말인가? 하지만 책을 펴고 읽기 시작했다.

한 문장 한 문장 읽어 내려가면서 내 놀라움은 커져만 갔다. 제목대로 부자가 되는 책이었다. 하지만 돈은 그 일부분에 불과했다. 이 책은 우리 삶의 모든 단계가 행복과 풍요로움으로 흘러넘치게 만드는 방법을 알려 주고 있었다. 나는 그런 종류의 책을 읽어 본 적이 없었음에도 불구하고 즉시 그것이 진실임을 알았다.

책을 다 읽고 나자 나는 완전히 다른 사람이 되었다. 마치 처음으로 고개를 들어 태양의 존재를 인식한 순간과 비슷했다. 나는 '모든 것'을 새로운 시각에서 보기 시작했다.

다음 몇 주 내내 탐구를 거듭했다. 워틀스 덕분에 알게 된 아이디어를 역사를 거슬러 올라가 찾으면서 책을 읽고 또 읽었다. 그 기간이 지난 뒤 내가 우연히 알게 된 것이 세상에서 가장 귀중한 비밀임을 깨달았다. '자기가 생각하고 느끼고 말하고 행하는 대로 삶을 끌어당긴다.'는 비밀 말이다. 사실 우리 모두는 매 순간 우리 자신의 실재를 창조하는 셈이다!

이 원칙을 삶에서 실천하자 내 존재가 완전히 변화했다. 오래지 않아 나는 이 비밀을 가능한 한 많은 사람들과 나누고 싶어졌다. 텔레비전과 영화에 대한 일을 해 왔으므로, 가장 좋은 방법은 영화를 만드는 것이라고 생각했다.

나는 다음 해의 대부분을 「시크릿」을 만드는 데 보냈다. 모든 경험이 믿겨지지 않을 만큼 놀라운 모험이었다. 우리는 대본을 쓰고 인터뷰를 하고 배급을 진행하는 등 영화 제작과 관련된 모든 단계에서 영화의 주제인 끌어당김의 법칙을 활용했다.

처음에는 영화를 전통적인 루트로 배급하리라고 생각했다. 영화관이나 텔레비전 방송을 통해 세상에 공개하는 것 말이다. 그러나 우리가 영화 제작을 끝내기도 전에 텔레비전으로 공개할 통로가 완전히 막혔고 가능성도 보이지 않았다. 영화를 다 만들고 난 후에는 영화관 개봉 루트도 막혔다. 세계 여러 나라의 텔레비전 방송국이나 영화 스튜디오와 접촉을 시도해 봤지만 허사였다. 반드시 영화를 세상에 내놓고 싶었지만 그 방법을 알 수 없었다.

나는 곤경에 빠졌다고 느꼈다. 그러나 목적을 이룰 방법을 찾으려고 노력하면서 '어떻게'에 골몰하고 있다는 사실을 깨달았다. 끌어당김의 법칙에 따르면 내가 해야 할 일은 '이루고 싶은 것'에 집중하는 것이었다. 성공적인 결과에서 오는 기쁨과 감사함을 느끼는 상태, 그것이 내가 이루고 싶은 바였다. 나는 방법이 보일 거라고 믿고 신뢰해야 했다. 그래서 영화 배급에 관한 모든 걱정과 계획을 마음속에서 놓아주었다. 그러자 앞길이 하나도 보이지 않는 깜깜한 어둠 속에 남겨진 기분이었다. 다만 내 마음속의 목적의식과 기쁨의 느낌은 꼭 붙들었다.

'어떻게'를 놓아주자마자 기이한 사건들로 인해 비비다스라는 회사가 우리 앞에 나타났다. 당시 비비다스는 자료를 다운로드하지 않고 컴퓨터에서 직접 실행시킬 수 있는 온라인 스트리밍 비디오 분야의 개척자였다. 당시만 해도 그 기술은 영화 예고편처럼 짧은 비디오 자료에만 이용되었다. 영화 전체를 이 방식으로 공개하는 이는 아무도 없었다. 그러나 비비다스는 기꺼이 뛰어들었다. 우리는 배급 문제 때문에 전 세계를 알아보았는데, 신기하게도 호주에 있는 우리 사무실에서 단 두 블록 떨어진 곳에 있는 회사와 일하게 된 것이다! 우리는 비비다스의 전문가들과 작업에 착수했고 「시크릿」은 온라인 스트리밍을 이용해 선보인 최초의 영화가 되었다. 더 놀라운 사실은 이 새로운 기술 덕분에 24시간 내에 전 세계에 영화를 공개할 수 있었다는 점이다. 꿈꾸었지만 불가능하다고 여겼던 일이 실현된 것이다.

「시크릿」은 영화 개봉 분야에서 완전히 새로운 길을 열었다. 영화는 보통 극장이나 소매점으로 먼저 나가지만 「시크릿」은 온라인 스트리밍 비디오와 인터넷 판매 DVD를 통해 보급되는 특이한 작품이 되었고, 그 다음에 소매점과 여타 전통적인 판로로 접어들었다. 우리의 성공 이후 도처의 영화 스튜디오와 배급사들이 우리를 찾아와 이런 방식의 영화 개봉 모델에 관해 알고 싶어 했다. 사람들은 우리가 택한 경로를 처음부터 정확히 알고 있었다고 생각했다. 하지만 전혀 그렇지 않았다. 그것은 내면의 기쁨을 유지하며 우리의 길을 느끼고 신뢰했기에 가능한 일이었다.

끌어당김의 법칙을 발견하자, 기쁨을 누리고 행동과 말을 통해 수많은 사람들과 그 기쁨을 공유하는 일이 나의 목적이라는 사실이 선명해졌다. 나는 내면의 목적과 기쁨 안에 머무르는 일에 특별한 주의를 기울이는 법을 배웠다.

가끔 특정한 방향으로 나아가는 도중에 길이 막혀 있다는 것을 깨닫는다. 마치 우주가 내게 이렇게 말하는 것 같다. "오, 너는 여기에 집착하고 있구나. 지금 어디로 가는 것 같니?"

그러면 나는 신뢰와 즐거움, 감사로 돌아와 이렇게 말한다. "좋아, 네가 나를 이끌어 줘."

나는 기다린다. 그러면 내 앞에 완전히 다른 길이 열려 있는 것이 보인다.

그런 일이 또다시 내게 일어났다. 나는 다음 영화에 착수하고 싶은 마음이 강렬하게 일었고, 영화에 어떤 내용들을 담을지 생각만 해도 흥분이 되었다. 나는 열정적으로 일을 추진하기 시작했지만 곧 길이 막히고 말았다. 하지만 곧 우주가 이렇게 말하고 있음을 깨달았다. "론다, 너는 다른 아이를 낳기 전에 앞의 아이를 더 돌봐야 해. '시크릿'이 더 자라서 성숙하게 만들어야 해. 우선 네가 줄 수 있는 모든 것을 '시크릿'이란 아기에게 줘. 너는 성급하게 행동하고 있어." 나는 온몸으로 그것을 감지했다. 그래서 다시 '시크릿'으로 주의를 돌렸다.

그 '새로운 둘째 아기'는 여전히 내 내면에서 타오르고 있다. 그러나 나는 그것에 대해 고요와 평화를 느낀다. 나는 그것과 관련된 모든 스케줄을 놓아주었다. 언젠가 내 마음속에서 적절한 타이밍이 감지될 것이라고, 그 일에 착수할 시기를 정확히 알게 될 것이라고 확신한다.

『시크릿』 책을 쓸 때는 적절한 시간을 알려 주는 내면의 추진력을 느낄 때까지 기다렸다. 나는 모든 프로젝트가 완성되었다고 느낄 때까지 한 글자도 쓰지 않았다. 내가 원하는 결과를 마음속으로 계속 그리고 느끼면서 기다렸다. 더 많은 즐거움, 더 많은 명쾌함, 더 많은 사랑을 생각하면서 말이다. 시작하라는 진정한 추진력을 느끼고 컴퓨터 앞에 앉는 순간 감사와 사랑, 기쁨이 내 얼굴에서 눈물이 되어 흐르는 것을 막을 수 없었다. 내 마음은 완전히 녹아내렸고, 그러자 이성적인 사고가 마음에게 길을 내주었으며, 창조적인 능력이 내 안에 넘쳐흘렀다. 내 안의 기쁨이 스스로 말을 했고, 이로써 기쁨이 스스로를 세상에 퍼뜨리기 시작했다.

※

'어떻게'가 아니라 '이루고 싶은 것'에 집중하라

론다처럼 목적에 고취되고 나면 이끌리는 대로 따라가기만 하면 된다. 그 영감이 당신을 다음 단계로 이끌어 줄 것이라고 전적으로 신뢰하라. 영화 「시크릿」에서 잭 캔필드는 차를 타고 밤길을 달리는 경험에 대해 이야기한다. 헤드라이트에 의해 전방 육십 미터까지만 길이 보이는 상황이다. 그는 비록 목적지가 눈에 보이지 않는다 할지라도, 길 위에서 헤드라이트가 비추는 부분만 있으면 안전하게 달릴 수 있고 결국 목적지에 도착할 수 있다고 말한다. 삶에서 영감의 불꽃은 이 헤드라이트와 같다. 다음에 무엇이 있는지 당신에게 알려 주기 때문이다. 당신이 할 일은 그 빛을 따라가는 것이다.

선행(先行): 작은 발걸음, 큰 결과

순간의 영감에 고취된 행동을 하다 보면 때로는 당신의 행동이 궁극적으로 어떤 결과를 만들어 낼지, 또는 당신이 어디에 이르게 될지 알 수 없다. 이 꽃에서 저 꽃으로 옮겨 다니는 꿀벌이 자신의 행동이 식물들의 수분을 이루어지게 만들고 지구에 생명을 가져다준다는 사실을 모르는 것처럼 말이다. 꿀벌은 벌꿀을 만들 꽃의 꿀을 모으기 위해 꽃에서 꽃으로 이끌려 날아다닐 뿐이다.

공공버스에서 뒷자리에 앉기를 거부한 흑인 여성 로사 파크스는 자신의 용기 있는 행동이 남부의 흑인 인권 운동을 촉발하는 시발점이 되리란 사실을 알지 못했다. 그녀는 그 순간 정당하다고 느낀 행동을 취했을 뿐이다. 스스로 자유에 대한 작은 선언이라고 생각하는 행동을 하면서 말이다.

유명한 건축가이자 공상적 사상가인 버크민스터 풀러는 궁극적으로 예측하지 못한 놀라운 결과로 이어지는 일련의 작은 단계들을 지칭하여 '선행(先行)'이라는 용어를 사용했다.

나는 삶에서 이러한 선행을 많이 경험했다. 만일 누군가 20년 전에 내가 베스트셀러 작가가 될 것이라고 말했다면, 나는 그 사람이 미쳤다고 생각했을 것이다. 나는 강연가가 되기를 원했을 뿐이다. 나는 글쓰는 것을 싫어했다!

사실 오스트리아산 크리스털 회사에서 일하던 시절, 회사 동료들 모두 내가 중요한 비즈니스 서한이나 문서를 작성할 때 늘 어떤 식으로 하는지 알고 있었다. 나는 가능한 한 오랫동안 편지 쓰는 일을 미루곤 했다.(깨끗한 내 책상을 보고 다른 직원도 이 사실을 눈치챘다. 책상이 깨끗할수록 내가 꾸물거리고 있다는 뜻이었다.) 가능한 한 미뤄 두었다가 겨우 몇 문장 끼적여 놓고, 결국은 동료 제이한테 가서 나 대신 편지를 써 달라고 구슬렀다. 나는 내가 세상에서 가장 글을 못 쓰는 사람이라고 확신했다.

그 일을 그만두고 기업 트레이너가 되었을 때, 내가 찾을 수 있었던 유일한 일자리는 비즈니스 글쓰기를 가르치는 것이었다. 겉으로는 이렇게 생각했다. '이게 얼마나 말도 안 되는 일이야?' 그러나 마음속 깊은 곳에서는 그것이 내게 맞는 일이라는 느낌이 들었다. 나는 그 일을 택했고 집필과 편집에 대한 모든 것을 배웠다. 그리고 내게 솜씨와 재능이 있다는 것을 발견했다. 육 년 후 『여성의 영혼을 위한 닭고기 수프』에 대한 아이디어를 떠올렸을 때, 나는 준비가 된 상태였다. 책을 공동 집필하는 데 필요한 역량을 갖추고 있었던 것이다. 분명히 처음부터 그런 계획을 세우지는 않았다. 삶이 나를 그곳으로 이끌어 간 것이다.

어떤 이들은 대단한 '빅 아이디어'가 떠오르면 트럼펫 팡파르 소리가 들린다고 한다. 그러나 많은 사람들이 그렇지 않다. 특별하고 독특한 재능을 갖고 있다고 느끼면서도 그것을 표출할 방법을 정확히 발견하지 못하는 경우가 있다. 하지만 걱정 마라. 헤드라이트로 밝혀 놓은 길 위에서 시선을 떼지 않으면, 당신이 예상치 못한 때에 기회가 다가오는 법이다.

• 연습 과제 •

영감에 따라 행동하라

나는 영적인 정신 속에 머무는 것, 온종일 영혼에 의해 인도되는 것을 영감이라고 생각하고 싶다. 영감에 따라 행동하는 가장 좋은 방법은 하루를 시작할 때 아래의 질문을 스스로 던져 보는 것이다. 이것은 『기적의 길 A Course in Miracles』이라는 책에서 발췌한 것이다.

1. 눈을 감고 천천히 심호흡을 한다.
2. 자신에게 다음의 세 가지 질문을 던진다.
   영적인 자아가 내게 무엇을 하라고 말하는가?
   영적인 자아가 내게 어디로 가라고 말하는가?

> 영적인 자아가 내게 어떤 말을, 누구에게 하라고 하는가?
> 3. '60미터 앞을 비춰 주는' 위 질문에 대한 대답을 상기하면서 하루를 보낸다.

— 목적 있는 삶을 위한 행복 습관 3 —
자신보다 더 큰 무언가에 기여하라

나는 당신의 운명이 어떻게 전개될지 모릅니다. 그러나 한 가지는 분명히 압니다.
당신들 중에 진정한 행복을 경험할 사람은 봉사하는 방법을 찾는 사람입니다.
- 알베르트 슈바이처

가장 행복한 사람은 삶에서 자신보다 더 큰 무언가에 기여하는 사람이다. 스튜어트 에머리는 저서 『성공하는 사람들의 열정 포트폴리오』를 집필하기 위해 지속적인 성공과 행복을 누리는 사람들을 인터뷰하면서 그들의 목표가 명예나 부, 권력에 있지 않다는 것을 발견했다. 그러한 것을 삶의 목표로 추구하는 사람들은 결국 공허감과 불행을 느끼게 된다. 내가 인터뷰한 행복한 100인 가운데는 유명하거나 부유하거나 권력이 있는 사람도 있었다. 그러나 그것은 좀 더 큰 대의를 위해 의미 있는 봉사를 실천하며 풍요롭고 열정적인 삶을 산 결과물이었다. 오프라 윈프리는 이렇게 말한 적이 있다.

"나는 돈을 추구한 적이 없습니다. 그저 이렇게 말했을 뿐입니다. '하느님, 저를 사용하세요. 내가 누구인지, 내가 무엇이 되길 원하는지, 내가 무엇을 할 수 있는지 보여 주세요. 그리고 저 자신보다 더 커다란 목적에 그 깨달음을 이용하는 방법을 알려 주세요.'"

행복한 100인에 속하는 린 트위스트 역시 자신의 삶을 더 큰 목적을 위해 열정적으로 바친 사람이다. 그녀는 또 한 명의 마더 데레사로 불리기도 한다. 나는 운 좋게도 린과 사적으로, 그리고 일과 관련하여 함께 시간을 보내는 기회를 가졌다. 린과 함께할 때마다 나는 그녀가 어떤 일을 하든 아름다움과 선의를 발산하는 모습을 보고 감동을 받는다. 때때로 그녀는 감사에 가득 차서 눈물을 글썽이기도 한다. 인터뷰에서 린은 봉사에 대한 소명을 어떻게 발견했는지 들려주었다.

린의 이야기
삶의 소명

십 대 시절에는 이중생활을 했다. 대부분의 사람들에게 나는 전형적인 1950년대 고등학생으로 비쳤다. 나는 올 A 성적표를 받았고 치어리더였으며 학교 축제에서 퀸으로 뽑혔다. 그리고 학교 풋볼 팀 주장과 사귀었다. 그러나 또 다른 린도 있었다. 또 다른 린은 신앙심이 매우 깊었다. 그녀는 매일 동이 트기 전에 일어나 새벽 미사에 참석했고 마더 데레사를 우상으로 삼았으며 수녀가 되는 꿈을 품었다. 어떤 것이 진정한 나였을까? 둘 다였다.

이 이중생활은 너무나 사랑했던 아버지가 돌아가신 후에 시작되었다. 아버지는 글렌 밀러처럼 대형 밴드의 리더였으며, 덕분에 우리집은 항상 음악가들과 춤과 노래로 가득한 유쾌한 공간이었다. 나의 열네 살 생일이 되기 이틀 전, 아버지는 주무시다가 심장마비로 평화롭게 생을 마감하셨다. 그때 겨우 쉰 살이었다.

나는 아버지의 죽음을 이해할 수 없었다. 충격과 슬픔에 휩싸여 지내다가 삶의 심원한 의미를 찾기 시작했고 하느님과 교회에 의지하게 되었다. 봉사하는 삶, 세상에 기여하는 삶에 대한 동경이 시작된 것은 그때부터였다.

나는 주변 친구들에게 내 영적 생활을 숨겼다. 종교적인 것은 아이들 사이에서 그다지 멋진 것이 아니었기 때문이다. 그렇지만 지역 사회의 봉사 프로젝트에 참여하고 친구들도 남을 돕는 일에 함께 참여하도록 끌어들이면서, 나의 내적인 삶과 외적인 삶의 간극을 메우려고 노력했다. 우리는 기금 모금 바자회를 위한 옷을 수집하는 일에서부터 학교에서 낙제한 불우 아동들을 가르치는 일까지 다양한 종류의 일에 뛰어들었다. 타인을 돕는 일은 너무나 만족스러웠고 우리 모두는 그러한 일을 즐겁게 했다.

고등학교를 마친 후 스탠퍼드에 진학했다. 그곳에서 릴케와 루미의 신비주의 시를 공부했고 꾸준히 교회 행사에 참석했다. 내가 세상에 온 사명을 찾고 있던 도중 빌 트위스트와 만나 사랑에 빠졌다. 우리는 대학 4학년 때 결혼했고 졸업 후에 딸과 두 아들이 태어났다.

행복한 시절이었지만 내 마음 저 깊은 곳에서는 언제나 더 큰 의미를 추구하는 마음이 타오르고 있었다. 나는 '에스트$_{est}$'라는 개인 성장 세미나(영적인 변화를 일으키는 힘이 무척 강력했다.)에 참가했고, 유명한 발명가이자 디자이너, 미래학자인 버크민스터 풀러와의 연구에 박차를 가했다. 나는 대학 시절 버크민스터 풀러의 책을 읽고 커다란 감명을 받은 적이 있었다. 버키(버크민스터의 애칭)는 서른둘의 젊은 나이에 자살을 시도했다가 마지막 순간에 마음을 돌리면서 자신에게 말했다. "나는 일회용 인간인지 모른다. 그러나 이 일회용 삶을 받아들이고, 세상에 기여하는 데 그 삶을 바칠 수 있을 것이다." 그는 평범한 개인이 세상을 바꾸고 모든 인류에게 혜택을 줄 수 있는지 알아보기 위한 실험에 착수했다.

1977년에는 버키를 에스트 세미나의 창립자인 베르너 에르하르트에게 소개했다. 두 사람의 만남으로 인해 2000년까지 세계 기아 문제를 종식시키자는 운동인 기아 프로젝트가 탄생했다.

며칠 후 기아 프로젝트에 대한 이야기를 듣자 내 내면에서 지각변동이 일어났다. 나는 그것이 내가 하기로 예정된 일임을 직감적으로 알았다. 나는 '내가 주인공인 삶의 영화'에서 걸어 나와 훨씬 더 큰 영화의 조연이 되었다. 갑자기 '나'라는 개인과 나의 어젠다는 뒷자리로 밀려나고 이 원대한 소명이 중심 자리를 차지했다. 기아 프로젝트에 대한 소명은 아침마다 나를 깨웠고, 무엇을 입고 어디를 갈지 알려 주었다. 또한 내가 감동적인 연설을 하게 만들었고 말할 단어를 알려 주었다.

나는 기아 프로젝트의 지휘 업무를 맡았고, 내가 가진 최대한의 능력을 발휘하는 자신을 발견했다. 또다시 평범한 엄마와 사회운동가라는 이중생활을 하기 시작했다. 이번에는 비밀이 아니었지만 말이다. 내게는 멋진 남편과 여섯 살, 여덟 살, 열 살 난 아이들이 있고 그들을 위한 자리에 있어야 하는 사명이 있었다. 동시에 2000년까지 기아를 끝내기 위해 헌신해야 하는 사명도 있었다. 두 사명은 나란히 함께 공존했다. 미국에서 기아 프로젝트 트레이닝이 있을 때면 방글라데시, 스웨덴, 일본, 에티오피아에서 온 사람들이 종종 우리집에 묵었다. 나는 늘 여러 지역을 돌아다녀야 했기 때문에 가급적이면 남편과 아이들을 함께 데리고 다녔다. 다른 가족들이 디즈니랜드나 멋진 휴양지로 휴가를 떠나는 동안 우리 가족은 짐바브웨나 인도네시아에 갔다.

우리는 재정적 여유가 있었기 때문에 가사 도우미를 고용했고 그것이 커다란 도움이 되었다. 하지만 나는 언제나 주말이면 집에 있으려고 노력했다. 그래서 때로는 월요일에 인도로 날아갔다가 그 주 금요일에 돌아왔다! 나는 언제나 두 방향에서 팽팽한 긴장감이 나를 당기고 있음을 느꼈다.

어느 토요일 정신없이 바쁜 나머지 딸의 합창 발표회와 아들의 챔피언십 축구 경기에 참석하지 못하고 말았다.

나는 가족들을 모아놓고 진지하게 말했다. "나는 심하게 죄책감을 느끼고 있어. 올해엔 할로윈 의상도 만들어 주지 못했고, 발표회와 축구 경기도 보러 가지 못했잖아. 이 일을 계속하려면 너희와 아빠의 허락이 있어야겠다. 나는 기아 프로젝트 일에 정말 몰두하고 있지만, 모든 것을 잘할 수 없다는 게 정말 가슴 아파." 말을 마쳤을 때 나는 울고 있었다.

여덟 살짜리 딸 서머가 다가와 나를 껴안으며 말했다. "엄마, 엄마가 세상에서 굶주리는 아이들을 없애는 일을 돕는다면 우리를 치과에 데려다 주지 못하는 것쯤은 괜찮아요. 그건 다른 사람이 해줘도 되는 일이잖아요." 딸아이는 계속했다. "우리는 멋지게 살아가고 있고, 가장 근사한 가족과 함께 살고 있어요. 우리는 정말 행운아이고 엄마가 자랑스러워요."

두 아들과 남편도 나와 서머를 안아 주었다.

남편이 말했다. "힘내. 우리는 당신이 하는 일을 힘차게 응원하니까. 그 일은 우리 삶을 밝혀 준다고."

우리는 얼싸안은 채 울고 웃었다. 내게 너무나 소중한 두 삶 사이의 갈등이 해소되고, 오랫동안 이어진 이중생활의 고민이 사라지는 순간이었다.

세계의 기아를 끝내는 것은 그 후 우리 가족의 소명이 되었다. 아이들은 내 사무실에 자발적으로 나와서 종종 내 책상 옆에 엎드려 숙제했다. 그리고 우리 모두는 세계 시민이 되었다. 내 아이들은 '평범한' 삶과 '영적인' 삶으로 분리된 삶을 살 필요가 없었다. 우리는 그 두 가지를 결합시켰고 우리의 상황은 훨씬 더 나아졌다.

사람들은 종종 의미 있는 삶을 사는 것이 희생을 의미한다고 생각한다. 하지만 나는 그렇게 생각하지 않는다. 의미 있는 삶을 추구한 이후 나는 상상도 하지 못했던 일을 하고 꿈도 꾸지 못했던 사람들을 만나는 기회를 얻었다. 어린 시절 우상이던 마더 데레사를 드디어 직접 만난 날, 우리 사이에는 아주 즉각적이고 자연스러운 유대감이 형성되었다. 테레사 수녀는 자신을 '하느님의 연필'이라고 불렀다. 그리고 하느님이 그녀나 그녀 같은 사람들을 통해서 세상에 들려주고 싶은 이야기를 쓰고 계심을 느낀다고 했다. 나 역시 하느님이 세상의 기아와 고통을 종결하는 데 나를 이용하고 계시다고 느꼈다.

나는 사명에 따른 삶을 살면서 여러 값진 기회들을 얻을 수 있었다. 마더 데레사 곁에서 일할 수 있었고, 달라이 라마와 만날 기회를 얻었으며, 데스몬드 투투 대주교나 넬슨 만델라와 인연을 맺기도 했다. 이들은 함께 일하는 것은 물론이거니와 알게 되리라고는 꿈에도 생각지 못한 사람들이다. 또한 전 세계의 현명하고 용기 있는 사람들과 함께할 수 있는 귀중한 기회도 얻었다. 1984~85년에 걸친 기근 이후, 나는 굶주림으로 죽어간 에티오피아 어린이들의 어머니들과 함께 마른 우물 곁에서 닷새 동안 밤낮을 앉아 있었다. 이 여성들 그리고 고통을 겪는 많은 사람들은 우리가 목표를 위해 계속 노력하도록 영감과 자극을 주었다.

1977년 기아 프로젝트를 시작했을 당시 하루에 4만 4000명이 매일 기아로 죽어가고 있었다. 그들 중 대부분이 다섯 살 미만의 어린이였고 그 숫자는 매년 늘어났다. 현재 세계 인구는 오십 퍼센트 늘어났지만, 굶주림으로 죽는 사람의 숫자는 하루에 1만 9000명으로 1977년의 절반에 못 미친다. 아직도 많은 숫자이기는 하지만, 그래도 놀라운 성과를 보인 것이다.

나는 항상 남은 인생 동안 기아 프로젝트를 위해 일할 것이라고 생각했다. 설령 내가 죽는 날까지 기아가 사라지지 않더라도, 그것을 위해 끝까지 노력할 것이라고 말이다. 그러나 놀랍게도 1994년에 새로운 소명을 들었다. 처음에는 내가 하는 일에 대한 주의를 흩뜨리는 것으로만 생각하고 그 소명의 징후를 무시했다. 그러나 그 목소리는 대단히 집요하고 설득력 있게 다가왔다. 결국 나는 내면을 깊이 응시하고 인생의 새로운 방향을 선택했다. 1996년 남편과 나는 파차마마 연합을 설립했다. 파차마마 연합은 열대우림을 보전하고 지구상 모든 생명체의 지속 가능한 삶을 위한 새로운 비전을 추구하기 위해 남아메리카 토착민들과 협력하는 단체다. 과학자들은 열대우림이 없어지는 경우 남아메리카는 불모지가 되고 수백만 명이 기아에 허덕이는 위기가 닥칠 것이며, 지구 전체의 생존이 위협받을 것이라고 예견한다. 연합의 목표는 처음 생각과 달리 내 원래의 소명과 그리 동떨어진 것이 아니었다. 직접적으로 기아를 끝내는 일은 아니지만, 기아가 일어나지 않도록 만드는 일이었으니 말이다.

지난 삼십 년 동안 나를 부르는 좀 더 커다란 목적에 헌신함으로써(그것이 어떤 형태를 띠든) 나는 상상했던 것보다 훨씬 더 행복한 삶에 이르렀다.

세상에 기여하다

자신보다 더 큰 무언가에 기여하기 위해 반드시 마더 데레사나 린 트위스트가 될 필요는 없다. 당신에게 중요한 것이 무엇인지 발견하면, 매일 하는 당신의 행동이 크고 작은 방식으로 타인과 세상을 섬기는 일이 될 수 있다.

어떤 봉사를 선택하는가는 중요하지 않다. 우리 모두는 다른 동기에 끌린다. 그것이 어떤 사람에게는 야생 동물일 수도 있고, 어떤 사람에게는 사회 정의나 빈곤 퇴치 혹은 모든 어린이가 예술을 접하도록 만드는 것이 될 수도 있다. 세부적인 내용은 중요하지 않다. 당신이 자신보다 큰 목적에 봉사할 때 삶은 더 많은 의미와 기쁨으로 가득 찰 것이다. 나는 지역의 '빅 브라더/빅 시스터(불우한 환경의 어린이나 청소년의 후원자가 되어 주는 사회 봉사 프로그램─옮긴이)'에 참여하면서 이 점을 확실히 경험했다. 내 멋진 여동생 리와 시간을 보내는 것이 얼마나 기쁜 일인지 모른다.

세상에 기여하려는 당신의 다짐은 밥을 먹고, 장을 보고, 어떤 차를 운전할지 선택하는 등 일상적인 결정에도 영향을 줄 수 있다. 내 친구는 하이브리드 차를 운전하고 지역 농부가 경영하는 가게에서 판매하는 유기농 농산물만 먹는다. 그녀는 이것을 '지갑으로 투표하는 것'이라고 표현한다. 자신이 믿는 바를 지원하는 방식으로 돈을 쓰는 것이기 때문이다.

엄청난 기부를 할 만큼 부자일 필요도 없다. 자선 단체에 낸 단돈 10달러나 20달러가 한 가족을 일주일간 먹이거나, 소와 염소를 사거나, 작은 사업체의 자금을 보태거나, 곡식을 키울 씨앗을 사는 일에 쓰임으로써 타인의 삶에 커다란 기여를 할 수도 있다. 자신보다 큰 무언가에 기여하는 것이 반드시 돈과 관련될 필요는 없다. 당신의 시간, 관심, 배려도 훌륭한 역할을 할 수 있기 때문이다.

타인을 위해 자신을 바치는 이타주의는 그것이 너무 지나치지 않은 한 좀 더 큰 안녕과 건강, 행복을 수반한다는 사실을 많은 연구가 보여 주고 있다. 자신을 바치는 것이 곧 종속적인 관계가 되거나, 내적인 공허함을 채우려 노력하는 것 혹은 자기를 희생하면서 남에게 봉사하는 것을 의미하지는 않는다. 내가 말하는 봉사는 기쁨과 영감, 목적에서 비롯되는 봉사이며, 그것은 당신 삶에 더 큰 평화와 안녕을 가져다준다.

• 연습 과제 •

봉사와 기여를 눈앞에 그려 보기

다른 누군가의 안내를 받으며 아래의 과정을 실천해 볼 수도 있고, 각 단계의 내용을 녹음한 당신 자신의 목소리를 들으며 해 볼 수도 있다. 또는 읽고 혼자 조용히 실천해도 상관없다.

1. 방해받지 않는 조용한 장소에 앉거나 눕는다. 눈을 감고 천천히 깊은 복식 호흡을 하면서 온몸의 긴장을 푼다.
2. 너무 가벼워져서 몸이 위로 떠오르는 기분이 들 때까지, 점점 더 가볍고 더 확장된 느낌을 받도록 자신을 내버려 둔다.
3. 이제 당신의 자아가 몸 위로 높이 떠올라 세상을 배회하고 있다고 상상한다. 당신은 아래에 있는 지구를 내려다본다. 아름답게 아른거리는 푸른 행성이 보인다. 넓은 대양과 대륙, 거대한 구름층이 보인다. 좀 더 가까이에서 본다. 산과 숲, 계곡, 도시가 보인다.
4. 당신은 서로 관계를 맺으며 지구 위에 사는 수십억의 사람들과 동물들을 본다. 당신은 그 모든 생명체들과 연결되어 있음을 느낀다. 당신이 좀 더 큰 계획의 일부임을 느낀다. 다음으로 이런 질문을 떠올린다. '나는 어떤 부름을 받고 있는가?'
5. 당신은 당신에게 특별한 의미가 있거나 매력을 느끼는 어떤 장소로 끌리는 자신을 발견한다. 그리고 봉사하고픈 마음이 드는 상황을 본다. 당신에게 익숙한 사람이나, 장소, 물건이 보일 수도 있다. 혹은 완전히 새로운 것일 수도 있다.(동물을 돕거나, 특정한 질병을 고치기 위해 노력하거나, 바다를 보호하거나, 개발도상국 어린이를 위해 봉사하는 등의 일에 끌릴지도 모른다.) 호기심과 모험심을 가져라. 당신이 끌린 곳이 어디인지, 어떤 종류의 환경에 있는 자신을 발견했는지, 거기서 당신이 해야 할 일이 무엇인지 살핀다. 당신을 기다리고 있는 하나 또는 여러 개의 기회를 발견할 수 있을 것이다. 모든 가능성을 열어 둔다.
6. 이 모든 경험이 끝나고 나면 감사를 표현하고 천천히 당신이 앉아 있거나 누워 있는 원래 방으로 되돌아온다. 봉사할 수 있는 곳으로

이끌려 가기 위해 당신이 경험한 심상들을 어떻게 이용할지 생각해 본다. 당신의 삶이 어떻게 전개될 것인지 그려 본다.

• 8장 요약 및 행복 실천 방안 •

목적에 의해 고취된 삶을 살 때 당신은 열정을 따라 선택하고, 영감의 불꽃으로 당신의 길을 밝히며, 크고 작은 방식으로 자신보다 더 큰 무언가에 기여할 수 있다. 이는 행복의 집을 감싸는 지붕과도 같다. 목적 있는 삶을 위한 행복 습관을 실천하기 위해 다음 단계를 사용하라.

1. 일보다는 직업을, 직업보다는 소명을 행하는 방법을 찾는다. 목적에 의해 고취된 삶을 살기 위해서, 현재 당신의 주변 상황을 어떻게 변화시킬 것인가?
2. 당신에게 진정으로 중요한 것에 부합하는 삶을 살기 위해 6개월마다 열정 테스트를 실시한다.
3. 매일 하루를 시작하기 전에 "오늘 할 수 있는 의미 있는 일은 무엇인가?"라는 질문을 던져라. 그리고 영감을 따르는 생활을 한다.

4. "어떻게 하면 타인에게 봉사할 수 있을까?"를 생각한다. 지역 사회에서 자원 봉사를 시작한다. 양로원, 극빈자 식량 배급소, 동물 보호소, 문맹 교육 프로그램, 사회 봉사 단체 지부에 전화를 한다. 어떤 곳이든 상관없다. 당신이 도움을 제공할 수 있는 일을 찾는다. 한 달에 한두 번, 단 한 시간이라도 당신과 타인의 삶에 변화를 만들어 낼 수 있다.

정원

자양분을 주는 인간관계를 가꿔라

행복한 사람은 다른 사람도 행복하게 만든다.
- 마크 트웨인

나는 정원에 나가 앉아 있는 것을 즐긴다. 내가 가장 좋아하는 곳은 볕이 환하게 드는 쪽에 있는 벤치다. 그곳에서는 정원의 아름다운 꽃과 나무들이 한눈에 들어온다. 정신없었던 하루의 피로와 긴장을 풀 때 또는 주변의 아름다움에 감사하며 잠시 휴식하고 싶을 때 매우 좋은 방법이다.

당신 삶 속의 사람들은 당신이 짓는 행복의 집을 둘러싼 정원과 같다. 그 정원을 둘러보라. 아름다운 장미와 달리아가 보이는가, 아니면 잡초가 무성한 버려진 땅이 보이는가? 인간관계는 정원과 비슷한 방식으로 우리에게 영향을 미친다. 우리의 정신을 고양시키거나 쇠락하게 만드는 것이다. 행복한 사람은 자신의 행복에 양분을 주고 행복을 더욱 키워 주는 인간관계를 가꿔 나간다.

사람의 힘

긍정심리학 분야의 많은 연구가 좋은 사회적 인간관계를 맺는 것이 행복의 가장 강력한 지표임을 보여 준다. 시카고 대학의 전미 여론 조사 센터가 실시한 조사 결과, 가까운 친구(가족 구성원을 제외한)가 다섯 명 이상인 사람들은 그렇지 않은 사람들에 비해 스스로를 '아주 행복하다.'고 묘사하는 경향이 오십 퍼센트 더 높다는 사실이 드러났다. 800명을 대상으로 한 또 다른 조사에서는 절친한 친구나 애정 어린 인간관계보다 부와 성공, 사회적 지위를 더 중시하는 사람들은 그렇지 않은 사람들에 비해 '상당히' 혹은 '매우' 불행할 가능성이 두 배나 높은 것으로 나타났다.

2002년 행복 연구 분야의 대가인 에드워드 디너와 긍정심리학의 대가인 마틴 셀리그만은 행복 수준 측정시 높은 점수가 나온 사람들과 낮은 점수가 나온 사람들 두 집단을 중심으로 연구를 수행했다. 그들은 행복한 집단은 공통적으로 갖고 있으나 불행한 집단은 갖고 있지 않은 특성을 발견했다. 그것은 신뢰로 이루어진 절친한 인간관계였다.

인터뷰를 진행하면서 나 역시 같은 특성을 발견했다. 행복한 100인이 가진 인간관계는 사람마다 달랐지만, 그들은 모두 행복을 지원하는 건전한 인간관계를 맺고 있었다. 그리고 행복한 100인이 불행한 사람들과 다른 점은 행복해지기 위해서 타인에게 의존하지 않는다는 점이었다. 이유 없이 행복한 사람은 친구, 가족과 함께하는 시간을 즐긴다. 그러나 그와 동시에 홀로 보내는 시간도 즐긴다. 이유 없이 행복해지면 인간관계에서 행복을 찾아내려고 노력하는 대신 인간관계에 행복을 불어넣는다.

감정은 전염된다

신경과학자들은 우리 두뇌가 다른 사람과 관계를 맺도록 배선되어 있다는 흥미로운 사실을 발견했다. 우리와 상호작용을 하는 모든 사람들(심지어 지나치면서 눈인사를 건네는 사람도)은 우리 안에 있는 일종의 신경 교량을 자극한다. 우리의 두뇌 안에는 주변 사람들의 행동에 따라 활성화되는 '거울 뉴런'이 존재한다.

의도한 적이 없는데도 대화 중인 상대방의 표정이나 자세, 몸짓, 말의 속도를 흉내 내는 자신을 발견한 적이 있는가? 또는 옆의 사람이 하품을 하자 당신도 하품을 한 적이 있는가? 피곤하지 않은데도 말이다. 어떤 사람의 행동을 관찰할 때, 거울 뉴런은 상대방의 행동을 당신의 뇌 안에 '거울'처럼 본뜬다. 마치 당신이 그 행동을 하는 것처럼 말이다!

거울 뉴런은 타인의 감정에 공감하는 능력과도 관련되어 있다. 화가 나거나 심란한 사람이 들어오면 방안의 모든 사람이 그것을 느낄 수 있는 것도 거울 뉴런 때문이다. 또 감정에 북받치는 사람을 보면 우리 눈에 눈물이 고이는 것도 같은 이유다. 일부 과학자들은 타인과 관계를 맺는 능력에 장애를 유발하는 자폐증이 거울 뉴런의 손상과 관계가 있을 것이라고 믿는다.

감정에는 전염성이 있다. 세계적인 심리학자이자 『감성 지능』과

『사회 지능』의 저자 대니얼 골먼은 감정이 감기처럼 한 사람에게서 다른 사람에게로 전염된다고 말한다. 정신을 고양시키는 감정에 '전염'되는 것은 좋은 영향을 주는 반면, 분노와 질시, 근심, 미움 같은 감정에 전염되는 것은 해로운 영향을 준다.

골먼은 다른 사람과 감정적인 연계를 많이 맺을수록, 특히 시간이 길어질수록 그 사람이 우리에게 주는 영향이 커진다고 말한다. 나와 가까운 사람들, 특히 남편은 나에게 좋은 감정을 전염시키곤 한다. 이상적인 배우자의 필요조건으로서 그가 행복감을 갖고 있는지 아닌지 의식적으로 따져 보고 결혼한 건 아니지만, 다행히 남편은 마음속 깊은 곳에서 행복을 느끼며 사는 사람이다. 나는 축복받은 사람임에 틀림없다. 나는 공정한 판단에 의해 그를 행복한 100인에 포함시켰다. 그는 노래를 입에 달고 산다. 그가 샤워를 하면서 집 안 전체가 울릴 만큼 큰 소리로 이탈리아 세레나데를 부르는 것을 처음 들었을 때, 나는 남편이 나에게 감동을 주려고 일부러 그러는 것이라고 생각했다. 그러나 나에게 잘 보이려고 노력할 필요가 없는 지금도 그는 늘 샤워를 하며 큰 소리로 즐겁게 노래를 부른다. 그뿐만이 아니다. 남편은 아침 식사를 준비하면서도 노래를 흥얼거리고, 빨래를 하면서도, 이메일에 답장을 쓰면서도 노래를 부른다. 하루 종일 말이다. 때로는 전화 통화를 하다 말고 그에게 목소리를 낮추라고 부탁해야 할 정도다. 그러나 나는 그의 노래가 내 생활에 주는 영향을 세상 무엇과도 바꾸고 싶지 않다. 그것은 나의 행복에 엄청난 영향을 준다.

당신 삶에서 관계를 맺고 있는 사람들을 떠올려 보라. 그들의 감정에 '전염'되고 싶은가?

여성들이여, 관계를 강화하라

인간관계는 우리 몸에 생화학적 영향을 준다. 사람들과 건강한 관계를 맺으면 두뇌는 우리 몸의 세포를 행복 화학 물질로 가득 차게 만든다. 반면 건전하지 못한 사회적 상호작용을 할 경우 해로운 화학 물질이 분비된다.

최근 연구에 따르면 생화학적 회로의 특성상 남성보다 여성이 인간관계를 더 추구한다고 한다. 스트레스를 받으면 남성과 여성 모두 아드레날린과 코티솔을 분비한다. 그런데 과학자들은 UCLA의 획기적인 연구에서, 여성의 두뇌는 그러한 스트레스 물질을 완화하기 위해 옥시토신(유대 호르몬의 일종)을 분비한다는 사실을 밝혀냈다. 그래서 힘든 시간을 보낸 여성은 다른 여성들과 모이거나 친한 친구들과 오랫동안 수다를 떨고 싶어 하는 것이다. 여성이 아이들이나 애완동물을 돌보는 일에 끌리는 것도 그 때문일 수 있다. 전문가들은 이러한 행동을 '돌보기와 친구 되기'라고 부른다. 이러한 행동은 옥시토신에 의해 촉진되며, 또한 그러한 행동을 할수록 더 많은 옥시토신이 분비된다. 여성은 돌보기와 친구 되기 행동을 많이 할수록 더 많은 옥시토신이 분비되며, 따라서 진정 작용이 일어나고 스트레스가 줄어든다.

여성이 더 건강하고 행복하게 살아가는 데 친구가 도움이 된다는 것은 이론의 여지가 없다. 하버드 의과 대학의 '간호사 건강 연구회'는 친구가 많은 여성은 나이가 들면서 신체적인 건강 문제가 생길 확률이 낮고 즐거운 인생을 영위할 가능성이 높다는 것을 발견했다. 연구자들은 마음을 털어놓을 만한 친구가 없는 것은 흡연이나 비만만큼 여성의 건강에 치명적이라고 결론지었다.

이 책을 위해 인터뷰한 『화성에서 온 남자 금성에서 온 여자』의 저자 존 그레이는 스트레스와 호르몬, 성별 간의 관계에 대한 광범위한 연구를 재검토했다. 그는 내게 여성은 스트레스를 받을 때 옥시토신을 분비하지만 남성은 그렇지 않다고 설명해 주었다. 남성이 스트레스를 받아 코티솔을 분비하면 그것은 도파민과 테스토스테론 수치를 낮춰서 좌절과 우울감을 유발한다고 한다. 그레이 박사는 남성은 대화하고 타인을 돌보는 행위보다는 문제를 해결하고, 행동을 취하고, 리스크와 위험을 극복함으로써 그러한 신경 화학 물질의 생성을 촉진하도록 생물학적 회로가 짜여 있다고 말한다. 남성의 체내 시스템에는 옥시토신의 양이 적기 때문에 남성은 친구와 친밀한 유대 관계를 맺는 일에 관심이 적다.

인간관계와 에너지

당신의 이유 없는 행복이 굳건히 자리 잡을 때까지, 당신의 행복은 주변에 있는 사람들의 에너지로부터 영향을 받는다. 유익하고 건강한 인간관계를 맺으면 당신의 에너지는 확대된다. 반면 인생에서 해로운 사람들과 관계를 많이 맺으면 당신의 에너지는 수축

된다.

수축	확대
외롭고 단절된 느낌	다른 이들과 연결된 느낌
해로운 사람들이 당신에게 영향을 미치게 놔둔다.	적절한 한계를 설정한다.
잡담과 불평으로 시간을 보낸다.	진심 어린 대화를 한다.
다른 사람을 차단한다.	타인의 도움에 감사한다.
남보다 뛰어나거나 열등하다고 느낀다.	평등하게 태어났다고 느낀다.
차이점에 집중한다.	유사함과 일치에 집중한다.
남들이 자신을 행복하게 만들어 주기를 바란다.	넘치는 행복을 토대로 남에게 베푼다.

인간관계에 관한 다음의 습관을 실천하면 당신의 행복 세트포인트를 올리는 데 도움이 될 것이다.

> **인간관계를 위한 행복 습관**
>
> 1. 관계를 정성 들여 가꿔라.
> 2. 당신을 지원하는 사람들을 주위에 둬라.
> 3. 세상을 당신의 가족으로 여겨라.

— 인간관계를 위한 행복 습관 1 —
관계를 정성 들여 가꿔라

당신이 가장 친하게 지내는 다섯 사람의 평균이 곧 당신이다.
- 짐 론(작가, 동기 부여 강사)

우리는 나무와 꽃이 잘 자라게 하기 위해 잡초를 뽑고 물을 주고 씨앗을 심으면서 정성 들여 정원을 가꾼다. 마찬가지로 우리의 행복을 지원하는 사람들에게 더 많은 시간을 할애하고 행복을 망치는 사람들에게는 적은 시간을 내줌으로써 우리의 관계를 가꾸어 갈 수 있다.

물론 당신의 내면이 행복할수록 외부 환경에서 부정적인 영향을 받는 일도 줄어든다. 행복한 100인을 인터뷰하면서 그들이 필요한 경우에는 해로운 사람을 현명하게 다루며, 가능한 경우에는 그들과의 교류를 제한한다는 것을 알았다.

6장에서 잠시 언급했으며, 역시 행복한 100인에 드는 마사 벡은 작가이자 라이프 코치다. 그녀는 커다란 개인적 변화를 겪으면서 심원한 행복의 상태에 이르렀다. 그녀는 자신을 지원하는 인간관계를 알아보는 방법을 터득해 나간 과정을 들려주었다.

마사의 이야기
혈연관계가 없는 가족을 만나다

피닉스로 이사한 지 얼마 안 되었을 때였다. 고립된 기분을 느끼던 중에 나처럼 책을 좋아하는 사람들을 만날 수 있지 않을까 싶어 책 사인회에 참석했다. 사인회는 생각보다 별로여서 그냥 자리를 떠나기로 마음먹었다. 그런데 이상하게도 발길이 떨어지지 않았다. 건물을 걸어나오는데, 마치 무언가가 내 발목을 잡아 건물 안으로 들여보내려고 애쓰는 것 같은 느낌이 들었다. 집으로 오는 내내 차를 돌려 다시 그곳으로 돌아가서 '누군가를 만나려는' 강한 충동과 싸워야 했다.

일주일 후 커피숍에서 아네트를 만났다. 나는 그녀를 곧 알아보았다. 그녀가 책 사인회에 왔기 때문에 알아본 것은 아니었다. 아네트는 물론 사인회에 왔지만, 나는 사인회장에서 그녀를 보지 못했다. 그냥 '알고 있다는 직감에서' 그녀를 알아본 것이었다. 아주 오래전에 우리 둘의 영혼이 그 지정된 시간에 애리조나 주 피닉스에서 만나기로 약속이라도 한 듯한 느낌이었다. 그 느낌이 너무나 강렬해서 왠지 겁이 날 정도였다. 물론 전에도 다른 장소에서 다른 사람들에게 몇 번 그런 비슷한 느낌을 받은 적이 있긴 했지만 말이다.

내가 가장 좋아하는 얼마 안 되는 사람들을 만날 때 받는 그 느낌을 처음 경험한 것은 열다섯 살 무렵이었다. 다른 십 대들과 달리 나는 섹스나 약물, 로큰롤보다는 문학과 생물에 더 흥미를 느꼈다. 내 주변에는 공부벌레도 많았다. 그 애들은 나에게 SAT 공부에 매달리라고 잔소리를 했다. 하지만 여전히 나는 이상하게도 잘못된 곳에 와 있는 기분이었다. 나는 무리에서 떨어져나와 줄무늬를 가진 다른 동물이 있는지 유심히 살피는 얼룩말처럼 널따란 학교 복도를 걸어다녔다.

'나 같은 사람이 분명히 또 있을 텐데, 다들 어디 있는 거지?'

나는 항상 이렇게 생각했다. 이따금 수업 시간에, 토론회에서, 혹은 상점에서 자석처럼 나의 주의를 끄는 사람을 만나곤 했다. 이런 사람들은 어둠 속에서도 빛이 난다. 나는 그들에게서 눈을 뗄 수가 없었다. 성별과 연령은 제각각이었다. 그것은 로맨틱한 끌림과는 달랐다. 나는 그저 그들을 알아보았다.

나이가 들면서 이 현상은 더 두드러졌다. 대학 수업을 처음 듣던 날, 나는 극도의 두려움과 외로움을 느끼면서 미술 스튜디오로 들어갔고 내 인생의 가장 중요한 멘토가 된 교수님을 한눈에 알아보았다. 같은 날 오후 버스 정류장에 앉아서 스케치북에 그림을 그리고 있는데 옷을 말끔히 차려입은 낯선 사람이 내 그림을 흘끗 보았다.

그녀가 말했다. "내가 아는 미술 강좌가 있는데 당신이 꼭 들어야 될 것 같네요."

"알아요. 이미 듣는걸요."

그녀는 내 눈을 바라보았다. 둘 중 아무도 우리가 같은 강좌를 얘기하고 있는 거냐고 묻지 않았다. 그녀는 고개를 끄덕였다. 기다리던 버스가 도착하자 그녀는 버스에 올랐다. 나는 이후에 그녀를 다시 보지 못했다. 물론 나는 그녀를 알아보았고 특별한 감정을 느꼈다. 지금도 그렇다. 우리는 서로 만나기로 예정돼 있던 약속을 지킨 것이다.

내 이야기가 이상하게 들리기 시작한다면 당사자인 나 자신은 어땠을지 상상해 보라. 시간이 지날수록 전혀 만나본 적이 없는 사람을 '알아보는' 현상은 강렬해졌다. 게다가 나는 때때로 그러한 연결감이 상호적이라는 사실을 깨달았다. 내가 어떤 사람을 알아보면 그도 나를 알아보았다. 그들 모두의 눈에는 무언가 찾는 기색이 있었다. 마치 잃어버린 사랑하는 사람을 군중 속에서 찾고 있는 것처럼.

이십 대 후반 나는 가족이나 주변 사람들과 멀어져 가는 것을 느꼈다. 그들은 매우 엄격한 종교에 빠져들었고, 나는 그들과의 관계가 갈수록 나에게 해롭다는 생각을 갖게 되었다. 나는 심리 치료를 받았다. 좋은 치료였다. 진지하게 나의 내면을 바라보고 내가 옳다고 느끼는 것과 틀렸다고 느끼는 것을 구별하는 법을 배우면서, 가족이나 주변 사람들과 떨어져 지내는 것이 꼭 실패가 아니라 치유를 위해 필요하고 건강한 선택임을 이해했다.

그리고 내가 거의 알지 못하거나 얼굴만 보았을 뿐인 사람들에게서 따뜻하고 생생한 연결감을 느끼는 이유도 깨달았다. 그들이 나의 '가족'이었던 것이다.

이제 나는 정신적으로 연결된 영혼의 네트워크인 가족 개념을 편안하게 받아들인다. 그래서 새로운 형제, 자매, 어머니, 아버지, 딸 혹은 아들을 만나도 놀라지 않는다. 내게 가장 소중하고 가까운 이들은 엄청나게 놀라운 방식으로 내 삶에 들어온다.

예를 들어 아네트는 글을 쓰는 첫 번째 친구가 되었다. 그 후 우리는 던과 도라를 맞아 습작 그룹을 만들었다. 우리의 첫 모임이 있기 전날, 나바호족의 여자 주술사가 푸른 돌로 만든 나비를 내게 건네며 "디네Dineh(나바호족 말로 '사람들'이라는 뜻)"라고 말하는 꿈을 꾸었다. 나는 도라를 만나기 전까지는 그 꿈에 대해 별로 생각하지 않았다. 그런데 도라를 만난 순간 소름이 돋았다. 그녀가 꿈속의 주술사와 아주 비슷하게 생겼기 때문이었다. 그리고 던이 무슨 얘긴가를 하다가 자신의 쌍둥이 동생 디네를 언급했다. 그 이름은 꿈속의 나바호족 말과 발음이 똑같았다. 그때 나는 그들에게 내 이상한 꿈을 들려주었다. 내가 푸른 돌로 만든 나비에 대해 이야기하자 아네트가 웃음을 터뜨렸다. 그러곤 지갑을 열어 푸른 돌로 만든 나비를 꺼냈다.

그 습작 그룹이 아니었다면 나는 결코 한 권의 책을 완성할 수 없었을 것이다. 그들의 도움으로 나는 작품을 탈고하고 마침내 에이전트와 출판사를 구했다. 새로운 편집자 베시를 만나러 뉴욕에 갔을 때, 나는 30초 만에 그녀가 내 소중한 자매임을 알아보았다.

맨해튼에서 점심 식사를 함께하고 돌아와 베시에게 선물로 작은 도자기 거북이를 보냈다. 거북이는 글쓰는 사람이 인생을 어떻게 살아가야 할지를, 즉 언제 머리를 집어넣어야 할지 알고, 확실하게, 천천히, 그리고 꾸준히 걸어가야 한다는 것을 상징적으로 보여 준다는 메모와 함께.

훗날 베시는 이렇게 말했다.

"거북이를 받고 나는 '그녀도 알고 있구나.' 하고 생각했죠."

물론 나는 알고 있었다. 나는 오랫동안 익숙해져 있었기 때문에 소중한 가족이나 친구와 만나기로 예정된 약속이 실현되는 순간을 알아볼 수 있다.

내 삶은 가족을 다시 찾는 긴 여정이 되어 버린 것 같다. 요즘의 내 삶은 너무나 여러 부류의, 너무나 사랑하는 사람들로 가득해서 때로는 기쁨과 경이와 감사로 눈물을 흘린다. 사랑하는 사람을 만나면 우리는 도저히 서로 알아보지 못한 척할 수가 없다.

나는 컨퍼런스에서 또 다른 발표자를 만났다. 소개도 하지 않은 사이였다. 우리는 그저 따뜻한 포옹을 나누며 우리가 서로의 약속을 지키기 위해 나타났다는 사실에 감격했다.

그는 환한 미소를 지으며 말했다. "당신에게 필요한 책을 내가 가지고 있어요."

나는 그 책이 내가 그토록 원하던 정보와 영감을 담고 있다는 사실을 알며 그것을 받아들었다. 나는 그를 다시 보지 못할지도 모른다. 그렇지만 우리는 서로가 세상 어딘가에 존재한다는 것을 느낄 수 있다.

독일로 떠난 북 투어에서 낯선 남자가 다가와 손을 잡으며 말했다. "두Du(독일어로 너/당신이라는 의미)."

나는 미소를 지으며 답했다. "당신이군요."

우리 둘은 서로 만난 데 흥분을 느끼며 웃음을 터뜨렸다.

"우리 머리에서 나오는 말은 달라도, 마음에서 나오는 말은 같지요." 그가 독일어로 말했다.

나는 독일어를 모른다. 그러나 나는 그를 완벽하게 이해했다.

아프리카에 갔다가 교실이 하나뿐인 학교를 방문했다. 그곳에서 교사와 작은 샹간 마을 사람들 몇몇을 만났다. 나는 정말 그들 모두를 알아보았다.

"이 학교를 후원하겠어요. 여러분에게 필요한 것이라면 뭐든지 돕고 싶어요." 나는 교사에게 말했다.

그녀는 그저 고개를 끄덕이며 "그래요."라고 말했다.

'우리가 약속을 지키게 돼서 정말 기뻐요.'라고 덧붙일 필요가 없었다.

어떤 나이에 이르고 이러한 순간을 수없이 경험하면서, 나는 그것이 무엇을 의미하는지 의문을 품는 대신 그저 즐기게 되었다. 영혼의 가족을 가지는 것 자체가 내게는 커다란 보상이다. 그러나 여전히 많은 질문이 남아 있다. 신체적인 공통점은 전혀 없지만 영혼의 느낌과 특징으로 서로를 알아보는, 혈연으로 이루어지지 않은 거대한 가족을 누구나 갖고 있는 것일까? 영혼의 가족 각각에게는 완수하기로 예정된 어떤 과업이 존재하는 것일까?

확실하지는 않지만 나는 이 질문들의 대답이 "예스."라는 것을 직감적으로 느낀다. 만약 내가 틀렸다 해도, 가족을 알아보는 내 일생 동안의 경험이 그저 환상일 뿐이라 해도 나는 개의치 않는다. 환상이 그렇듯이 이것은 놀랍고 유쾌하고 달콤하고 무해하다. 그러나 만약 내가 옳다면, 그리고 이 모든 얘기가 당신에게도 친숙하게 느껴진다면, 언젠가 당신과 내가 커피숍이나 서점에서, 또는 어느 외딴 마을의 작은 학교에서 만나 곧바로 서로를 알아보는 일이 생길지도 모른다.

실제로 그런 일이 일어나서 당신이 나를 먼저 알아본다면 한 가지 부탁할 것이 있다. 수줍어하지 마라. 나는 오래전부터 당신을 만나기 위해 기다려 왔을 테니까.

*

감정의 면역성을 길러라

사랑하는 가족이나 친구 혹은 애완동물과 시간을 보내면 행복을 느끼는 쪽으로 신체의 생물학적 균형이 맞춰진다. 따라서 당신이 함께할 사람들을 현명하게 선택하는 일이 중요하다.

삶에서 만나는 모든 사람이 우리에게 자양분을 주는 것은 아니다. 기분이 좋은 상태였다가도 어떤 친구나 친지, 동료를 만나면 에너지가 수축되고 기분이 안 좋아진 경험이 분명히 있을 것이다. 그것이 감정의 전염이다. 그들의 뉴런이 가진 분위기가 당신에게도 옮겨진 것이다. 부정적인 감정의 전염을 피하는 가장 쉬운 길은, 당신의 생명력을 빨아먹는 행복의 흡혈귀와 감정적 악당을 가급적 멀리하는 것이다.

곁에 있으면 당신에게 독이 되는 사람들이 분명히 있다. 불평하는 사람, 낙담하는 사람, 상처 주기 위해서 남을 비판하는 사람들이 그렇다. 때로는 분간해 내기 어려운 경우도 있다. 자기 생각에만 빠진 사람, 겁을 내는 사람, 비판적인 사람, 조작에 능한 사람들이다. 그들은 친절하게 호의를 보일 수도 있다. 그러나 당신은 에너지가 고갈되고 좌절감을 안고 사는 그런 사람들과의 접촉을 피해야 한다.

당신 주변을 긍정적인 사람들로 채우고 해로운 사람들과의 연결을 줄이기 위해서 내면의 GPS를 이용하라. 눈을 감고, 심호흡을 하고, 주변 사람들을 하나씩 떠올린다. 누가 당신의 에너지를 확대하고 누가 수축하는가?

문제는 해로운 사람을 인식했더라도 그들과 관계를 끝내는 일이 늘 가능하지만은 않다는 점이다. 행복 흡혈귀가 함께 일하는 직장 동료일 수도 있고 친척일 수도 있다. 그때는 어떻게 해야 할까?

따라서 적절한 한계를 만드는 법을 배워야 한다.

필 박사는 이렇게 말한다. "우리는 우리를 어떻게 대해야 하는지 상대방에게 가르친다."

우리가 상대방의 어떤 행동은 받아들이고 어떤 것은 받아들이지 않으면, 상대방은 그런 우리를 보고 우리를 대하는 방식을 결정한다. 당신 주변에 어쩔 수 없이 해로운 사람을 두어야 한다면 다음 방법을 활용해 면역성을 높여라.

1. **연쇄 반응을 막아라**: 앞에서 배운 거울 뉴런을 당신에게 이로운 방향으로 활용하라. 화가 난 사람이나 부정적인 사람과 대화해야 한다면, 의식적으로 당신의 시선을 부드럽게 하고 표정을 중립적으로 유지하며 상대방의 몸짓과 반대되는 분위기의 몸짓을 사용하라. 상대방의 불안이나 흥분에 동요되지 마라. 그렇지 않으면 당신의 몸이 그러한 부정성을 거울처럼 모방하여 당신을 무너뜨릴 것이다.

2. **보이지 않는 장벽을 쌓아라**: UCLA의 정신과 의사 주디스 올로프는 해로운 감정의 집중 포화를 받으면 자신이 보이지 않는 벽이나 장막에 둘러싸여 있다고 상상하라고 충고한다. 그러면 감정적인 보호를 받는 느낌을 가지며, 상대방과 같은 방식으로 대응하고 싶은 욕구를 완화하는 데 도움이 된다.

3. **당신 쪽에 머물러 있어라**: 다른 사람을 바꾸려고 노력하지 마라. 그들을 구해 주려고 노력하거나 '그들 방식의 오류'를 지적하는 것이 도움이 된다고 생각하기 쉽다. 하지만 그것이 효과를 발휘하는 경우는 거의 없다. 다른 사람에게 영향을 주는 가장 효과적인 방법은 당신이 먼저 그들에게서 보고 싶은 행동의 본보기가 되는 것이다.

사랑하는 사람에게 아낌없이 사랑을 쏟아라

행복하고 건강하고 힘이 되는 인간관계를 유지하는 가장 좋은 방법은 두 단어로 요약할 수 있다. 바로 '감사와 인정'이다.(모든 것은 당신이 인정하는 만큼 가치를 발휘한다는 사실을 기억하라.) 타인에게 받은 지원이나 도움에 감사를 표현하면, 그러한 지원이 더욱 강화될 뿐 아니라 그들과 우리의 유대감도 더 깊어진다.

감사와 인정은 인간의 기본 욕구다. 이는 가정에서나 일터에서나 마찬가지다. 실제로 미국 노동청에 따르면 직장인의 사십 퍼센트가 급료나 업무량 때문이 아니라 인정받지 못한다고 느껴서 직장을 떠난다고 한다.

우리는 아주 가까운 사람들과의 관계를 너무 당연한 것으로 여겨서 우리에게 가장 중요한 사람들에게 오히려 에너지를 덜 쏟고 소홀해지는 경우가 많다. 심리학자 존 고트만은 일명 '마법의 비율'을 이용해 부부 간의 행복에 관한 유명한 연구를 실시했다. 그는 이 비율을 이용해 700쌍의 신혼부부가 결혼을 유지할 것인지 이혼할 것인지를 예측했다. 고트만 박사는 부정적인 상호작용 한 번당 다섯 번의 긍정적인 상호작용을 하는 커플은 결혼 생활을 유지할 것이라고 말했다. 십 년 후 전개된 추적 조사에서 그가 이혼할 것이라고 예측했던 커플 가운데 무려 구십사 퍼센트가 실제로 이혼했다는 놀라운 결과가 나왔다.

『감사의 힘』의 저자 주디스 W. 움라스는 이렇게 말한다. "행복 수준을 높이기 위해 할 수 있는 가장 중요한 일 가운데 하나는 주변 사람들에게 감사하는 것이다. 《갤럽 매니지먼트 저널》의 최근 기사를 보면 사람이 누군가에게 감사와 인정을 받으면 행복과 밀접한 관련이 있는 신경 화학 물질인 도파민이 분비된다고 한다."

2004년 도널드 O. 클리프턴과 그의 손자 톰 래스는 『당신의 물통은 얼마나 채워져 있습니까?』라는 책을 썼다. 이 책은 사회과학자들과 리서치 기관인 갤럽이 오십 년이 넘는 기간 동안 수행한 광범위한 연구를 기초로 하고 있다. 이 책이 주는 메시지는 간단하며 실천하기 쉽다. 다른 사람을 격려하고, 다른 사람과 관계를 맺고, 다른 사람을 고양시키는, 즉 저자가 말하는 '타인의 물통에 물을 채우는' 가장 효과적인 방법은 긍정적인 말과 행동을 통해 진심 어린 인정을 해 주는 것이다. 당신이 타인의 물통을 채우면 당신의 행복 수준도 함께 올라간다.

나는 감사의 마음을 끌어올리고 싶을 때마다 아래의 '감사 실천'을 즐겨 이용한다. 배우자, 자녀, 친구, 동료 등 주변 사람과의 인간관계를 풍성하게 만드는 멋진 방법이다. 남편과 나는 거의 매일 밤 잠자리에 들기 전에 실천한다. 그러고 나면 언제나 웃는 나를 발견한다.

> • 연습 과제 •
>
> ## 감사 실천
>
> 1. 당신이 상대방에게 감사한 점들을 언급한다.(예: "날 웃을 수 있게 해줘서 고마워." "너 때문에 힘이 나." "너는 친절해.") 당신이 끝나면 이번엔 상대방과 역할을 바꾼다. 적어도 다섯 번 또는 당신이 원하는 만큼 번갈아가며 계속한다.
> 2. 이제 당신 자신에게 감사한 일, 스스로 자신에게 인정해 주고 싶은 일을 언급한다. 상대방도 마찬가지로 한다. 적어도 다섯 번 또는 당신이 원하는 만큼 번갈아 가며 계속한다.

— 인간관계를 위한 행복 습관 2 —

당신을 지원하는 사람들을 주위에 둬라

당신은 (그것을) 혼자 해야 한다. 하지만 혼자 힘으로는 할 수 없다.
- 마틴 루트(기업 컨설턴트, 연설가)

때로는 친구나 가족들이 주는 지원 그 이상이 필요하다. 당신이 힘든 시기를 겪고 있거나 어떤 꿈을 추구하기로 결정했을 때, 가장 가까운 사람들은 당신이 앞으로 나아가는 데 필요한 정직한 견해와 힘을 주는 대신 당신을 안쓰럽게 여기거나 그냥 지금 있는 그대로의 모습으로 괜찮다고 말할지도 모른다.

당신을 지원하는 사람들을 주위에 두는 가장 좋은 방법은 정기적인 모임에 참가하거나 그러한 모임을 만드는 것이다. 지도와 정직한 피드백을 주는 것을 목적으로 하며, 당신이 피해 의식의 오랜 패턴에 빠져들지 않게 도와주는 모임 말이다.

책을 위한 자료 조사 도중 캐럴은 다음 스토리를 들려준 여성을 만났고 그녀의 우호적이고 친절하며 열린 태도에 큰 인상을 받았다. 캐럴이 우리가 행복에 대한 책을 쓰고 있다고 말하자, 그 여성은 자신이 오래전에 진정으로 행복해지는 법을 깨달았다면서 기꺼이 인터뷰에 응했다. 몰리 베이커는 그녀의 가명이지만 그녀의 내적 평화와 안녕은 진정한 것이다. 몰리의 스토리는 좀 더 큰 행복을 향해 나아가는 길에서 우리를 지원하는 사람들이 얼마나 중요한 역할을 하는지 훌륭하게 보여 준다.

| 몰리의 이야기
친구의 의미

존(가명)과 나는 10월에 만났고 그가 12월에 청혼했다. 나는 그 자리에서 승낙했다. 오래 생각할 필요도 없었다. 나는 그에게 완전히 빠져 있었다. 존은 아이비리그 대학을 졸업했고 좋은 직업을 가졌을 뿐 아니라 재미있고 인기가 있었으며 리더 기질을 타고난 사람이었다. 내가 갖지 못한 것을 존은 전부 갖고 있었다. 게다가 나는 스물한 살이었고 결혼할 준비가 되어 있었다. 1950년대 초반이었다. 나는 현모양처가 되고 싶을 뿐이었고 직업적인 목표도 없었다. 하지만 열 달 뒤 존과 내가 결혼할 당시 우리는 서로를 진정으로 알지 못했다.

나는 곧 남편이 너무 과하게 술을 마신다는 것을 알았다.

결혼 첫해는 매우 불행했다. 겉으로 보기엔 멀쩡한 알코올 중독자인 남편은 회사에서 인정받기 위해 늘 바쁜 사람이었다. 그는 거의 매일 야근을 했고 비즈니스 미팅을 갔다가 시간에 구애받지 않고 아무 때나 집에 돌아왔다. 그리고 거의 언제나 '만취 상태'였다. 하지만 얼마만큼을 마시든 숙취에 시달리는 법이 없었다. 그는 변함없이 정시에 출근했고 정상적으로 일처리를 못하는 경우는 결코 없었으므로 사장은 그의 문제를 전혀 알지 못했다.

반면 나는 존의 음주에 대해 속속들이 알고 있었다. 술에 취하면 존은 사람이 완전히 달라졌다. 불안정하고 소란스러워졌으며 흐트러지고 비틀거렸다. 나는 그의 곁에 있는 것이 너무 힘들었다. 그는 자동차 사고도 여러 번 냈다. 다행히 차만 심하게 부서졌지만, 사고 직후 그의 상처를 꿰매기 위해 응급실로 달려간 것도 한두 번이 아니었다. 나는 부모님과 형제들에게 내 인생에 일어나는 일을 말하는 게 수치스러웠다.

남편에게 술을 너무 마신다고 불평하면, 그는 내가 멍청하게 쓸데없는 소리를 한다고 주장하면서 부정으로 일관했다. 슬픈 일은 내가 그를 믿었다는 점이다. 게다가 내가 남편의 음주에 화를 내는 것이 그를 방어적이고 불편하게 만든다는 사실을, 그럴수록 그가 술을 더 마신다는 사실을 알았다. 나는 상황이 점점 악화된다는 것을 알았지만 어떻게 해야 할지 몰랐다. 더 힘든 것은 본질적으로는 그가 좋은 사람이라는 점이었다. 술에 취하지 않았을 때는 그와 있는 것이 즐거웠고 그를 존경했다. 내 불행과 표현되지 못한 분노 그리고 나의 외로움은 점점 커져갔다.

아들과 딸이 태어나자 상황은 조금 견딜 만해졌다. 내가 일상의 쳇바퀴에 숨어 있는 동안 시간은 쏜살같이 흘렀다. 내 상황에 대해 깊이 생각하지 못할 만큼 일상은 바쁘게 돌아갔다. 밖에서 보기에 우리는 정상적인 가족이었다. 그러나 내적으로 남편과 나의 관계는 점차 악화되고 있었다.

내가 가장 친한 두 친구에게 남편에 대해 불평하면 그들은 항상 나를 안쓰러워하며 동정해 주었다. 감정을 발산할 통로가 된다는 점은 좋았지만, 친구들에게 하소연이나 하며 매년 변함없이 고통스러운 상황에 빠져 있다고 해서 내게 발전이나 변화가 생기진 않았다.

결혼 23년차가 되었을 때 남편의 음주벽은 내가 상상할 수 있는 것보다 훨씬 나빠졌다. 하지만 남편은 여전히 자신의 병을 부인했다. 나는 완전히 공허감에 휩싸였다. 얼마나 더 오래 견뎌 낼 수 있을지 몰랐다.

어느 날 밤 울면서 남편의 가슴을 때리고 있는 나 자신을 발견했다. 그동안 내가 부정해 온 모든 분노가 잠자는 중에 표출된 것이었다. 저녁에 마신 술로 곯아떨어진 남편은 일어나지도 않았다. 한참을 울다가 내가 완전히 지쳐 버렸다는 사실을 직시하면서 오랫동안 가만히 누워 있었다. 나는 분노와 절망에 빠져들고 있었다. 이혼을 생각해 보았지만, 혼자가 되어 자립해야 하는 두려움, 부모님과 아이들에게 충격을 줄 거라는 두려움이 나를 무력하게 만들었다.

그 후 몇 주가 지난 어느 날 한 친구가 알코올 중독자와 관련된 사람들을 위한 모임을 소개해 주었다.

"우리는 둘 다 주정뱅이와 결혼했잖아. 가 보자!" 친구가 말했다.

우리는 알아넌Al-Anon 모임이 열리는 교회에 도착해 중앙에 의자들이 원형으로 놓여 있는 방으로 들어갔다. 모두가 자리를 잡자 모임이 시작되었다.

나는 그곳에 모인 사람들이 마음을 터놓고 이야기하는 모습에 감명을 받았다. 사람들은 상대방 모습을 있는 그대로 받아들였다. 원형 주위에 흘러넘치는 무조건적인 사랑이 정기적인 참석자들뿐 아니라 새로 온 사람들까지 감싸고 있었다. 마치 추운 곳에 있다가 따뜻한 방 안으로 들어간 기분이었다. 따뜻한 분위기가 내 온몸을 편안하게 녹여 주었다. 자기소개를 간단히 한 후에, 원치 않으면 아무 말도 하지 않고 앉아 있어도 상관없었다. 나는 내가 너무나 잘 아는 경험들을 들려주는 사람들의 이야기에 열심히 귀를 기울였다.

나는 일주일에 두세 번씩 모임에 참석하기 시작했다. 그렇게 아낌없이 주어지는 사랑과 관대함은 누려 본 적이 없었다. 아무도 다른 사람을 비판하거나 판단하지 않았다. 또 그들은 내가 자기 연민에 빠지게 놔두지 않았다. 그 모임은 더할 수 없이 부드럽게 내가 남편과 남편의 행동에 집중하는 것으로부터 내 삶을 변화시킬 힘과 자신감을 발견하는 쪽으로 옮겨 가게 도와주었다. 어떤 특정한 조언도 주어지지 않았다. 나는 그저 예전에는 나와 같은 모습이었지만 다시 자신의 삶을 되찾은 사람들의 이야기를 계속해서 들을 뿐이었다.

매번 모임이 끝날 때면 사람들은 격려의 말을 속삭이며 나를 안아주었다. 나는 스펀지같이 그 모든 것을 흡수했고, 조금씩 온전한 느낌을 받기 시작했다.

물론 집에서는 쉽지 않았다. 남편이 술에 취하면 나는 그의 행동에 희생자가 되는 기분이었고 자기한테는 아무런 문제도 없다는 남편의 부인에 여전히 좌절을 느꼈다. 그러나 모임에 참석하는 횟수가 늘어날수록, 무력함에 조바심을 내는 대신 내 경험을 모임의 사람들과 나누었고 나 자신의 가치에 집중하고 내 안의 평온함을 찾는 데 더욱 다가갈 수 있었다.

내가 '지원의 모임'을 찾은 지 일 년 반이 지난 어느 날 밤이었다. 남편이 몹시 취해 새벽 2시에 들어왔다. 그는 고래고래 소리를 지르며 완전히 추악한 몰골로 침실을 더듬고 다녔다.

나는 지난 이십여 년간 나의 남편이었던 남자를 바라보았다. 그렇게 만취한 모습의 남편과 방 안에 함께 있고 싶지 않다는 차분한 확신과 연민만이 느껴졌다. 내 안에서 느껴지는 차분한 평온함이 스스로도 놀라웠다. 지금도 그 순간을 떠올리면 감정이 북받쳐 오른다. 내게 더 이상 두려움은 없었다.

나는 분명하고 공정한 태도로 말했다. "존, 오늘 밤 나는 다른 방에서 자겠어." 그러고는 일어나 다른 방으로 갔다.

그는 나를 따라와 따지듯이 말했다. "당신 지금 뭐 하는 거야? 빨리 침실로 돌아가."

예상할 수 있는 반응이었다. 나는 그의 눈을 똑바로 보았다. "싫어. 여기서 잘 거야. 아침에 봐." 내 목소리에는 한 점의 동요나 분노도 없었다. 그것은 남편에게만큼이나 내게도 무척 놀라운 일이었다. 그는 방을 나갔고 나는 이전에 느껴 본 적 없는 강한 힘과 행복을 느끼며 잠들었다.

다음 날 아침 나는 남편과 마주 앉아 말했다. "나는 당신의 행동을 더 이상 받아들일 수 없어. 당분간 별거하자." 남편의 얼굴이 입고 있는 흰 셔츠만큼이나 하얗게 변했다. 나는 계속했다. "오늘 이사를 나갈 거야. 조용한 시간을 갖고 싶어. 내가 누군지, 무엇을 원하는지 생각해 볼 시간이 필요해."

나는 남편이 충격을 받았다고 생각했다. 그는 그저 자리에서 일어나 "좋아." 하고는 출근하기 위해 집을 나섰다.

그날 나는 친구의 집으로 이사했다. 친구가 휴가를 떠나서 비어 있는 집이었다. 삼 주 동안 혼자 있는 시간 그리고 나 자신과 친구가 되는 새로운 즐거움을 한껏 즐겼다. 언제나처럼 모임은 계속 참석했다. 모임이 끝난 후에도 그곳 사람들은 나의 '인생 지원자'가

되어 주었다. 마음이 불안해지면 그들 중 한두 명에게 전화를 걸었고, 그들은 내가 얼마나 많이 발전했는지 일깨워 주고 자신의 경험을 들려주며 힘과 희망을 주었다.

삼 주가 지나고 남편이 전화를 했다. 놀랍게도 그는 자기가 친구 아파트로 이사할 테니 내가 다시 집으로 들어가는 것이 어떻겠느냐고 제안했다. 나는 기꺼이 받아들였다. 그리고 다음 몇 주간 각자의 생활을 했다. 나는 마침내 일자리와 아파트를 찾아보기로 결정했다. 그때 남편이 전화를 걸어 와 할 말이 있다고 말했다.

남편이 물었다. "몰리, 당신이 원하는 게 뭐야?"

모임에서 여러 번 이런 상황에 대해 이야기했기 때문에 나는 어떻게 대답해야 할지 분명히 알고 있었다. 나는 미소를 지으며 말했다. "존, 내가 당신을 사랑한다는 걸 나도 잘 알아. 당신을 존경한다는 것도. 나는 이혼을 원치 않아. 하지만 나는 당신이 취했을 때 하는 행동을 받아들일 생각이 없어."

그는 잠시 침묵했다가 입을 열었다. "그게 바로 내가 알고 싶었던 거야." 그는 일어나서 자리를 떠났다.

사흘 후 그에게 전화가 왔다. 나는 그때 그가 한 말을 결코 잊을 수가 없다. "몰리, 난 알코올 중독이야. 알아넌에 왔어. 그리고 집에 가고 싶어."

그것이 벌써 삼십 년 전의 일이다.

그날부터 남편은 술을 끊었고, 나는 모임에 빠지지 않았다. 이제 결혼 오십 주년이 지난 지금, 존과 나는 함께 인생을 즐기고 있다. 각자의 관심과 목표를 추구하는 동시에, 대단히 만족스럽게 함께 보내는 시간도 가지면서 말이다. 나는 남편을 사랑하고 존경하며, 나에 대한 그의 사랑과 존경을 느낀다. 나는 나를 위해 옆에 있어 준 사람들에게 매일 감사한다. 그들은 내가 남편과 타인들에게서 눈을 돌려 나 자신, 즉 나의 태도와 행동에 집중하게 도와주었고 그것은 기적을 이루어 냈다. 나는 자기 가치와 평온을 발견했고 주도적으로 내 삶을 사는 사람으로 변모했다.

아프거나 여행 중일 때를 제외하면 나는 지금도 일주일에 한 번씩 알아넌 모임에 참석한다. 과거에도 그랬듯이 그 모임에서 느끼는 무조건적인 사랑과 훌륭한 지원은 지금도 내게 강한 영향을 미치고 있다. 나는 알아넌 공동체의 고참으로서 새로 참석한 사람들, 특히 수줍어하고 망설이는 사람들을 도와주려고 노력한다. 처음으로 자기만의 방에서 문을 열고 세상에 나오는 데 얼마나 많은 용기가 필요한지 잘 알기 때문이다. 나는 그들의 마음을 편하게 만들어 주기 위해 최선을 다한다. 나는 이 모임이 만들어 내는 마법을, 사람들에게 삶의 길을 찾도록 도와주는 그들의 힘을 잘 알고 있다.

*

날개 밑의 바람

나는 알아넌의 12단계 프로그램에 직접 참여해 본 적은 없지만, 몰리가 발견했듯이 그것은 수백만 명의 사람들에게 엄청난 도움을 주고 있다. 당신 영혼의 깊은 진실을 일깨워 주는 그룹이라면 어떤 그룹이든 소중하다. 이러한 점을 아는 것은 내가 오랫동안 여성들로 이루어진 한 지원 모임의 일원이었기 때문이다. 그 모임은 신이 주신 선물과도 같았고 내가 진정한 행복을 탐색하는 길을 벗어나지 않도록 지켜 주었다.

1987년 나는 자기 권한 부여 트레이닝이라는 인생 개혁 세미나에 참가했다. 알리 나자피라는 훌륭한 치료사가 이끄는 세미나였다. 알리는 세미나 말미에 권한 부여의 추진력을 삶에서 계속 유지할 수 있도록 사람들과 모임을 만들라고 권했다. 그래서 할리, 제니퍼, 샌디, 재니스 그리고 내 친구이자 공동 저자인 캐럴, 이 다섯 명과 함께 특별한 지원 모임을 만들었고, 그들은 내게 가족 같은 존재가 되었다. 몇 년 후에는 레인과 카미를 새 멤버로 맞았다. 우리는 매주 돌아가며 각자의 집에서 모여서, 지난주에 '성공'이라고 느낀 일들과 다가올 주의 목표에 대해 이야기를 나눴다. 우리는 자신이 추구하는 변화를 위해 필요한 지원을 요청하고 가급적 서로를 격려해 주었다. 모임에서 우리가 나눈 이야기는 엄격한 비밀에 부쳤다. 그리고 멤버 각자에게 똑같은 시간을 할애하기 위해 신경을 썼다. 어떤 회원이 큰일을 겪고 있어서 의논이 더 많이 필요할 경우는 예외로 했지만 말이다. 우리는 많은 일을 함께 겪었다. 결혼과 출산, 이혼 등등. 또 멤버 중 한 명이 갑작스러운 죽음을 맞았을 때는 우리 모두가 얼마나 끈끈한 유대감으로 뭉쳐 있는지 다시금 확인할 수 있었다.

눈 내리는 1월의 어느 오후 샌디가 자동차 사고로 목숨을 잃었다. 그녀는 독신이었고 가까운 가족이 없었기 때문에, 우리가 힘을 합쳐 장례를 치르고 가는 길을 지켜 주었다. 그것은 우리가 진심으로 사랑한 여성을 위한 의식이기도 했지만, 서로에 대한 우리의 사랑과 감사를 확인하는 계기이기도 했다. 십 년 후에 나는 멀리 이사했고, 새로 옮긴 지역에서 다른 여성 모임을 발견했다. 이러한 종류의 지원은 내 삶에서 대단히 중요하기 때문에 나는 가능할 때마다 그러한 기회를 찾는다.

지원의 힘과 중요성은 세계 어디에서나 마찬가지다. 3장에서 만났던 자이나브 살비는 이러한 점을 보여 주는 아름다운 이야기를 들려주었다. 그녀는 보스니아와 헤르체고비나의 전쟁 생존자를 돕는 일을 하던 중 한 작은 마을의 여성 그룹을 만났다. 여러 가지 슬픈 일을 겪고 있던 여성이 남편에게 늘 폭력을 당한다고 고백했다. 그 여성은 남편을 떠나고 싶지 않았다. 단지 남편이 자신을 때리는 일을 멈추기만을 바랐다. 문제는 그녀가 남편의 학대에 대해 자기 자신을 탓한다는 점이었다. 그룹의 다른 여성들이 그녀를 감싸 안고 함께 눈물을 흘렸다. 그리고 자신들도 같은 일을 겪고 있다고 인정했다. 그룹은 행동을 취하기로 결정했다. 그들은 다음번에 남편이 그녀를 때리면 아들을 시켜 모임에 알려 달라고 했다.

바로 다음 날 그녀의 남편이 그녀를 때리기 시작했다. 그러자 그녀의 아들이 지시 받은 대로 창가에 가서 그룹의 여성들을 향해 소리쳤다. "도와주세요. 엄마한테 도움이 필요해요!" 모든 여성들이 하던 일을 멈추고 머리 수건과 운동화 차림으로 달려와서는 그 집을 둘러싸고 남편에게 소리치기 시작했다. "당신 아내를 때릴 거면 우리도 때려요! 우리도 때릴 거예요?" 놀라고 수치심을 느낀 남자는 때리던 주먹을 거두었다. 창밖으로 몰래 내다보던 다른 집 남자들은 여성들이 단결하는 모습을 목격했고, 이후 그 마을의 가정 폭력은 현저히 줄어들었다.

행복 드림 팀을 만들다

당신을 지원하는 사람들을 주위에 두는 방법에는 여러 가지가 있다. 행복한 100인 중 한 명인 낸시 퍼세처는 자신의 독특한 지원 그룹에 대해 들려주었다. 그 그룹에는 알베르트 아인슈타인, 헬렌 켈러, 마더 데레사, 간디, 괴테, 에이브러햄 링컨, 노자(老子)를 비롯해 과거와 현재의 위대한 인물들이 가득하다. 낸시는 그들의 명언을 모아서 집과 사무실 곳곳에 붙여 둔다. 어떤 것은 액자에 넣어 걸어 놓고, 어떤 것은 종이에 적어 거울, 컴퓨터, 전화기, 부엌 싱크대에 붙여 둔다. 이십사 시간 발길을 옮길 때마다 자신의 드림 팀에 의해 영감을 고취받는 것이다. 누군가에게 지원을 받을 때 시간과 장소에 구애받지 않을 수 있는 방법이다.

지원 그룹의 가치는 팀을 만드는 데 있다. '함께 모이면 더 큰 것을 이룰 수 있는' 것이다. 둘 이상이 공동의 목적이나 목표를 위해 모이면 힘이 몇 배로 커질 뿐 아니라 더 빨리, 더 쉽게 원하는 결과를 성취할 수 있다. 다음의 연습을 이용해 당신만의 지원 그룹을 만들어 보라.

• 연습 과제 •

지원 그룹 만들기

1. 당신이 신뢰하고 존경하는 5~7명의 사람들을 모아 그룹을 만든다. 모임 시간을 정한다.(한 달에 한두 번이 적당하다.) 번갈아 가며 모임을 이끌고, 모임을 진행하는 동안 누가 시간을 체크할 것인지 정한다.
2. 리더가 의미 있는 문구나 영감을 불러일으키는 인용문을 이야기하면서 모임을 시작한다.
3. 각자 3~4분 동안 지난 모임 이후 자신이 거둔 '성공'이나 성취에 대해 이야기한다.
4. 각자 10~15분 동안 자신의 목표를 이야기하거나 나머지 회원들의 지원과 도움을 요청한다.
5. 각자 자신의 목표를 위해 다음 모임 전까지 실천할 행동을 이야기한다.(예: 나는 일주에 세 번 30분씩 운동할 것이다.)
6. 리더가 감사와 긍정의 메시지를 전하며 모임을 마친다.

참석자 모두가 지켜야 할 약속이 있다. 첫째, 남이 이야기할 때 끼어들지 않는다. 둘째, 피해 의식에서 비롯된 행동(탓하고 비난하기, 수치심 느끼기, 불평하기)을 삼간다. 셋째, 요청을 받았을 때만 의견을 제안한다. 넷째, 모임에서 나눈 이야기를 밖에 알리지 않는다.

— 인간관계를 위한 행복 습관 3 —
세상을 당신의 가족으로 여겨라

인간은 다른 점보다는 공통점을 많이 갖고 있다. 가급적 많이 베풀려고 노력하라.
당신과 비슷해 보이지 않는 사람에게도 말이다.
당신은 세상 사람들의 일부이고 세상 사람들은 당신의 일부이다.
- 마야 앤젤루(작가, 시인)

행복한 100인을 인터뷰하면서 깨달은 것은 그들이 온세상을 가족으로 여긴다는 점이다. 그들의 사랑, 공감, 연민, 배려는 이유 없는 행복 속에서 자연스럽게 우러나오는 것이며, 그것은 친지나 친구에게 국한되지 않고 모든 인류에 확대된다. 국적, 인종, 종교, 그 무엇도 한계가 되지 않는다. 이유 없이 행복한 사람들은 세상 모든 사람이 자신과 똑같다고 여긴다. 즉 우리는 누구나 '사랑과 행복'을 원한다는 것을 알고 있다. 행복한 사람들은 언제나 자신이 더 큰 가족의 일원이라고 느끼기 때문에 언제 어디서든 베푸는 일을 습관으로 삼는다.

행복한 100인은 스스로 행복해지는 것이 세상에 줄 수 있는 가장 큰 선물이라고 믿는다. 나와의 인터뷰에서 엘리자베스 길버트(그녀의 이야기는 7장에서 소개했다.)는 저서 『먹고 기도하고 사랑하라』가 출판된 후에 기자들에게 이런 질문을 자주 받았다고 말했다.

"자신을 찾기 위해서 온 세계를 돌아다니는 것이 좀 이기적이라고 생각하지 않으세요?"

그녀는 항상 이렇게 대답했다.

"저는 자기도취와 우울함, 불안으로 얼룩진 비참함에 빠져 여생을 보내는 것이 이기적이라고 생각해요. 그런 사람은 사회나 주변 사람들에게 아무런 보탬도 되지 못해요. 내가 세상에 제공할 수 있는 최고의 봉사는 건강하고 분별 있는 삶을 유지하는 거예요."

행복한 100인을 찾는 동안 비즈니스로 만난 동료가 해피 오아시스라는 친구를 소개해 주었다. 그 이름을 들었을 때 아주 흥미로운 인터뷰가 될 것 같은 직감이 들었는데, 정말 그랬다. 그녀는 진정 자신의 이름에 어울리는 삶을 영위하고 있었다. 다음에 이어지는 독특한 이야기는 해피가 이십여 년 전 아시아를 여행한 경험담이다. 그녀는 여행을 통해 세상을 자신의 가족으로 여기는 것, 자신의 행복을 나눔으로써 다른 사람을 돕는다는 것의 의미를 배웠다.

해피의 이야기
미소 천사

나는 언제나 자유로운 영혼을 지니고 있었다. 1983년 고등학교를 졸업한 후 부모님이 원하는 아이비리그 대학에 진학하는 대신 호주로 떠났다. 다음 몇 해 동안 호주와 동남아시아를 여행하고 돈을 벌면서 말 그대로 내 길을 걸었다. 인류학이라는 '나만의 공부'를 하면서 말이다.

미국을 떠날 때는 온실에서 자란 순진한 열여덟 살 소녀였다. 나는 나 자신을 행복한 사람이라고 여겼다. 그러나 돌아보면 내가 천국에 살았다는 사실을 몰랐다고 표현하는 것이 더 맞을 것 같다. 제3세계 국가들을 여행하기 전까지는 인류가 겪는 극단적인 고통과 비극을 알지 못했다.

나는 원주민들과 함께 시간을 보내기 위해 방글라데시로 갔다. 그런데 수도인 다카에 도착해 보니 장마철인데다 기근이 들어 온 나라가 질병과 죽음으로 뒤덮여 있었다.

하루는 외딴 지역으로 가기 위해 다카에서 버스를 탔다. 다른 승객들을 둘러보니 내가 유일한 서양인이었다. 게다가 거리에서 여성을 찾아보기 힘든 이슬람 국가에 있는 푸른 눈과 금발의 젊은 여자였다. 나는 검은 천을 머리에 두르고 팔과 다리가 드러나지 않도록 최대한 감싸서 가능한 한 회교도와 비슷한 옷차림을 했지만, 그래도 사람들의 눈길을 끈다는 사실을 알고 있었다. 그래서 아무래도 좀 불편했다.

도시를 벗어나 농장과 작은 마을을 지나는 중이었다. 며칠째 심하게 비가 내리고 있었다. 얼마간 달리던 버스가 도로에 점점 물이 많아지자 위험을 피하기 위해 들판에 차를 대고 멈춰 섰다. 얼마 후 길은 비에 쓸려 없어졌고 근처의 작은 마을에는 물이 차기 시작했다. 버스가 주차한 들판 주변도 금세 물로 둘러싸였고, 많은 사람들이 축구장 크기의, 우리가 있던 높은 지대 쪽으로 몰려들었다. 비적 많은 수백 명의 사람들이 이내 그곳에 모였다. 그들 중 대부분은 맨발에 누더기를 걸친 아이들인데 버스 밖 땅바닥에 누워 있었다. 그들이 죽어 가고 있음을 깨닫자 공포가 밀려왔다. 이질과 기아가 엄청난 인명을 앗아 가고 있었다.

버스에 있던 사람들은 상황을 파악하기 위해, 또는 도움을 주기 위해 전부 내리고 나만 남았다. '내가' 과연 어떤 도움을 줄 수 있을까 잠시 생각해 보았다. 첫 번째 든 생각은 지갑에 들어 있는 2,000달러 여행자 수표(다음 일 이 년간의 여행 자금이었다.)를 현금으로 바꿔 그들을 위해 음식을 사는 것이었다. 그러나 곧 은행에 갈 방도가 없음을 깨달았다.

또 생각했다. '150달러에 해당하는 방글라데시 돈을 현금으로 갖고 있으니, 그걸로 식료품점에서 음식을 사다가 모두에게 나누어줄 수 있어.' 그러나 물이 찬 판자촌과 주변의 논을 보자 현실이 느껴졌다. 어디에도 음식을 살 곳은 없었다.

다음으로 떠오른 가망 없는 생각은 '분명히 적십자가 곧 나타날 거야. 그래야 하고말고.'였다. 그러나 비는 계속 쏟아졌고, 한 시간도 되지 않아 나는 적십자가 오지 않을 것이라는 사실을 인정해야 했다. 그때까지 그 나라에서 목격한 것들로 미루어 보건대 적십자가 올 확률은 없을 것 같았다.

나는 훌쩍거리며 울기 시작했다. 나 자신의 생존 때문이 아니었다. 내 배낭에는 물과 약간의 음식과 갈아입을 옷이 담겨 있었다. 그동안 여행을 하면서 험하고 궁핍한 생활쯤에는 익숙해져 있었다. 그들을 위해 내가 할 수 있는 일이 아무것도 없다는 생각이 들자 나 자신이 한없이 무력하게 느껴졌다.

그때 무슨 소리가 들려 고개를 들었다. 허리에 간단한 천만 두른 남자가 버스에 오르고 있었다. 서른다섯 살 정도 되었을 텐데 빈약하고 뼈가 앙상한 모습이 몹시 늙어 보였다. 그는 버스의 나무 의자를 잡아 몸을 지지하면서 내게 걸어왔다. 그는 나를 빤히 바라보다가 손을 내밀더니, 머리에 두른 천 밑으로 삐져나온 내 머리카락을 만졌다. 다른 때 같으면 낯선 사람이 내 머리카락을 만지게 놔두었을 리가 없지만, 나는 그의 눈빛에 정신이 팔려 있었다. 그 눈은 유령이나 천사의 눈처럼, 이미 죽은 사람의 눈처럼 보였다. 그리고 그가 손을 뗄 때 나는 그의 손가락을, 아니 손가락 중 남은 부분을 보았다. 손가락은 때가 끼고 뭉툭했다. 정상적인 손가락의 절반 길이였다. 나는 얼어붙고 말았다. 나병환자였던 것이다. 그는 내가 반응을 보이기 전에 절름거리며 버스에서 내려 군중 속으로 사라졌다. 갑자기 멍한 기분으로 조용히 앉아서 이전보다 더 무력함을 느꼈다.

몇 분 뒤 아직 혼란스러운 기분이 채 가시지 않았을 때, 다른 남자가 버스 옆으로 다가와 창밖에서 나를 바라보았다. 방글라데시 어디서나 볼 수 있을 법한 평범한 모습이었다. 거의 옷을 입지 않았고, 아주 말랐고, 맨발이었다. 다만 한 가지 다른 점은 활짝 웃고 있었다는 것이다.

그런 상황에서 웃고 있다는 사실이 섬뜩할 만큼 이상하게 느껴졌다. 나는 눈물에 흐려진 눈으로 쳐다보며 쏘아붙였다.

"이런 상황에서 어떻게 웃을 수가 있어요?"

놀랍게도 그는 완벽한 영어로 대답했다.

"미소는 사람들에게 내가 주어야 할 전부입니다, 아가씨."

이 짧은 문장은 강렬한 힘으로 나를 강타하며 나의 세계관을 바꾸었다. 그리고 타인을 돕는 것에 대한 나의 생각도 바꿨다. 내가 뭐라고 대답을 하기도 전에 그는 "자, 나랑 함께 가요"라고 말하면서 손짓했다.

나는 버스에서 내려 그와 함께 빗속을 걸어갔다. 우리는 열 시간 동안 들판을 걸으며, 누워서 죽어 가는 사람들에게 노래를 불러 주었다. 사람들 옆에 무릎을 꿇은 채 그 '미소 천사'는 영혼을 뒤흔드는 아름다운 이슬람 성가를 불렀고 나는 여름 성경 캠프에서 배운 찬송가를 불렀다.

우리의 노래는 사람들의 마음을 가라앉히고 평화를 주는 것 같았다. 때로 그는 사람들의 이마를 어루만졌다. 때로는 사람들의 어깨를 만져 주었고 내게도 똑같이 하라고 권했다. 이슬람 국가에서는 여성이 가족 관계가 아닌 남성과 신체를 접촉하는 것을 금지했기 때문에, 앞에 있는 사람이 남자일 때는 조심스러웠다. 그렇지만 그런 상황에서는 모두에게 이해가 되는 듯했다. 우리는 누워 있는 사람이 희미하게나마 미소를 짓거나, 또는 편안해 하는 다른 반응을 보일 때까지 그의 곁에 머물렀다. 그리고 그들이 죽음이라는 다른 세계로의 여행을 홀로 조용히 떠나도록 자리를 뜨거나, 어떤 경우에는 숨질 때까지 곁을 지켰다. 그렇게 우리는 들판을 돌아다니며 수십 명의 사람들에게 노래를 불러 주었다.

시체들이 흩어진 사이를 조심스레 걷다가 버스에서 본 남자, 내 머리카락을 만졌던 그 나병 환자가 아무런 움직임 없이 땅에 누워 있는 것을 발견했다. 나는 멈춰서서 자세히 살펴보았다. 그는 눈을 감은 채 땅바닥과 한 몸이 된 것 같았다. 놀랍게도 그는 이미 죽어 있었다. 나는 격렬한 슬픔을 느꼈다. 좀 더 일찍 발견했더라면 하는 생각에 가슴이 미어졌다. 조용히 기도를 올리고 돌아서서 서둘러 미소 천사를 따라갔다. 그는 벌써 어린아이 옆에서 무릎을 꿇고 노래를 시작하고 있었다.

그날 미소 천사와 간간이 대화를 나누었다. 나는 주위의 광경에 압도되어 몇 번이나 울음을 터뜨렸지만 그는 내 눈물을 못 본 체했다. 그러나 한번은 이렇게 말했다. "우리는 울 이유가 있지만 울지 않아요. 당신은 울 이유가 없어요. 왜 우는 거죠?" 그는 목소리는 부드러웠지만 자못 엄격하고 단호한 분위기를 풍겼다. 마치 "정신 차려요. 우리가 할 수 있는 일을 합시다."라고 말하는 듯했다. 그는 지도자의 역할을 맡으라고 자기만의 방식으로 내게 요청하고 있었다.

마침내 비가 그치기 시작했다. 운전사는 큰 소리로 승객들을 불러들였고 사람들은 다시 버스에 타기 시작했다. 나는 미소 천사에게 작별 인사를 하고 내 자리로 돌아왔다. 버스가 떠나기를 기다리면서, 결코 그를 다시 볼 수 없을 것이란 생각이 들었다. 그렇지만 그는 이미 내게 영웅이었다. 나는 그의 지혜와 용기에 감동을 받았다. 1달러, 아니 1페니도 없이 어떤 물질적인 수단도 없이 그저 사랑과 기쁨을 나눠 줌으로써 그는 수백 명의 고통을 덜어 주었다. 나는 그 미소 천사와 같은 사람이 되겠다고 조용히 서약했다.

그 이후로 나는 가능한 만큼 최대한 행복해지고, 그 행복을 가급적 많은 이들과 나누고, 내가 만나는 모든 이들을 가족처럼 대하는 것을 삶의 최우선 사항으로 삼았다. 같은 나라에서조차도, 상점에서, 은행에서, 어디서든 우리는 다른 사람들에게 무슨 일이 일어나는지 모른다. 그 가운데 누군가는 극심한 슬픔에 빠져 있을 수도 있다. 그럴 때 그저 미소를 짓고 마음을 열고 손을 내밂으로써, 즉 미소 천사처럼 자신을 나눠 주고 베풂으로써 평온과 빛을 전해 줄 수 있다는 것을 알았다. 그래서 나는 이름을 해피 오아시스로 바꾸었다. 모든 사람에게 행복의 오아시스가 되려는 뜻에서 말이다. 한 가지 근사한 장점은 어딜 가든 그 오아시스를 내 안에 갖고 다닐 수 있다는 것이다. 그것은 내가 지금 누리는 행복을 지지하는 기초다.

미소 천사는 타인에게 사랑을 주는 일이 복잡하거나 어려운 일이 아님을 보여 주었다. 타인에게 줄 것이 미소밖에 없을 때는 그것만으로도 충분하다는 사실을 체험을 통해 깨달았다.

※

유대감의 힘

미소는 우호적인 마음과 따뜻한 의도를 나타내는 표시다. 짧은 미소라도 엄청난 영향을 줄 수 있다. 캐롤라인 미스의 책 『보이지 않는 힘』에는 그러한 점을 훌륭하게 보여 주는 이야기가 소개되어 있다. 한 젊은이가 너무 절망한 나머지 아파트로 돌아가 자살하기로 마음먹고는 차가 지나가기를 기다리며 길모퉁이에 서 있었다. 그때 운전석에 앉아 있던 여인이 그를 똑바로 바라보고는 환한 미소를 보냈다. 그 따뜻한 미소를 보는 순간 젊은이는 이 세상에 아직도 좋은 사람과 아름다운 것이 있다는 확신이 들었다. 그리고 생을 끝내려던 마음을 바꿨다. 당신이 어떤 사람이든, 어디에 있든, 진심 어린 미소는 나이 차이나 문화 차이에 상관없이 사람과 사람을 이어 주는 다리 역할을 하며 서로 연결되어 있다는 확신을 준다.

로버트 비스워스 디너는 종종 긍정심리학 분야의 인디애나 존스로 불리는 인물이다. 행복을 연구하기 위해 세계 구석구석을 돌아다녔기 때문이다. 그는 극빈자들 사이에서도 유대감이 행복에 강력한 영향을 주는 요소임을 발견했다. 비스워스 디너는 아버지 에드워드 디너와 공동으로 인도 콜카타의 집 없는 사람들과 빈민가 거주자들을 대상으로 삶의 만족도를 조사했다. 결과는 놀라웠다. 좋은 사회 관계와 가족 간의 건전한 유대감을 지닌 콜카타 주민들은 더 쾌활한 삶을 유지했으며 극심한 가난이 주는 부정적인 영향력을 잘 견뎌 냈다.

로버트는 행복한 100인에 드는 로코 벨릭을 소개해 주었다. 로코 벨릭은 젊은 다큐멘터리 영화 제작자로, 그가 형제인 에이드리언과 만든 첫 다큐멘터리 영화 「젱기스 블루스」는 2000년 아카데미상 수상 후보에 올랐으며 그 밖에 많은 상을 수상했다. 로코가 현재 제작 중인 작품은 행복에 관한 영화인 「행복 혁명」이다. 그는 이 영화 때문에 브라질, 인도, 나미비아, 일본을 비롯한 여러 나라를 돌아다니며 세계 곳곳의 사람들이 어떻게 행복을 경험하는지(또는 경험하지 못하는지) 기록했다. 여행에서 직접 목격하고 깨달은 것들로 인해 로코 역시 유대감과 소속감이 행복과 평온함을 유지하는 데 필수 요소라고 믿는다.

인터뷰 중에 로코는 일본을 방문한 이야기를 들려주었다. 그가 일본에 간 것은 일본이 물질적으로 부유한 나라지만 정서적으로는 그렇지 못하다는 이야기를 많이 들었기 때문이었다. 도쿄에서 지하철을 탔을 때 그는 통근자의 팔십 퍼센트가 잠들어 있거나 자려고 하는 모습을 보고 충격을 받았다. 대부분의 일본 사람들에게 삶에서 가장 중요한 것은 일이기 때문에 그들은 엄청나게 많은 시간을, 때로는 하루에 이십 시간을 일을 하며 보낸다. 이처럼 일과 생산성에만 매달리는 경향은 수면 부족이라는 문제를 일으켰을 뿐 아니라 사람들 사이의 유대감에도 큰 타격을 입혔다.

그러나 로코는 일본이 세계에서 손꼽히는 장수 국가이며 특히 오키나와에 장수하는 노인들이 많다는 이야기도 들은 적이 있었다. 행복한 사람은 오래 산다는 연구 결과를 익히 접해 본 로코와 팀원들은 오키나와 사람들이 장수하는 것이 행복과 어떤 연관이 있는지 알아보기 위해 그곳의 작은 마을을 찾아갔다.

거기에서 로코는 작은 행복 지대를 발견했다. 그가 만난 많은 사람들은 구십 대였다. 그리고 뜨거운 태양 아래에서 농사를 짓고 서양인들이 원시적이라고 여길 만한 생활 방식을 유지하고 있음에도 불구하고, 그들의 삶에는 기쁨이 넘쳐 났다. 더 놀라운 것은 거주민의 대부분이 제2차 세계대전 중 오키나와가 파괴되었을 때 남편과 자녀를 잃은 나이 많은 여성들이라는 점이었다. 그러나 이 여성들은 잃은 것들에 대해 슬퍼하고 괴로워하는 대신 유쾌한 활력과 행복을 내뿜고 있었다.

그 비결은 모든 세대가 공유하는 유대감이었다. 매주 금요일 밤 마을 주민들은 함께 모여 춤을 추었다. 밴드가 음악을 연주하는 동안 어린아이부터 나이 든 노인까지 모두가 전통 음악에 맞춰 춤을 추며 즐겼다. 마을 주민 모두가 즐거운 시간을 가졌다. 심지어 십대 청소년들도 빠지지 않았다. '쿨한' 것을 좋아하는 미국 청소년들이라면 그런 모임 근처에도 가지 않았을 텐데 말이다. 오키나와 사람들의 삶을 즐기는 모습은 공동체 의식과 유대감이 개인의 행복을 강화하는 데 얼마나 커다란 영향을 미치는지 보여 준다.

공동체 의식이 온 세계를 아우른다면 어떻게 될까? 어디에서 누구와 있든 마치 친한 친구나 가족과 있을 때처럼 편안하게 느껴진다고 상상해 보라. 세상을 당신의 가족으로 여긴다는 것은 바로 그러한 의미다. 팔레스타인계 미국인 나오미 시하브 나이는 유명한 시인이자 수필가다. 그녀는 앨버커키 공항 터미널에서 경험한 이야기를 들려주었다.

비행기가 네 시간 지연되었다는 것을 알고 난 후 안내 방송이 들렸다. "4-A번 게이트 근처에 아라비아어를 아시는 분이 계시면 게이트 옆으로 속히 와 주시기 바랍니다."

요즈음은 이런 일에 좀 머뭇거려지게 마련이다. 하지만 4-A번 게이트가 어차피 내가 이용할 쪽이었기 때문에 그쪽으로 갔다. 우리 할머니가 입으시던 것과 똑같은 전통 팔레스타인 복장을 한 나이 든 여인이 바닥에 주저앉아 울고 있었다.

공항 직원이 말했다. "도와주세요. 저 여인과 말을 좀 나눠 보세요. 왜 그러는지 모르겠어요. 비행기가 네 시간 늦는다고 말했더니 이러시네요."

나는 허리를 굽혀 할머니의 어깨를 안고 더듬더듬 말했다. "슈 다우-아, 슈-비덕 하비브티, 스타니 스타니 슈웨이, 민 파드릭, 쇼 비트 세-위?"

할머니는 어설픈 내 말을 듣더니 울음을 그쳤다. 알고 보니 우리 비행기가 완전히 취소된 줄 알았던 것이다. 할머니는 중요한 치료를 위해 다음 날까지 엘파소에 가야 했던 것이다.

나는 할머니를 안심시켰다. "괜찮아요. 거기 도착하실 수 있어요. 좀 늦는 것뿐이에요. 누가 할머니를 데리러 나오기로 했나요? 그 사람한테 전화를 하자고요."

나는 할머니의 아들에게 전화를 해서 자초지종을 설명했다. 비행기에 탈 때까지 할머니와 함께 있을 거고 비행기에 타면 옆자리에 앉겠다고 말했다. 그리고 탑승을 기다리는 동안 할머니의 다른 아들들에게도 전화를 걸었다. 마지막으로 우리 아버지에게 전화했다. 아버지와 할머니는 잠깐 동안 아라비아어로 이야기를 나누었고, 둘 다 함께 알고 있는 친구가 열 명이나 있다는 것을 발견했다.

그러고 나서 문득 이런 생각이 들었다. 내가 아는 팔레스타인 시인 몇 명에게 전화를 걸어서 할머니와 통화하라고 해 보면 어떨까? 그러고 나서 실제로 그렇게 했다. 이 모든 일이 겨우 두 시간 사이에 일어났다. 이제 할머니는 자기가 살아온 이야기를 하면서 내 무릎을 두드리고, 이런저런 질문에 대답하면서 많이 웃었다. 심지어는 집에서 만든 '마물mamool' 쿠키(대추야자와 견과류가 들어간 바삭거리는 설탕 과자였다) 한 봉지를 가방에서 꺼내 게이트 근처에 있는 모든 여성에게 나누어 주었다.

놀랍게도 누구 하나 쿠키를 마다하지 않았다. 마치 성찬용 빵을 나눠 주는 시간 같았다. 아르헨티나에서 온 여행객, 캘리포니아에서 온 아기 엄마, 미국 텍사스 주 라레이도 출신의 예쁘장한 아가씨 등 우리 모두는 똑같은 과자 가루를 입에 묻히고 환하게 웃었다. 세상에서 가장 맛있는 쿠키였다.

항공사에서는 커다란 아이스박스에 담은 무료 음료를 내놓았다. 우리와 함께 탑승할 승객 중에서 흑인 여자아이와 멕시코계 여자아이가 일어나 모두에게 사과 주스와 레모네이드를 나눠 주며 돌아다녔다. 그들 역시 쿠키를 먹고 있었다.

나는 새로운 친구(이젠 그 할머니와 손을 잡고 있었다.)가 가방 옆구리에 화분 하나를 넣어 둔 것을 발견했다. 솜털이 있는 녹색 잎이 달린 약초였다. 항상 식물을 가지고 다니는 것은 나이 든 시골 여행객들에게 전통 비슷한 것이었다. 어딘가에 뿌리를 두고 있다는 사실을 잊지 않으려는 것 말이다.

나는 비행기 시간을 기다리는 사람들이 있는 게이트 주변을 둘러보았다. 그리고 생각했다. '이것이 바로 내가 살고 싶어 하는 세상이야. 나누고 공유하는 세상.' 혼란에 빠져 있던 여인이 울음을 그치고 나자, 거기에 있는 어떤 사람도 다른 사람에 대해 불안해 하거나 걱정하지 않았다. 그들은 쿠키를 나누어 먹었다. 나는 그 모든 여자들을 안아 주고 싶었다.

이것은 언제 어디서나 일어날 수 있는 일이다. 어디에도 희망은 존재한다.

완전히 낯선 사람을 가족으로 받아들이는 경험이 많아질수록 우리는 더 행복해진다. 다음의 연습은 세상 전체를 가족으로 보는 마음을 키우는 데 도움이 될 것이다.

• 연습 과제 •

온 세상이 나의 가족

만나는 모든 사람을 마치 당신의 어머니나 자녀, 가까운 친척인 것처럼 여기며 하루를 보낸다. 쇼핑할 때, 모임에 참여할 때, 일상의 소소한 일을 처리할 때 이를 실천해 본다. 그들이 중요하고 가치 있으며 사랑받고 존중받고 인정받고 있다고 느끼도록 그들을 대한다. 세상에 근사한 무언가를 더하겠다는 마음가짐을 가지고 적극적으로 행한다. 하루가 끝날 때 어떤 느낌이 드는지 주목한다. 만나는 모든 사람을 배려하는 마음으로 대하며 하루를 보내고 나면, 당신이 타인에게 선사하려고 노력했던 행복과 평화가 당신 내면에 이미 존재함을 확인하고 놀랄 것이다.

• 9장 요약 및 행복 실천 방안 •

자양분이 되는 인간관계를 가꾸고자 한다면 감정의 전염을 당신에게 이로운 방향으로 활용하고 당신을 지원하는 사람들을 주위에 두며 세상을 당신의 가족으로 여겨라. 이로써 행복의 집

주위에 아름다운 정원을 가꿀 수 있다. 인간관계를 위한 행복 습관을 실천하기 위해 다음의 실행 단계를 사용하라.

1. 내면의 GPS를 이용해서 자양분이 되는 인간관계와 해로운 인간관계, 즉 당신 정원의 '장미와 잡초'를 가려낸다.
2. 해로운 사람들과 관계를 맺어야 할 때는 감정의 면역력을 키우는 방법을 이용한다.
3. 일주일 동안 매일 감사 실천을 한다.
4. 혹시 가족 중에 알코올 중독자가 있다면 알코올 중독자 가족 모임의 프로그램을 알아보라.
5. 지원 그룹을 만들고 정기적인 모임 일정을 전한다.
6. 우리 모두는 차이보다 공통점이 많다는 것을 이해하고 당신이 만나는 모든 사람에게 자애를 베풂으로써 세상을 당신의 가족으로 여긴다.

3부
언제까지나 이유 없이 행복하라

우리가 할 일은 행복해지는 일뿐이다.
- 달라이 라마

이유 없는 행복을 위한 인생 계획

영원토록 행복할 수 있는 유일한 방법은 매일을 행복하게 사는 것이다.
- 마가렛 본나노(작가)

'영원히 행복하게 사는 것'은 결코 허황된 이야기나 운 좋은 몇몇 사람들의 이야기가 아니다. 지금까지 나는 진정으로 행복을 누리는 사람들의 경험과 놀라운 연구 결과들을 소개했다. 이제 스물한 가지 행복 습관을 실천하면 당신 역시 행복한 100인에 합류할 수 있을 뿐 아니라, 삶 전체의 토대와 배경이 되는 내적 평화와 안녕을 경험할 것이다.

행복의 집을 짓는 데 필요한 일곱 단계와 그에 따르는 행복 습관들을 아래에 요약해서 소개한다.

행복 습관

토대 - 행복의 주인이 돼라

1. 해결책에 집중하라: 주도적인 삶을 살고 싶다면 상황을 개선하는 데 도움이 되는 것에 집중한다.
2. 교훈과 고마운 점을 찾아라: 타인을 탓하거나 핑계거리를 찾는 대신 처해진 환경에서 교훈과 고마운 점을 찾는다.
3. 자기 자신과 화해하라: 과거를 받아들이고 앞으로 나아감으로써 당신 어깨의 짐을 덜어 낸다.

정신의 기둥 - 생각하는 것을 전부 믿지는 마라

4. 생각에 의문을 품어라: 당신의 믿음을 진단해서 그것이 당신에게 진실을 말하고 있는지 판단한다.
5. 놓아주는 법을 배워라: 자신을 부정적인 사고와 감정에서 해방시킨다.
6. 정신이 기쁨을 향하게 하라: 당신의 행복을 지원하는 생각에 의지한다.

마음의 기둥 - 사랑이 이끌게 하라

7. 늘 감사하려고 노력하라: 마음의 에너지를 확장하기 위해 감사한 일에 집중한다.
8. 용서를 실천하라: 타인에 대한 원한과 분노를 풀어 줌으로써 당신의 마음을 해방시킨다.

9. 자애를 펼쳐라: 만나는 모든 사람에게 사랑을 보내고 행복을 빌어 준다.

육체의 기둥 - 세포를 행복하게 하라

10. 육체에 영양을 공급하라: 최상의 영양과 보충제를 통해 두뇌와 신체의 화학 작용에 균형을 준다.
11. 육체에 에너지를 불어넣어라: 몸의 움직임, 호흡, 적절한 휴식을 통해 신체의 생명력을 높인다.
12. 몸의 지혜에 귀를 기울여라: 당신의 몸을 사랑하고 존중하며 몸의 요구에 귀를 기울인다.

영혼의 기둥 - 영성과 연결을 강화하라

13. 내면의 고귀한 영성과 교감하라: 기도, 명상, 자연과 함께하는 시간을 통해 고요함을 찾고 보다 높은 존재와의 연결을 경험한다.
14. 내면의 목소리에 귀 기울여라: 당신을 이끌어 주는 영혼의 지혜와 접촉한다.
15. 당신 앞에 펼쳐지는 삶을 신뢰하라: 은혜를 향해 마음을 열고 자신을 삶의 흐름 속에 내맡긴다.

지붕 - 목적에 맞는 삶을 선택하라

16. 열정을 발견하라: 당신에게 진정으로 중요한 것을 찾고 당신의 마음을 노래하게 만드는 것을 따른다.
17. 순간의 영감을 따르라: 당신이 '원하는 것'에 집중하고, 그것이

이루어지는 '방법'에 자연스럽게 이르도록 자신을 허락한다.
18. 자신보다 더 큰 무언가에 기여하라: 내면의 소명에 응답하여 크고 작은 방식으로 다른 사람에게 봉사한다.

정원 – 자양분을 주는 인간관계를 가꿔라

19. 관계를 정성 들여 가꿔라: 주변 사람들에게 감사를 전하고, 행복을 증진하기 위해 감정의 전염을 이용한다.
20. 당신을 지원하는 사람들을 주위에 둬라: 최상의 삶을 사는 데 집중하게 만들어 주는 지원 그룹을 만든다.
21. 세상을 당신의 가족으로 여겨라: 모든 인류에게 사랑과 유대감을 느낀다.

* 행복 습관 무료 포스터를 www.HappyforNoReason.com/bookgifts에서 다운로드할 수 있다.

행복 습관을 제2의 천성으로 만들려면 실천과 노력이 따라야 한다. 당신의 두뇌가 높은 수준의 행복을 지원하는 뉴런 경로를 만들어 내려면 시간과 반복적 학습이 필요하다. 그 과정에서 반드시 다음을 기억해야 한다.

1. 세 가지 길잡이 원칙을 기억하라.
2. 걸음마 하듯 한 걸음씩 나아가라.

3. 지원 체제를 마련하라.

세 가지 길잡이 원칙을 기억하라

첫 번째 길잡이 원칙(당신을 확대하는 것이 당신을 더 행복하게 만든다.)을 이용하기 위해서, 삶의 매 순간 어떤 선택을 해야 할 때 내면의 GPS에 귀를 기울인다.

두 번째 길잡이 원칙(우주는 당신을 지원하기 위해 애쓰고 있다.)을 활용하기 위해 필요할 때마다 "지금 일어나는 일에 더 고귀한 목적이 있다면 그것은 무엇일까?"라는 질문을 던진다.

세 번째 길잡이 원칙(당신이 인정하는 만큼 행복은 힘을 발휘한다.)을 활용하는 가장 좋은 방법은 2장에서 소개한 '비밀 공식'(목표, 주의, 긴장 완화)을 이용하는 것이다.

목표: 이유 없이 행복해지겠다는 당신의 목표를 명확하고 생생하게 인식한다. 2장에서 작성한 '이유 없는 행복을 위한 목표'를 항상 눈에 보이는 곳에 붙여 둔다.

주의: 행복 습관을 개발하는 데 늘 주의를 기울이고 각 장의 마지막에 있는 실천 방안을 실행함으로써 추진력을 잃지 않도록 노력한다.

긴장 완화: 당신이 원하는 평화와 안녕의 상태는 이미 당신 안

에 있다. 편안하게 긴장을 풀고, 놓아주고, 당신 앞에 전개되는 삶을 신뢰한다.

이 모든 과정은 꽃을 키우는 것과 같다. 시간이 흐르면 활짝 핀 꽃을 볼 거라고 믿으며 씨앗을 심고(목표), 물과 비료를 주며(주의), 편안하게 바라본다.(긴장 완화) 모든 걱정과 집착을 놓아주어라. 꽃은 자연스럽게 봉오리를 틔울 것이다.

걸음마 하듯 한 걸음씩 나아가라: 변화에 대한 저항감을 극복하는 법

빠른 진전을 보려고 급하게 움직일 필요는 없다. 그저 걸음마 하듯 한 걸음씩 나아가되 멈추지 말고 계속하라. 일본에서는 이러한 접근법을 '카이젠kaizen'이라고 부른다. 이는 '지속적으로 더 나은 방향으로 발전하는 것'을 뜻한다. 카이젠의 개념에 따르면 크고 영속적인 성공은 작고 꾸준한 단계들을 거쳐 이루어진다. '천천히 꾸준히 가는 것'은 변화에 대한 저항감을 극복하는 최선의 방법이다.

우리 대부분은 변화에 저항한다. 그 변화가 우리에게 유익한 것일 때도 말이다. 그래서 그토록 많은 사람들이 운동용 자전거를 차고에 처박아 두고, 헬스클럽 회원권을 거의 사용하지 않으며, 저탄수화물, 저칼로리, 저지방 다이어트 식품이 찬장에서 먼지가 쌓이도록 놔두는 것이다. 이러한 저항은 우리의 신체 생리학에 근거한다. 우리 두뇌는 변화를 노골적으로 두려워하는 것까지는 아닐지라도 의심 섞인 눈으로 바라본다. 이러한 저항을 극복하려면 변화를 조금씩 점진적으로 추진해서 두뇌의 '경계 레이더'를 피해 가도록 해야 한다. 쉽게 성취할 수 있는 목표를 세우면 두뇌 안의 경계 반응이 활성화되지 않는다.

더욱이 작은 발걸음을 계속 내디디면 두뇌는 각각의 새로운 행복 습관을 지원하는 새로운 뉴런 경로를 만들기 시작한다. 새로운 습관은 점차 두뇌 내에 견고한 회로로 자리 잡고, 당신은 원하는 행동을 자연스럽고 쉽게 하고 있는 자신을 발견한다.

지원 체제를 마련하라: 행복은 친구를 사랑한다

이 과정을 힘들이지 않고 더 즐겁게 수행하려면 주변 사람에게 동참을 권하라. 코치, 멘토, 친구 또는 친구 그룹의 지원을 받아라. 행복 습관을 다른 이들과 함께 실천하면 훨씬 더 확실하게 몸에 밸 수 있다.

『어떤 학생이나 성공할 수 있다』를 비롯한 많은 책을 저술한 정신과 의사 윌리엄 글래서 박사는 인간의 학습 과정에 대해 오랫동안 연구를 수행했다. 20세기 교육학자 에드거 데일의 이론을 확장시키면서 그는 이렇게 말했다.

"우리는

읽는 것의 10퍼센트를 배운다.

듣는 것의 20퍼센트를 배운다.

보는 것의 30퍼센트를 배운다.

보고 듣는 것의 50퍼센트를 배운다.

다른 사람과 이야기한 것의 70퍼센트를 배운다.

직접 경험한 것의 80퍼센트를 배운다.

다른 사람에게 가르친 것의 90퍼센트를 배운다."

즉 이 책에서 당신이 배운 것들에 대해 다른 사람과 이야기를 나누면, 책을 읽은 효과가 훨씬 배가된다는 뜻이다. 다른 사람의 지원을 얻는 몇 가지 좋은 방법을 소개한다.

1. '이유 없는 행복' 친구를 찾는다: 행복 습관을 실천하는 다른 누군가를 연습 파트너로 삼으면 당신이 궤도에서 이탈하지 않는 데 도움이 된다. 누군가가 당신을 꾸준히 격려하고, 그 역시 초점을 잃지 않기 위해 당신에게 의지하면 당신은 이유 없는 행복을 삶의 최우선 목표로 삼으며 생활할 수 있다. 어떤 일이든 친구가 있으면 훨씬 즐거워진다.

2. '이유 없는 행복' 지원 모임을 만든다: 모임을 만들어 친구 효과를 배가한다. 행복 습관 지원 모임을 만들어 정기적으로 접촉하면서 (직접 만나든, 온라인이나 전화를 사용하든) 서로 조언을 해 주고 이야기를 듣고 모두의 행복 세트포인트를 올리도록 격려한다. 각 모임 때마다 다른 행복 습관을 주제로 삼아도 좋다. 모임에 참가한 모두가 '이유 없는 행복'에 더욱 집중하며 행복해질 수 있는 능력도 훨씬 향상된다. 매번 모임이 끝날 때마다 온 세상의 행복 수준

을 올리겠다는 목표를 함께 공유하는 동지들이 생겼다는 사실이 축복과 커다란 기쁨으로 다가올 것이다.
3. '이유 없는 행복' 라이프 코치와 상담한다: 많은 사람들이 라이프 코치의 도움을 받고 있으며 자신의 목표를 성취하는 데 매우 유용하다고 느낀다. 행복 세트포인트를 올리는 과정에서 당신을 인도해 줄 전문성을 지닌 라이프 코치와 접촉해 본다.(이와 관련해 자세한 정보가 필요하다면 www.happyfornoreason.com을 방문하라.)
4. '이유 없는 행복' 멘토를 찾는다: 나는 행복한 100인 모두를 나의 멘토로 여긴다. 이미 깊은 내적 행복을 경험한 사람들은 당신이 빠르고 쉽게 행복의 집을 짓도록 도와줄 것이다. 어떤 문화권에서는 인생의 행복을 증진하기 위해 실천할 수 있는 가장 효과적인 방법이 '현명한 사람들이 모인 곳에 가는 것'이라고 말한다.

세상은 당신을 닮았다

세상이 어떻게 보이느냐는 당신이 끼고 있는 안경의 색깔에 의해 결정된다. 당신이 행복하면 주위에서 온통 행복한 일만 눈에 띈다. 당신이 불행하면 어딜 가나 불행뿐이다. 다음의 우화가 이것을 훌륭하게 보여 준다.

오래전 어떤 마을에 '1,000개의 거울로 만든 집'이 있었다. 행복한 개 한 마리가 그 집 이야기를 듣고 직접 방문해 보기로 결심했다. 행복한 개는 도착하자마자 현관으로 이르는 계단을 팔짝팔짝 즐겁게 올라갔다. 개는 귀를 쫑긋 세우고 힘껏 꼬리를 흔들며 현관 안을 들여다보았다. 놀랍게도 안에는 그처럼 힘껏 꼬리를 흔드는 개 1,000마리가 보였다. 그는 환한 미소를 지었다. 그리고 똑같이 따뜻하고 다정한 환한 1,000개의 미소로 답례를 받았다. 그는 집을 떠나면서 생각했다. "정말 멋진 곳인걸. 다시 와서 종종 친구들을 만나야지."

같은 마을에 다른 개가 살고 있었다. 이 개는 첫 번째 개만큼 행복하지 못했다. 그도 그 집을 방문하기로 결심했다. 그는 천천히 계단을 올라 목을 축 늘어뜨린 채 안쪽을 들여다보았다. 적대적인 표정의 1,000마리 개를 본 그는 그들에게 으르렁거렸고, 1,000마리 개 역시 으르렁거리는 걸 보고 겁에 질렸다. 그리고 그곳을 떠나면서 이렇게 생각했다. "여기는 무서운 곳이야. 다시는 오지 않을래."

세상에 있는 모든 사람이 당신의 거울이다. 당신이 이유 없이 행복하면 세상은 그 행복을 당신에게 반사해 준다.

행복 혁명에 동참하다

행복의 집을 짓는 과정에서 당신과 함께할 동지들을 찾는 일은 그리 어렵지 않을 것이다. 이미 행복을 위한 혁명이 진행되고 있기 때문이다. 잡지, 신문, 책, 텔레비전 등 곳곳에서 행복이 화두가 되고 있다. 심지어는 행복을 주제로 한 광고 캠페인, "용감하게 행복해져라."라고 쓰인 거대한 광고판까지 보인다. 점점 더 많은 사람들이 인생에서 진정으로 행복해지는 법을 찾고 싶어 한다. 1970년대에는 자아 실현이, 1990년대에는 자긍심이 화두였다면 지금은 사람들의 관심이 행복에 맞춰져 있다는 글을 읽은 기억이 난다. 좋은 소식이 아닐 수 없다. 행복에 주의를 기울이는 사람이 많을수록 모두가 행복해질 수 있는 동력이 더욱 커지기 때문이다.

인류의 행복 수준에 근본적인 변화가 일어나기 위해서 전 세계 사람들이 하나도 빠짐없이 행복해져야 하는 것은 아니다. 전체 인구의 단지 일 퍼센트가 정기적인 명상을 함으로써 평화와 안녕, 통일성을 경험해도, 범죄율과 사고율, 폭력적 행동, 질병 발생이 줄어들어 전체 공동체에게 영향을 미친다는 것을 보여 주는 연구 결과가 수없이 존재한다.

이유 없이 행복해지는 법을 배우면 당신은 행복 혁명을 이끄는 선두주자가 되어 세상에 커다란 기여를 하게 된다. 당신 자신의 삶과 주변 모든 이들의 삶을 비추는 횃불 같은 존재가 되기 때문이다. 다음의 고대 중국 격언은 현대인에게도 공명하는 진리를 담고 있다.

영혼에 빛이 있으면 그 사람에게 아름다움이 있다.
사람에게 아름다움이 있으면 그가 사는 집에 조화가 있다.
집에 조화가 있으면 그 나라에 질서가 있다.
나라에 질서가 있으면 세계에 평화가 있다.

이유 없는 행복 - 우리의 개인적인 성취

서론에서 캐럴과 내가 이 책을 쓰는 것이 얼마나 큰 축복이었는지 이야기했다. 행복한 100인을 인터뷰하고 행복이라는 주제에 집중하는 동안 우리는 더 행복하고 더 건강하고 더 친절한 사람이 되었다.(적어도 우리 배우자들은 그렇게 생각한다!) '이유 없는 행복'이라는 개념은 우리와 사람들과의 관계, 세상을 바라보는 우리의 시각 그리고 모든 것에 스며들었다. '이유 없는 행복'이라는 이 짧은 말이 사람들을 고양시키고 그들 내면에 이미 갖고 있는 행복을 발견하게 이끄는 것을 더없이 놀라운 마음으로 목격했다.

최근에 램프를 주문하기 위해 전화 통화를 하던 중 나의 이런 생각은 더욱 확실해졌다. 수화기 건너편의 여직원이 주문을 처리하는 동안 우리는 우연히 행복에 대한 이야기를 시작했다. 내가 책 제목을 말하자 그 직원은 목소리에 생기를 띠면서 말했다. "이유 없는 행복이라고요! 정말 좋네요! 마음에 들어요! 저는 때때로 행복하지만 왜 그런지 모를 때가 있거든요. 그걸 뭐라고 불러야 할지 몰랐어요. '이유 없는 행복'이 완벽한 표현이네요." 다음 날 뜻밖에 그녀에게서 이메일을 받았다. 그중에 한 단락을 소개한다.

당신과 통화한 그날 일과를 끝내고 집으로 돌아오는 차 안이었어요. 머릿속에서 계속 '이유 없는 행복'이라는 말이 맴도는 거예요. 나도 모르게 미소를 지었죠. 그리고 몇 킬로미터를 계속 미소를 띤 채 달리고 있다는 것을 깨달았어요.

이유 없는 행복의 물결 효과는 계속되었다. 그녀의 이메일을 읽는 동안 나 역시 미소 짓고 있었으니 말이다.

캐럴의 경우, 내면으로부터 행복해진다는 아이디어가 오랫동안 내면에서 숙성해 오고 있었다. '이유 없이 행복하라'라는 제목이 떠올라 캐럴에게 이야기하자 그녀는 즉시 찬성했다. 일반적인 행복을 넘어선 상태를 묘사하는 완벽한 문구라면서 말이다.

다음 날 그녀는 몹시 흥분해서 전화를 걸었다. 그리고 자신의 오래된 일기를 훑어보던 중에 1984년 쓴 시를 발견했다고 말했다. 그때 이후 까맣게 잊었는데 오랜만에 다시 읽어 보자 전율이 일었다고 했다. 캐럴이 시를 읽어 주었을 때, 나 역시 그 놀라운 우연의 일치에 가슴이 멍해졌다.

운전하는 차 옆으로 스쳐가는 노란 선들,
뉴욕의 겨울과 뉴욕의 하늘
그리고 나는 이유 없이 문득 깨닫는다.
나는 너무나 행복한 사람이라는 사실을.

따뜻한 비눗물, 접시를 닦는다
구름을 바라보며 소원을 빌어 본다.
그리고 나는 이유 없이 문득 깨닫는다.
나는 너무나 행복한 사람이라는 사실을.

내 안에서 기쁨이 장미같이 피어난다.
어떤 달콤하고 따뜻한 것이 흐른다.
그리고 나는 이유 없이 문득 깨닫는다.
나는 너무나 행복한 사람이라는 사실을.

「환상 특급」의 '두두두, 두두두…' 하는 주제곡이라도 나와야 할 분위기였다. 우리는 함께 웃었다. 그리고 우리가 함께 이 책을 쓰는 것이 우연이 아니었음을 깨달았다!

책을 쓰면서 캐럴의 삶은 완전히 달라졌다. 그녀는 전에도 자신이 행복하다고 생각했지만, 이유 없는 행복에 대해 알면서 이전에는 그저 어렴풋하게만 알았던 일상의 평화와 기쁨을 맛보게 되었다고 말한다. 그녀는 어떤 일이 일어나도 내면의 행복으로 돌아갈 길을 제시해 줄 '행복 습관'들로 가득 찬 멋진 공구함을 가지고 있음을 알고 새로운 자신감을 느낀다.

내게 이 책을 쓰는 일은 어린 시절부터 갖고 있던 열망을 충족시키는 것이었다. 즉 내면의 깊은 행복을 찾고 그것을 다른 이들과 나누고 싶은 열망 말이다. 행복의 집을 짓자 오랫동안 나를 짓눌렀던 고뇌와 공허감이 사라졌다. 나는 삶에서 이유 없는 행복을 경험하는 순간이 나날이 많아지는 것에 대해 말할 수 없는 감사함을 느낀다.

내게 이유 없는 행복의 첫 번째 역할 모델이며 이 책에 대한 영감을 주셨던 아버지는 말년에 마지막 선물을 주셨다.

온 가족이 모여 저녁 식사를 하며 아버지의 아흔한 번째 생일을 축하할 때였다. 아버지 생의 마지막 생일 파티였다. 그날은 아버지가 일주일 후 평화롭게 숨을 거두시기 전에 마지막으로 일어선 모습을 보여 주신 날이기도 했다. 처음에 우리는 아버지가 무엇을 하시려는 건지 깨닫지 못했다. 그날 저녁 아버지는 자식들 한 명 한 명을 거실 벽에 걸린 당신의 마지막 걸작, 생명의 나무 자수 작품 앞으로 조심스럽게 데리고 가셨다.

아버지가 사랑스러운 미소를 지으며 액자에 든 자수를 가리켰을 때, 나는 아버지가 무언가 중요한 것을 전달하려 애쓴다는 사실을 깨달았다. 아버지는 말씀을 거의 하실 수 없었다. 그러나 나는 아버지가 마지막 손짓으로 "너희들이 생명의 나무 다음 세대야. 나는 너희에게 내 삶의 메시지를 물려주고 싶다. 나는 마음속 깊이 행복한 삶을 살았다. 부디 너희도 그런 삶을 누려라. 그리고 다른 사람들도 그렇게 살게 도와라."라는 이야기를 하시려고 했던 것이라고 믿는다.

이 책은 바로 아버지의 메시지를 전하기 위한 방법이다.

나는 우리 모두가 빛과 사랑, 행복으로 충만한 삶을 살고 그럼으로써 평화로운 세상이 만들어지기를 진심으로 바란다.

모두가 이유 없는 행복을 누리기 빌며!

옮긴이 | 안진환

연세대학교를 졸업하고 경제경영 전문 번역가로 활동하고 있다.
명지대학교와 성균관대학교에 출강했으며, 번역에이전시 인트랜스와 번역아카데미 트랜스쿨의 대표이다.
저서로 『영어실무번역』, 『Cool 영작문』이 있으며, 역서로 『넛지』, 『불황의 경제학』, 『권력의 법칙』,
『전쟁의 기술』, 『잠스처럼 일한다는 것』, 『마이크로트렌드』, 『빨간 클립 한 개』, 『이코노파워』,
『워렌 버핏 평전』, 『빌 게이츠@생각의 속도』, 『The One Page Proposal』, 『포지셔닝』, 『괴짜경제학』 등이 있다.

이유 없이 행복하라

1판 1쇄 펴냄 2009년 6월 22일
1판 10쇄 펴냄 2023년 12월 15일

지은이 | 마시 시모프 · 캐럴 클라인
옮긴이 | 안진환
발행인 | 박근섭
펴낸곳 | ㈜민음인

출판등록 | 2009. 10. 8 (제2009-000273호)
주소 | 06027 서울 강남구 도산대로 1길 62 강남출판문화센터 5층
전화 | 영업부 515-2000 편집부 3446-8774 팩시밀리 515-2007
홈페이지 | minumin.minumsa.com

도서 파본 등의 이유로 반송이 필요할 경우에는 구매처에서 교환하시고
출판사 교환이 필요할 경우에는 아래 주소로 반송 사유를 적어 도서와 함께 보내주세요.
06027 서울 강남구 도산대로 1길 62 강남출판문화센터 6층 민음인 마케팅부

한국어판 ⓒ 민음인, 2009. Printed in Seoul, Korea
ISBN 978-89-6017-072-8 03840

㈜민음인은 민음사 출판 그룹의 자회사입니다.